拆下肋骨當火炬

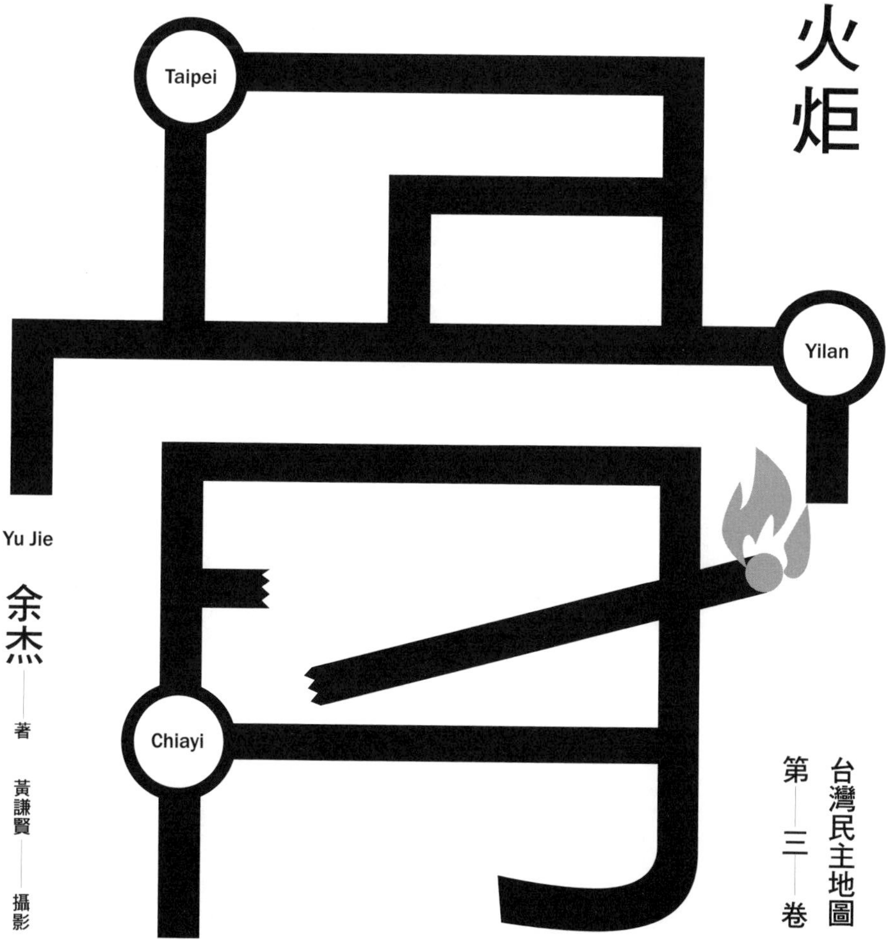

台灣民主地圖 第三卷

Yu Jie
余杰 著
黃謙賢 攝影

特別推薦

（按交稿時間排列）

基於對世界威權歷史脈絡的深刻體認，以及身為中國流亡作家的身世，余杰先生透過自由主義知識分子的眼光，藉本書走歷了臺灣這塊土地深層的傷痕與反抗，也能發掘出許多小角落所展現出的、世代承續的活力，從而讓讀者體會到他把臺灣視為第二故鄉的真摯情感，讓人感動！這本書推薦給每一個願意重新認識自己身世的臺灣人！

——胡長松（小說家）

我和余杰最大的共同點應是我們都不見容於當道而流亡美國，他的心情我多少可以體會：每天呼吸的是自由的空氣，心裡卻始終對於身陷牢籠的戰友感到心疼與愧疚。

余杰比我幸運的是，他有個臺灣可以「回來」，從事心靈的充電與結交更多志同道合的朋友。看他在臺灣排得滿滿的行程，不但深感佩服，也自嘆不如。特別是他選擇的景點，連很多熱愛臺灣的在地人都不見得去過。

感謝余杰，讓臺灣人更加瞭解自己故鄉的美麗與珍貴。

——陳婉真（黨外抗爭者、記者）

這本書是余杰「臺灣民主地圖」的第三卷，性質上是旅行文學（travel literature），記載著他到臺灣各地旅遊的心得，特別是對於民主聖地的感想。作為一個臺灣人，委實感到汗顏，因為絕大多數的地方都聽過；並非近廟輕神，而是抽不出時間來，一直認為臺灣獨立後，才有那樣的心情四處走走。

在這裡，余杰由北、西、東、南，足跡走遍全臺灣，基本上是以歷史事件為主、人物為輔的旅行書寫（travel writing）。表面上看來，這是他者（the other）的再現，頗有郁永河《裨海紀遊》處處精彩的東方主義味道，然而，他洞察到臺灣歷史發展所經歷的集體記憶，這種經驗就是孕育臺灣人集體認同不可抹滅的核心。

希望中國早日民主，也有機會雲遊，東施效顰。

——施正鋒（東華大學民族事務與發展學系教授）

本書作者是位性好仗義執言、篤信自由的人權鬥士，他來自中國，因為關心中國的自由民主而流亡海外，他來到臺灣，也關心臺灣人爭取民主自由的奮鬥歷史。他的關心並不止於坐而言，更落實在起而行——他走訪與臺灣威權歷史有關的所有景點，留下真情紀錄。

讀完本書，感覺這位來自中國的獨立作家，比許多生在臺灣、長在臺灣、現在還在關心臺灣轉型正義的人，更熟悉臺灣白色恐怖的歷史。他走的每一個地點、介紹的每一位人物，原以為都很熟悉，讀完後卻發現仍有些陌生，讓人有循著相同軌跡再走一趟的悸動。

從這本書裡感受到作者對臺灣的熱愛，對追求公義的熱情，也讓人開始期待他的下一本書。

——姚立明（國會觀察基金會董事長）

我在二〇一七年寒假帶學生到中國交流了兩趟，分別拜訪了黑龍江的哈爾濱，和號稱中原文化起源地河南各地。深深的感觸是，絕大部分的中國人根本不認識臺灣，且拒絕真正認識，總是帶著他們自以為是的認知，來硬套在臺灣的身上。要突破，就是更要努力被「認識」，被中國「認識」，被世界「認識」——！問題是，臺灣人認識自己嗎？能告訴別人，自己是誰嗎？本書作者余杰雖來自中國，但在書中展現的，卻是對臺灣更深刻的「看見」與「認識」。這樣的書寫，提供了閱讀者另一種「觀看」臺灣的視角與反思。臺灣需要這樣的「看見」！需要這樣角度的書寫！在此，大大推薦。

——駱芬美（銘傳大學通識教育中心副教授，著有《被誤解的臺灣史》等書）

這本書的作者余杰，是個流亡海外的中國作家，他帶著對自由民主的熱情，來到臺灣，寫下了一系列的《臺灣民主地圖》，這是他的第三卷。臺灣民主化了卅年。卅年是一個世代，有一整個新生的世代在出生之後，臺灣已是個自由民主的國家了。雖然民主路崎嶇，但它已經存在，而我們也覺得它的存在理所當然。但在這理所當然的自由民主裡，卻因為威權體制在先前世代的遺緒而帶來的種種對立，劍拔弩張、煙火彌漫，讓人分不清真假、理不出輕重，甚至無法溝通。也許是因為我們站在不同的位置，而看到臺灣社會裡不同的光景。但我們總同樣地站在臺灣的土地上。余杰以一個臺灣社會的外人，敏感地帶著我們重新感受那些我們因為太過日常而習以為常的空間場景，在時間裡旅行，體會當下自由民主的可貴之處。一字一字讀來，對這土地的感情凝結著，而對先人們的感激也油然而生。而這些感情與感激，讓我真心覺得這是本了解臺灣的民主教材：給新的世代看，告訴他們自由民主不容易，不是理所當然；也給舊的世代看，了解到這土地受過的苦，並在具體之間體會彼此、溝通彼此，而繼續民主、繼續自由。

——劉名峰（國立金門大學閩南文化研究所助理教授）

對於許多臺灣人來說，這本書所記錄，余杰探訪過的路線，恐怕是生活在此間的大家，也鮮少採取過這種筆法，來勾勒臺灣的圖像。當一位亟於追尋自由的外國人，以人道主義的關懷，這般看待臺灣，他的眼神，恭敬浮現的，正是彼此所共有的，契合的，無上自由。

——鄒景雯（資深媒體人、自由時報副總編輯）

余杰寫作快意俐落，疾惡如仇，對權力壓迫有種罕見的敏感，但對是非判斷篤定到顯得執著。他在苦難中打磨出的心智，像是某種攝影濾鏡，長於顯影某些幽微；但不諱言，這種敏感也帶著對真實的選擇性突顯。讀余杰寫臺灣，讀得不只是臺灣，而是這樣的中國流亡異議分子「感知」的臺灣。裡面有臺灣的歷史地景，但更多的是他在臺灣尋找的、想像的、詮釋的、對照的意義。這本旅行散文有大量歷史彙整，但本質是鮮烈的流亡詩。

——曾柏文（英國華威大學社會學博士，端傳媒前評論總監）

contents 目錄

002 特別推薦

012 讓我們也走余杰的路——**宋澤萊**序

018 誰在為自由歌唱？——**余杰**序

臺北

028 在地下室裡保存光源——**唐山書店**

040 因為這地遍滿流血的罪——臺北市二二八紀念館
054 是「光復」，還是「再殖民」？——臺北中山堂
068 是帝王的宮殿，還是國會的議場？——中山樓
082 誰之「國父」，為何紀念？——國父紀念館

新北

096 千里孤墳，無處話淒涼——烏來高砂義勇隊紀念園區
110 將軍百戰聲名裂，留取丹心照汗青——李友邦將軍紀念館

桃園

124 異域有孤軍，龍岡有滇味——阿美米干

新竹

136 零落成泥碾作塵，只有香如故——清大梅園
150 誰能安慰天空中的寂寞？——黑蝙蝠中隊文物陳列館

苗栗

164 為了讓母親不再哭泣——民主英烈公園

彰化

178 米和書的「微革命」
——**成功旅社・農用書店**

194 殖民地上的一聲春雷
——**二林蔗農事件史料紀念館**

宜蘭

208 清澄的流水能否洗淨故人的傷痛？
——**二二八紀念物：「歷史之澄鏡」**

臺中

222 公民教育應當從中學開始
——**臺中一中**

236 不是蝴蝶，是落地生根的種籽
——**臺中市眷村文物館及彩虹村**

嘉義

254 我的血，可以畫成一幅怎樣的畫？——**嘉義市博物館陳澄波紀念專區及陳澄波文化館**

270 鳳凰鳴矣，于彼高岡——**許世賢博士紀念館**

284 書是抗爭的子彈——**洪雅書房**

雲林

300 雄才豈竟是書生——**李萬居精神啟蒙館**

南投

314 可以對抗邪惡的，是正直和勇氣——**臺灣聖山生態教育園區**

臺南

330 比大陸更廣袤的島嶼，比生命更長久的文學——**臺灣文學館**

高雄

346 熱血洗沙場，江河回故鄉——**高雄中學**

358 木瓜樹下記山河——**鍾理和文學紀念館**

372 你去察看螞蟻的動作就可得智慧——**高雄市勞工博物館**

讓我們也走余杰的路

宋澤萊序（小說家、詩人及文學評論家，國家文藝獎得主）

叫人心情激動的書

將近一個月來，幾乎每天我都要趕著遙遠的路程，回老家雲林去看命在旦夕的癌父。我攜帶著余杰即將出版的《臺灣民主地圖第三卷——拆下肋骨當火炬》紙稿和已經出版的《第一卷——在那明亮的地方》、《第二卷——我也走你的路》兩本書，來回奔走。在中途便利商店歇息的片刻，我會翻閱尚未看完的一篇篇文章，感到心情激動。

余杰的書寫再度帶領著我的思緒和想像，重新踏過臺灣的眾多城市、平野、高山、海角，龐大的臺灣重大的歷史的苦難／勝利與不義／公義都寫在裡面，這些事件帶著我的靈魂，飛越在對父親生命的擔憂、掛慮之上，變成一次又一次的釋放。我感到即將面臨失去父親的恐懼被臺灣的整個苦難與奇蹟吸收了，它們一起震盪在浩瀚的臺灣時空裡，澎湃而洶湧。

廣度、深度兼具

第三卷的這本書，延續了第一卷、第二卷的書寫優點——廣度、深度並行，叫人嘆為觀止：

在廣度上，仍然由極北的烏來寫到極南的美濃，由西海岸的二林寫到東部的宜蘭，踏過的足跡是如此廣泛：臺北、桃園、新竹、苗栗、臺中、南投、雲林、嘉義、臺南、高雄、宜蘭……無一不在範圍裡面。當我們閱讀這些篇章時，就好像做了一趟環島旅行，深入了各地重要的歷史現場裡，打開了我們的視野，叫我們縱橫無礙在整個臺灣島上。

在深度上，它一再打破了我表面的認識。譬如我曾經去過好幾次臺北「中山堂」，如果不看這本書，我還不知道那大廳上的天花板居然具有神祕的阿拉伯穹窿造形，在一樓裡面還有一個蔣介石的辦公室。

更不知道蔣介石曾經在這裡接見過美國尼克森總統、伊朗總統巴勒維；在我的人生裡，我眼看這兩個外國總統起高樓，又見他們樓塌了，對我是極為重要的歷史人物，他們居然都曾到過中山堂！又譬如說我也到過陽明山的「中山樓」，如果不看這本書，我還不知道它蓋在火山口上，甚至不知道「中山」這兩個字是姓不是名，孫文應該叫做「中山文」才對，這是多麼叫我驚訝的事！我感到自己對歷史的認識是如何地草率！

像這種廣博寬闊的敘述、無數細膩的發掘，都是這本書明顯易見的價值！

比臺灣人更愛臺灣的心

另外，余杰把他對臺灣的愛心貫注在他的書寫裡，這又是另一個價值。他在自序裡這麼說：「每一次到臺灣，我都宛如走在回家的路上。」就是這種感情，支撐他寫了這三本《臺灣民主地圖》。他似乎比臺灣人更愛臺灣，比臺灣人更能憐憫臺灣。比如，他來到了嘉義「陳澄波紀念館」，站在這位二二八事件時被槍殺的畫家作品前，這麼說：「我駐足於這些作品之前，亦不禁悲從中來。畫家不會未卜先知地預料到，殘酷的殺戮會如疾風暴雨般降臨。我不可抑制的想成為電視劇中可以穿越時空的主人公，來到正在用油彩塗抹畫布的陳澄波面前，向他大聲呼喊：『別再畫了，趕快逃走啊，國民黨的士兵要來殺你了！』」這種感同身受的悲憫是多麼叫人動容。又比如說，他在書寫女中豪傑民主鬥士的許世賢時，特地為處在弱勢地位的臺灣女性發了一個願，他說：「政治不是男人壟斷的遊戲，在臺灣男尊女卑的社會架構下，長期遭到歧視的女性，也可以像許世賢那樣在政治領域大有作為。」這種對弱勢女性的關懷，男性作家並不多。

看余杰的這本書，能喚起我們對臺灣無限的愛與關懷，這又是這本書的另一個價值。

批評有力

然而，余杰也不是無視臺灣的黑暗面，完全無條件歌頌臺灣的所有的人；相反的，他在書裡大規模展開了社會、政治批判，在書寫「臺北二二八紀念館」時，批評蔣介石應該負起最大的責任；在書寫「國父紀念館」時，批評了主政者的帝王統治心態；在書寫「李友邦將軍紀念館」時，批評了嚴秀峰傾共的行為；在書寫「清大梅園」時，批評了近年來校方打壓陳為廷等學生的民運；在書寫「民主英烈公園」時，批評了建築過於傾向佛、道、儒三教；在書寫「二林蔗農事件事蹟館」時，批評簡吉對共黨的無知；在書寫「陳澄波紀念館」時，批評蕭萬長消費陳澄波的劣行；在書寫「許世賢博士紀念館」時，批評了張博雅背離許世賢反國民黨的風骨……可說筆力透紙，毫不含糊，引起我們陣陣深思。我私下認為余杰有他一貫的立場，才使得他的批評變得精準而犀利；那就是在獨裁／民主、有權／無權、壓迫／反壓迫、左派／反左派、共產／反共產、統一／獨立、反人權／人權、官方／民間、媚俗／神本的二元對峙中，恆常選擇了後者所致，終於使他的批評有神，往往一針見血！

讓臺灣的報導文學走余杰的路

最後我想談一談余杰這三本書對於目前臺灣報導文學界的重要性。

臺灣的報導文學起於七〇年代中國時報副刊，當時主編高信疆培養了一批報導文學青年，深入偏遠的地方，報導不為人所知的事件，引起仿效，最後終於成為風潮。不過，一、二十年之後，就告衰微，如今沉寂，幾乎已經是一潭死水。考察其中最主要的原因是：當時的高信疆並沒有勇氣去觸探敏感的政治、社會問題，後來的人蕭規曹隨，遂使報導文學往小趣味的方向發展，等到報禁解除，小趣味的題目相繼被報紙的記者挖掘盡淨，報導文學只好趨於死亡。

余杰的這三本書文字流暢、敘述從容、刻劃有力，筆帶感情，是標準的報導文學寫作。不過，他一反臺灣報導文學的方向，往著政治、社會大事件來書寫，開闢了以前所沒有的報導題材，可以說已經走出了新報導文學的一片天。

這三本書，不但是填補了幾十年報導文學的漏隙，還告訴我們，報導文學的題材不在遠處，就在身旁；只要朝著禁忌作挑戰，題材到處都有。同時，報導文學也不一定要如人類學考察一樣，非要在事件地點住個十天半月不可，只要有觀點，找到一定的資料，就能作深入的報導，就可以免除不敷成本的窘境。這正是余杰的報導文學給我們文學界的大啟發。

我期待臺灣未來的報導文學家能走余杰的路，更廣泛地對身邊的敏感事件做有勇氣、有史觀、有視野、有感情的報導；那麼，臺灣的報導文學將起死回生，重新踏上坦途！

余杰序

誰在為自由歌唱？

蘇俄流亡詩人布羅茨基說過：「一個人脫離了專制，則只能流亡至民主。」他又說：「對於一位流亡作家來說，走這條路在許多方面就像是回家，因為他離那些一直在給他以靈感的理想之歸屬更近了。」與布羅茨基一樣，我也是「國家的敵人」：在蘇聯政府眼中，布羅茨基是一名「不勞而獲的寄生蟲」，當他在法庭上強調自己「詩人」的身分時，法官大聲反駁說，蘇維埃共和國公民當中沒有這樣一種職業；而在中共政權眼中，我是「惡毒攻擊黨和國家領導人的害群之馬」，那些訓練有素的秘密警察相信，唯有酷刑可以讓我停筆、讓我住嘴。後來，布羅茨基和我都選擇流亡美國：他居住在喧鬧的紐約，而我居住在寂靜的維吉尼亞鄉下。在流亡異域的日子裡，布羅茨基沒有一個說俄語的民主國家可以去訪問，我卻有說華語的臺灣可以去訪問——在這個意義上，我是不是比布羅茨基更幸運呢？

是的，每一次到臺灣，我都宛如走在回家的路上。我沒有余光中式的鄉愁，毋須矯揉造作、顧影自憐。我驚喜地在猴硐貓村找到了失去的童年：那個礦工居住的小山村，宛如我童年時代生活過的雲霧繚繞的「新華礦山」。猴硐因為貓的群居，奇蹟般地從廢棄中再生，成為一處新奇有趣的觀光景點；而位於四川樂山的那處礦山，則早已人去樓空，且道路不通，再也無法故地重遊——我七歲時全家搬離，便再也沒有回去過，更何況我現在根本就不能回中國，中共綁匪集團竊據了我的家園而以主人自居。

那天，在猴硐，我坐上滑輪車穿越一段漆黑的礦坑，有水滴從石縫中滴下來，炎炎夏日亦冰冷刺骨。這就是我童年最初的記憶，那時父親帶我下井，我很害怕，緊緊抓住父親的胳膊。是不是那段苦澀中有回甘的童年，鑄造了我極不合群的性格，即便在人聲鼎沸中，也如同孤寂一人？是不是那在黑暗中尋找光的經驗，孕育了我腦後那塊桀驁不馴的「反骨」，當人們都在歌唱「紅太陽最親」的時候，我偏偏看到了它背後無邊的黑暗？

臺灣是我的第二故鄉，我幾乎到過臺灣的每一個縣市——雖然比不上威權時代自詡「愛民如子」、號稱「跑過臺灣每一個鄉鎮」的技術官僚，但我去的地方，大都是官僚和商人不會去的。我去的是那些定格著屠殺、苦難與悲劇的「暗黑觀光」之地，我走的是一條保存著抗爭、勇氣與希望的「自由之路」。我找到了那棵蔭蔽過奮筆疾書的鍾理和的木瓜樹，我找到了那片默默陪伴著梅貽琦安然長眠的梅園；我在臺大校門外的唐山書店重溫「地下室中讀禁書」的「不亦快哉」，我在烏來的青山綠水之間傾聽戰死在南太平洋的原住民戰士的鎮魂歌……臺灣宛如一本攤開的大書，其中有溫柔的花草，有散發著硫磺味道的泥土與石頭，更有「其言必信，其行必果，已諾必誠，不愛其軀，赴士之厄困，既已存亡死生矣，而不矜其能」的反抗者。這本大書讓我如饑似渴地閱讀不停，而我也以臺灣為「取之不盡，用之不竭」的素材，寫自己的書——「《臺灣民主地圖》系列」：從第一卷《在那明亮的地方》到第二卷《我也走你的路》，如今寫到了第三卷《拆下肋骨當火炬》。

臺灣的「傷痕地圖」與「反叛地圖」

我在臺中訪問時，有緣與長期研究白色恐怖歷史的學者陳彥斌在電臺對談。陳彥斌送給我一本由他主編的書《因為黑暗，所以我們穿越》。我讀到了對楊逵的孫女楊翠的訪問，以及楊翠撰寫的序言《城市的傷痕地圖》。楊翠寫道：「這是一部以臺中地區為範疇的白色恐怖口述歷史，它猶如一張傷痕地圖，銘刻著這座城市的歷史創痛，每則故事都蓄滿苦痛和眼淚。然而，受苦者沒有前路，也沒有退路，正因如此，他們唯有在殘酷的現實中奮力跋涉，穿越苦難，因而，這也是一部尋求救贖的靈魂之書。」我很喜歡楊翠用的「城市的傷痕地圖」這個概念，我進而將它從城市擴展到鄉村，以便涵蓋整個臺灣——我的「《臺灣民主地圖》系列」的寫作，不也是精心繪製的一幅「臺灣傷痕地圖」嗎？

四百年來，先後遭到西班牙、荷蘭、明鄭、滿清、日本和國民黨等不同的外來政權統治、凌辱、蹂躪的臺灣，是一個充滿傷痕的傷心之國，宛如以色列、科索沃、南北韓、柬埔寨與東帝汶。每一次的傷害都應當被記錄，每一道傷痕都應當被存留，每一個受害者都應當得到安慰，每一個加害者都應當被繩之以法。當然，這是一個可望而不可及的理想，但我們至少要努力做到，不要讓悲劇反覆重演，不要讓恐懼繼續蔓延，不要讓仇恨代代相傳。正是為了這樣的目標，我在臺南的臺灣文學館查考那些秉筆直書的、像戰士一樣的作家及其作品，我在嘉義的陳澄波紀念館矚目那些畫家以鮮血為顏料畫出的傑作，我在宜蘭的二二八紀念物「歷史之澄鏡」面前傾聽如眼淚奔流般的水聲，我在南投的臺灣聖山生態教育園區和苗栗的民主英烈公園思考歷史與現實、政治與宗教之間「剪不斷、理還亂」的關係……我感受，我思考，我書寫，我不再是一名冷靜的、旁觀的外來者。

我在書中所記錄的，不僅僅是一幅「傷痕地圖」，更是一幅「反叛地圖」。一群臺灣年輕人合作撰寫了一本名為《叛民城市：臺北暗黑旅誌》的「另類旅遊書」，列出了大臺北與「人民反叛」有關的五十二個地點。這些地方，或許是一棟建築、一條街道、一座廣場，甚至已被拆除而只剩下地名；但就在這些地方，曾經上演過和正在上演著被主流社會刻意屏蔽甚至妖魔化的「叛民」的抗爭。學者吳易叡在序言中說：「這張地圖上所有的線條都在蠢蠢欲動（或早就開始移動），而企圖挪移這些線條的是一個個被計畫刻度框架住，但不安於室的人。這些浮動的城市刻度，再現了井市小民對『正義與不正義』、『慾望與創傷』、『焦慮與壓抑』的交雜糾纏。」我相信，正是這些不在觀光手冊上的、似乎黯淡無光的地點，才成功地將「天龍國」顛覆成為「反叛城市」。

與之相似，我探訪的對象，既包括「傷痕地圖」，也包括「反叛地圖」：「傷痕地圖」是防守、紀念和哀悼；「反叛地圖」則是進擊、起義和吶喊，兩者互為表裡。我寫到了開啟臺灣農民運動先河的二林蔗農事件的史料陳列館及紀念碑，也寫到了保存高雄及全臺灣工人運動史料的高雄市勞工博物館。臺灣的民主化，不單單是知識精英的教育啟蒙、學生運動、黨外雜誌突破報禁乃至直接組黨衝擊黨禁，也包括工農大眾在基層一而再、再而三的抗爭運動。他們不該被忽視和遺忘。傾聽他們的心聲，才能拼湊出一幅整全的「反叛地圖」來。

我也嘗試著描述這一群風華絕代的反叛者們：永遠帶著小提琴的農民運動先驅簡吉，在被捕前還要為母親演奏一曲吉他的胡海基，喜歡優雅的衣裝卻在省議會「舌戰群儒」的許世賢，以「公義」為最高價值並將《公論報》當作孩子一樣呵護的李萬居……這些反叛者們，個個風流倜儻，雄姿英發，舉手投足，散發出無窮的魅力。而站在他們對立面的國民黨當權者們，個個都是那麼醜陋、那麼猥瑣。

在寫臺灣的反抗者的故事時，我想起了法國作家卡繆的一段話：「堅持到底，這不僅是抵抗，也是一種任性。有時候我需要寫下一些自己也不太明白、但卻正好可以證明我有個無法羈束的內在的東西。」有趣的是，在臺灣太陽花學運和香港佔中運動中，卡繆的《反抗者》為兩地的反抗者帶來新的啟蒙、激勵與反思。卡繆不僅是二戰中反抗納粹的英雄，更在對抗虛無主義的哲學演繹過程中，逐漸走向對形上學的反叛。他敢於挑戰「政治正確」的禁忌，與曾經的戰友沙特分道揚鑣。卡繆不認同暴力並譴責恐怖主義，被左翼歸入「不夠革命」的妥協派。他看到了蘇聯制度的血腥與邪惡，在普遍左傾的歐洲知識界逆流而上，批判共產主義是另一種法西斯主義。他失去了絕大多數朋友，卻不放棄希望和愛，「這個世界的悲慘和偉大：不給我們任何真相，但有許多愛。荒謬當道，愛拯救之」。我希望我的文字可以成為《反抗者》的小小註釋，換言之，用臺灣的故事將其「在地化」。

墨寫的謊言與血寫的真相

臺灣的轉型正義，不可或缺的一部分是「地名正義」。臺灣可以學習的榜樣是：蘇聯東歐共產黨的統治崩潰之後，原來以列寧、史達林以及大大小小共產黨頭目的名字命名的城市、街道、廣場、學校，以及各式各樣的塑像，都被更改、修正或移除。

以烏克蘭為例，二〇一六年十月二十四日，烏克蘭推倒了境內最後一座列寧塑像。這座五米高的銅像將被融化回收。當地市長邦達連科說，這是切爾尼科夫州最後的列寧像，「沒有任何政治理由和願望要把它保存下來」。烏克蘭民族記憶學院院長維亞特羅維奇表示，推倒列寧像是必要的，「如果放在公共場所，它就仍然是極權主義的宣傳工具」。一九九一年，當蘇聯解體、烏克蘭獲得獨立時，烏克蘭境內有五千五百座列寧像，此後大部分被拆除。烏克蘭副總理基里連科說，最近幾年，又有一千多座列寧像以及一百多座前共產黨人、秘密警察頭子的塑像被推倒。

從二〇一五年起，烏克蘭通過法律，將共產黨與法西斯等同起來，禁止共產黨及其標誌出現在公共場所，並全面清除共產黨時代的遺毒。迄今為止，烏克蘭更改了兩千五百個地名和一千多個鄉村和地區的名字，仍然有十五個行政地區等待重新命名。烏克蘭東部的第聶伯彼得羅夫斯克市現已被改名為第聶伯羅市。共產黨領袖彼得羅夫斯基參與製造了烏克蘭大饑荒和政治迫害，這座城市的居民不能忍受屠夫的名字代表他們的城市。而首都基輔市正計畫把一條林蔭大道以捷克前總統和著名持不同政見者哈維爾的名字命名，因為哈維爾這個名字代表著自由和民主的價值。維亞特羅維奇指出，改換地名是必要的，「過去烏克蘭到處都是列寧像和列寧大街，簡直就是『列寧國』」。只有「去共產主義化」，烏克蘭才能獲得新生。

烏克蘭的列寧像已一個都不剩，人們不必膜拜獨裁者了；而臺灣的蔣介石像大部分轉移到了大溪的「兩蔣文化園區」（其中也有少數孫文像和蔣經國像），但在很多學校和政府機關仍有保留。烏克蘭的「地名正義」清除了專制時代的文化毒素，而臺灣有太多以「中山」、「中正」、「三民」和「四維八德」命名的街道和地點，什麼時候才能改過來呢？

大部分臺灣朋友對二二八屠殺和白色恐怖的元凶蔣介石頗為反感，卻對國民黨塑造的「國父」孫文抱著無所謂的態度。太陽花學運的學生衝入立法院議堂之後，誰也沒有想過要將孫文的巨幅畫像取下來。

堅決反對撤下國父遺照，並強烈要求懸掛國母們的遺照
孫文
中華民國國父
元配 盧慕貞
孫文20歲依父母之命與當時19歲的盧慕貞結婚，生下三子。49歲時與盧慕貞正式離婚，另娶22歲宣稱有堅貞愛情的宋慶齡。
國母一號候選人
妾 陳粹芬
孫文24歲交往18歲的秘書陳粹芬，替革命同志洗衣做飯傳遞密函，甚至運送軍火。未正式結婚，但其名被記在孫家祖譜之內
國母二號候選人
情人 淺田春
孫文31歲流亡日本，急需找一位年輕美貌、品行端莊、有能力，還要會講英語的貼身女傭。於是得到年僅15歲的淺田春
國母三號候選人
日籍妻 大月薰
孫文32歲時認識10歲的蘿莉大月熏，36歲時向其父提親遭到拒絕，隔年與當時15歲的大月熏訂婚，16歲時正式結婚
國母四號候選人
宋慶齡
孫文28歲時遇見好友的女兒，當時才1歲的宋慶齡，開啟了光源氏計劃。於是宋慶齡22歲時不顧父母反對嫁給49歲的孫文
國母五號候選人
請踴躍參與票選心目中的國母候選人(可複選)
小聖蚊的治國日記

・孫文的情史豐富，臉書上有人稱因「兩性平權」，掛國父像之餘，也應票選出國母照，一同懸掛。引自「小聖蚊的治國日記」

人們不知道，孫文被當作臺灣的「國父」，是二十世紀最大的謊言之一。在本書中，我寫到了三個與孫文有關的地景：臺北中山堂、陽明山中山樓和國父紀念館。其中，臺北中山堂是日治時代的公會堂，跟孫文毫無關聯；後兩者則是蔣介石丟掉中國大陸之後，在臺灣孤島上為其導師打造的殿堂。

我在這三個地方挖掘謊言的「鍛造史」。謊言是用墨寫的，真相是用血寫的。孫文生前只以外國人的身分（無論其在法律意義上的國籍是美國還是中國），短暫訪問過作為日本國土的臺灣。孫文既沒有實際統治過臺灣，也對臺灣的民主自由沒有絲毫貢獻。在一個更廣闊的歷史視野中，孫文對中國而言，乃是千古罪人，正如香港政論家桑普所言：「孫文始終欠缺自由、人權、憲政、民主的完整信念（三民主義、五權憲法、三序構想都是充滿各式各樣的胡堆亂砌），充其量只不過是一個頑固倔強、折衷思考、能言善辯的人而已。所謂二次革命、中華革命黨、廣州軍政府、自封大元帥、驅逐陳炯明、聯俄容共，更是禍國殃民之舉，進而開啟史無前例的中國百年沉淪悲劇。孫文功不補過，堪稱民族罪人，絕非國父或英雄。」牽一髮而動全身，重寫臺灣史，必然牽連到如何重寫中國史。

在私德上，孫文是荒淫無恥的「羅莉控」；在公德上，孫文是「天下為私」的「未完成的獨裁者」。去除孫文崇拜是臺灣轉型正義必須邁出的一步，臺灣民眾不可等閒視之。臺灣讀者當認真聽取桑普之忠告：「孫文，根本就是中國百年災難的禍首，最後更一手摧毀民國，為蔣介石一九二七年起升級專權以及毛澤東一九四九年起再升級極權做出關鍵的鋪墊。」我希望臺北中山堂、陽明山中山樓、國父紀念館等地，在不久的將來都能「去孫文化」。

太陽花綻放，青年人覺醒

近代以來，臺灣一直處於中國、日本和美國三個大國博弈的夾縫中，身不由己，言不由衷，臺灣人在很長的時間段裡不知道自己究竟是誰。在戰爭來臨的時候，他們只能成為龐大的戰爭機器上的螺絲釘。在本書中，我寫到了參與日本發動的太平洋戰爭的臺灣高砂義勇軍，寫到了被派遣到中國執行危險任務的黑蝙蝠中隊，寫到了以一個人的力量拯救一個眷村的「彩虹爺爺」黃永阜，也寫到了長期滯留緬北的孤軍、到緬北從事情報活動的王根深以及他回臺灣後開的那家「阿美米干」餐廳……這些不同時空背景下的軍人和情報人員，人生履歷千差萬別，價值觀或許彼此對立，然而他們共同的命運是，最終都在臺灣落地生根、開花結果，成為臺灣人之一員。如果用姚立明的話來說就是，他們雖然擁有不同的過去，卻可以擁有一樣美好的未來。

說到美好的未來，就不能不涉及到掌握臺灣未來走向的青年人。在本書中，我首次將與民主運動有關的中學也納入「民主地圖」序列之中：高雄中學和臺中一中是臺灣最具民主傳統的中學。雄中自衛隊對抗正規軍，雖是以卵擊石，卻譜寫了高雄二二八抗暴運動中最為可歌可泣的一頁；而今日高雄中學學生自治會率先宣布去除「國父崇拜」的禮儀，也讓國民黨播弄了九十年之久的「國父」偶像崇拜系統裂開了第一道口子。對於臺中一中而言，一本名為《育才街》的學生雜誌，記錄了學生們參與太陽花和反課綱運動的點點滴滴，也記錄了學生們聲援香港佔中運動的吶喊——臺灣不再是一個閉關鎖國的孤島，臺灣的年輕一代深具國際視野和「喪鐘為誰而鳴」的國際人權觀念。未來，臺港的年輕一代必將攜手對抗中共張牙舞爪的「新帝國主義」。

臺灣的年輕一代，並不都是一碰就碎的「草莓族」，他們深知「自己的國家自己救」的道理。而且，救自己的國家，不僅靠波瀾壯闊的學生運動，更要靠細水長流的社會運動；不僅靠在凱達格蘭大道和立法院這些國家權力中樞之地發起暴風驟雨般的抗爭，更要靠深入鄉村、深入千家萬戶的文化深耕、在地啟蒙。

我對大城市充滿了懷疑，走到鄉村才感到心安。在村落，在田野，在天涯，在海角，我遇到了一群群扎根大地的青年人：洪雅書房的老闆余國信，將一家小小的書店辦成了濁水溪以南最活躍的社運基地。我在洪雅書房演講時，遇到了一名身為國中老師的父親帶著正在唸國中的女兒前來傾聽，然後父女倆一起舉手提問，希望我告訴他們更多關於中國的人權鬥士、諾貝爾和平獎得主劉曉波的故事。那一刻，我發現，小小的洪雅書房，是一間大大的公民教育的課堂。洪雅書房面積很小、營業額很少，但在精神和價值的層面，它卻比商業巨頭誠品書店大上千百倍——一家書店的規模再大、裝飾再美，如果內部卻存在看不見的審查機制，像傀儡一樣被遙遠的北京中南海的黑手操縱，我絕對不會進去買一本書。

讓破敗的老房子重獲新生的「成功旅社・農用書店」，更有一個宏大的願望：要為「山重水複疑無路」的臺灣農業尋找「柳暗花明又一村」。在關心社運、關心環保、關心農業的前輩詩人吳晟的支持下，這群來自大城市、擁有名校學歷的年輕人，在溪州這個小鎮上將遙不可及的理想變成觸手可及的現實，他們販賣的綠色農產品很快博得了美名，前來購買者絡繹不絕。他們努力奮鬥的方向與脈絡，讓我想起上個世紀二十年代中國的鄉村教育運動。

是的，我們都在為自由歌唱——無論是我在路上訪談過的朋友們，還是閱讀我的文字的朋友們。如布羅茨基所說：「被釋放的人並非自由的人，解放僅僅是獲得自由的手段，而不是自由的同義詞。」在貌似自由的美國生活的我，與在貌似自由的臺灣生活的臺灣朋友們，我們當以此共勉，讓自由成為生命中的鹽和光，讓自由成為不容任何力量剝奪的最高價值。

現代詩
獨立出版品

在地下室裡保存光源

唐山書店

一九九〇年代初，我剛上北大時，正是天安門屠殺之後不久，校園裡的自由主義氛圍已薄如蟬翼。在死水微瀾也難以感受到的未名湖畔，我極度失望，難道熱血的青春還沒有盛開就枯萎了？

在無邊的黑暗與壓抑之中，我欣喜地發現，校園附近先後開張了三家書店——萬聖書園、風入松書店、國林風書店。有趣的是，三家書店都開在地下室，當然是老闆出於節約成本的考量，卻讓我不由自主地想起杜斯妥也夫斯基的《地下室手記》——古往今來，真理難道只能保存在地下室嗎？

這三家書店主要銷售人文學術書籍，它們比圖書館更吸引我的是，可以找到很多最新出版的書籍。那時，我過著清教徒式的讀書和寫作生活，這三家書店成了我的「第二圖書館」，晚上一連跑三家書店看書、買書，成為在北大求學七年間的「例行功課」。唸碩士班第一年，我的處女作《火與冰》出版了，在這三家書店都開過新書討論會，很多持守自由主義立場的前輩知識分子應邀前來慷慨陳詞。那是九〇年代末最後一點微光。

我離開北大後，經歷了「畢業就是失業」的挫折，並一步步地走向特務如影隨形的「國家的敵人」的行列。我搬到遙遠的北京東郊，一個月也難得回西北角的海淀一趟。再後來，國林楓和風入松都先後歇業，只剩下萬聖書園苦苦支撐。

我最後一次去萬聖書園買書，是二〇〇八年奧運會期間。我被當局非法軟禁在家，多次跟看守的秘密警察交涉，他們總算答應開車帶我去買書。那是將近一個月裡難得的一次「放風」機會，儘管我在書店中挑選書籍時，便衣特務寸步不離，生怕我遇到熟人開口講話。

再以後，我離開中國，護照作廢，祖國回不去了，母校回不去了，大學時代的書店也回不去了。在臺灣，我卻如同在沙漠中發現綠洲一樣，發現了一處同樣的所在——唐山書店。

開一家書店，不是做一筆生意

近年來，臺灣的獨立書店如雨後春筍般誕生，有不少書店的空間設計美輪美奐，但我還是最喜歡去那一間「全臺灣最不花俏的書店」——唐山書店，「我們沒有華麗的裝潢，但我們在微暗的地下室為你張羅了學習之海」。也正如《臺灣書店歷史漫步》一書中所說：「若要尋找獨立書店的精神與價值，至今依然堅守初衷的唐山書店，便是最不容忽視的代表。」

第一次到唐山書店，是臺大的朋友帶我去的。出臺大校門，在老舊擁擠的巷弄間步行數分鐘，便看到唐山書店小小的、毫不張揚的招牌。沿著幽暗的樓梯往下走，發現兩邊的牆上貼滿各種藝文、社運活動及新書的海報，沒有經過規劃和排列，頗有些波西米亞的風格。後來我才知道，人們可以隨意在此張貼海報，無須經過書店的同意，宛如一段眾聲喧嘩的「民主牆」。

地下室面積不大，四面牆都是頂天立地的大書架，中間則以碩大的桌子擺放不同類別的書籍。雖然陳設稍顯簡陋，但店內陳設的正是我最愛的人文、學術類書籍，以及帶有強烈批判意識的雜誌、異議性質的學生刊物等，讓我有老友相逢之感。

第一次見到唐山書店的創始人陳隆昊，是在一次朋友的飯局上。他的臉上帶著淡淡的微笑，是一位樸實沉著的中年人。之後，我約到陳先生談唐山書店的故事。這一次交談，他與前一次的沉靜寡言判若兩人，一談到書籍和書店，他頓時彷彿變了一個人，兩眼發光，滔滔不絕。

陳隆昊是客家人，生長在新竹鄉下。小時候，國語尚未普及到鄉下，在家中講日語和客家話，到臺北唸書時，才發現自己是說不好國語的「弱勢群體」。客家人來臺灣比福佬人晚，平原被人家佔有了，只好向山區發展。他們家離一個泰雅族部落只有八公里，少年時代，父親常帶他去到山裡，跟泰雅族朋友一起打獵，他跟很多泰雅族孩子成了好朋友。有一次，泰雅族的主人煮一鍋水給他洗臉，他看到水是黃色的，不敢用。主人告訴他，這是用番石榴葉子煮的，對皮膚很好。他嘗試了一下，果然有一股特別的清香。這個微小的細節，讓陳隆昊意識到，文明有高低，但文化是平等的，不同文化各有其特色。後來，他考上臺大，選擇人類學，就是希望瞭解不同的文化、族群。

由於班上的同學大都是女生，大家便推舉身強力壯的陳隆昊負責採購參考書。七〇年代，人類學方面的參考書很少，老師開的書單上的書大都找不到。這就啟發陳隆昊：是不是可以開一家人文、社會科學的書籍比較齊備的書店，以方便臺大師生買書呢？為了實現開書店的夢想，他在唸研究所時，去獨立書店「南天書店」打工，由此熟悉了圖書編輯、出版和銷售的整個流程，奠定了日後開設唐山出版社和唐山書店的基礎。

一九七九年，不到三十歲的陳隆昊成立了專門出版人文社會科學書籍的出版社「唐山出版社」。我第一次讀到唐山出版社的書，是劉曉波的《中國當代政治與中國知識分子》。那個時候，劉曉波在臺灣並不出名，唐山卻別具慧眼地出版了這本劉曉波的力作。

一九八四年，陳隆昊又成立了門市「唐山書店」。一開始，他就知道，這不是一樁熱門的、利潤巨大的生意。在臺灣，理工科學生多，文科學生少，人文和社科書籍的市場不會太大。他選擇在地下室開店，此後先後換過三次地方，始終如一都位於地下室——地下室的租金只有地上店面的五分之一。陳隆昊說，他從創業之初便採取守勢，這跟客家人的性格有關：由於資源少，客家人不太敢經商、冒險。然而，正是這種精打細算的心態，讓唐山書店成為業內的一棵常青樹。

書店成立之初，陳隆昊採取跟傳統書店不同的做法：傳統書店一般被動等待中盤商送書上門，陳隆昊則主動前去挑書，挑選有學術價值的好書。他的理想是做一家有專業水準的書店，將冷門的學術書推成暢銷書。比如，韋伯的學術著作《政治與社會》，唐山書店賣出一千多本，幾乎就是第一版的印數。「網路教父」詹宏志還專門在媒體上寫文章評論「唐山現象」。

・上圖：毫不張揚的招牌

· 唐山的選書彰顯獨立書店的價值，更代表臺灣社會的進步

銷售「禁書」，與警總鬥智鬥勇

唐山出版社和書店創立之時，正是美麗島事件前後。臺灣的經濟迅速發展，民間社會力量爆發，與持續三十多年的戒嚴體制發生激烈衝突。美麗島事件是一個分水嶺，雖然國民黨抓捕了絕大多數黨外精英並判處重刑，但人心所向誰都擋不住。蔣經國哀嘆說，高壓再也不是統治臺灣的好方式。那是一個知識爆炸、人心思變的時代，也是人們希望「通過知識獲得自由」的時代。

明朝文人金聖歎說過，雪天讀禁書，是人生一大樂事。炎熱潮濕的臺灣沒有雪天，那麼，在瘴氣與鬱悶中讀禁書，或許更是人生一大樂事。戒嚴年代，臺灣的「禁書」書單如裹腳布一樣長。唐山書店以販售人文、社會科學書籍為主，當然會銷售各類禁書，如黨外刊物、具有臺獨思想或左派思想的著作等。

由此，唐山書店成為警備總司令部的眼中釘。聽陳隆昊講到這裡，我也分享說，兩岸的獨立書店都有相似之處：北大旁邊萬聖書園的老闆劉蘇里，是八九學運的學生領袖，九〇年代開書店的時候，也懷著未完成的啟蒙主義理想。中共的圖書管控比國民黨更為嚴酷，書店一般不敢公然銷售盜版的港臺政治類書籍。但在合法出版的書籍中，萬聖書園特別將某些價值觀明顯的書放在顯著位置，向讀者大力推薦，如歐威爾的《動物農莊》、海耶克的《通往奴役之路》、索忍尼辛的《古拉格群島》等等。由於自由派知識分子常來書店買書、喝咖啡、見外國記者，秘密警察也固定來此「蹲點」。劉蘇里從不掩飾自己的政治觀點，與異議分子群體保持密切聯繫，時常被警方「關照」。劉曉波被捕入獄初期，作為劉曉波的老朋友，劉蘇里主動幫助劉曉波的妻子劉霞挑選新書，由劉霞送入獄中，供劉曉波讀，直到後來當局禁止送書進去。

聽我講到這裡，陳隆昊笑著跟我分享了一段當年跟警總玩「貓捉老鼠」遊戲的經歷。有一次，調查局通過一名他認識的朋友傳話，說要找他「幫忙」，用優厚的報酬吸收他當線人，記錄黨外人士如邱義仁、林濁水等人何時來店裡買書、買了什麼書。陳隆昊心想，這種所謂的「幫忙」其實是一個陷阱，一旦替他們「幫忙」，就會沒完沒了，最後將是人格破產的滅頂之災。他婉言拒絕，對方仍不斷脅迫。他只好解釋說，自己大部分時間都在外面批書、進貨，並不在店裡固守，沒有辦法「幫忙」。對方這才作罷。

另一個例子是如何對付警總的搜查。跟警總打了幾次交道之後，陳隆昊摸出了規律：一般警總都是月底來查，然後寫月度報告。除了查黨外刊物外，還有另一類「黑書」，即所謂「附匪學者、作家」的盜版書，比如島內盜版的魯迅、陳寅恪的著作。唐山書店是唯一堂而皇之擺著「黑書」銷售的書店。每當月底，他把大部分「黑書」收起來，只擺兩三本在外面，專門供搜查人員沒收，讓他們有所收穫，可以寫報告、領獎金。那時已是白色恐怖末期，蔣經國在美國的壓力之下逐步走向開放，警總人員上門搜查，不再凶神惡煞，顯得「比較文明」，很多時候睜一隻眼、閉一隻眼，彼此心照不宣。他們沒收書籍，也都開具清單，詳細記載什麼書、有幾本。

書不會消失，書店也不會消失

經過時間的過濾，那個時代「兵來將擋，水來土掩」的生活似乎還充滿了樂趣，比今天這個可以自由出版和銷售，人們卻不願閱讀的時代有趣多了。

我接著問一個問題：進入網路時代之後，在全球範圍內，傳統出版業被視為夕陽產業，書店更是紛紛倒閉。那麼，書會消失嗎？書店會消失嗎？

陳隆昊說，臺灣的情形比較不一樣，儘管出版業不景氣，讀書人越來越少，小型的獨立書店卻不斷破土而出。七〇年代的出版社和書店一半以上是國營企業，現在十有八九都是具有個人風格的出版社和書

・右下圖：陳隆昊榮獲金鼎獎之特別貢獻獎

店。很多書店在街角巷尾，成為社區文化生活的一部分，香港和中國都找不到這道亮麗的風景。

不過，書店利潤微薄，很難突破瓶頸，獨立書店的經營者們產生了抱團取暖的想法。陳隆昊的名片上有一個特別的身分：「臺灣獨立書店文化協會理事長」。他告訴我，獨立書店文化協會成立以來，繪製獨立書店地圖，聯合起來向出版社和經銷商進書、向政府申請資助，做了很多細緻而綿密的工作。

知道我是基督徒，非基督徒的陳隆昊跟我分享了最近讀喀爾文著作所受的啟發。喀爾文對生命的三個態度，讓他如被光照一般：第一，對周遭財物的態度若有似無，人到盡頭，兩腿一蹬，什麼也帶不走；第二，世間很多事情都是上帝的召喚（calling），要全心全意去做；第三，遠離對死亡的恐懼，死亡是回到上帝懷抱，脫離世間苦難。我讚賞說，這些領悟比很多名義上的基督徒更為深刻。

在我訪問完陳隆昊之後不久，傳來他榮獲第四十屆金鼎獎特別貢獻獎的消息。在頒獎典禮上，文化部長鄭麗君致辭說，想起念大學時期幾乎每天都到唐山書店報到，「今天能夠站在這邊，和唐山真的有些淵源，如果沒有唐山，可能不會想要為公眾做一點事情」。她特別指出，在臺灣的民主化進程中，出版人功不可沒：「回顧過去歷史每個階段，創作人、出版人都是思想的重要推手，引領時代蛻變，也讓今日多元自由出版產業成為臺灣傲人文化。」陳隆昊則在致辭中表示，「我一直有一個想法，希望產官學一起努力，讓閱讀這件事情變成全民嗜好」。

美國歷史學家安東尼・葛睿夫頓指出，紙質的書籍不會被電子書取代，出版社、圖書館和書店也不會從人類文明中消失：「如果印刷是冷的，有紙張的溫暖加以平衡。……我們翻書頁，感受紙的重量，在空白的地方寫筆記。紙本身也表達訊息：毛邊暗示一定的文雅，手指能觸摸厚度與質地，翻頁帶給文本自己的動能。」我想，這也是陳隆昊和唐山書店的員工、讀者們共同的信念吧。◆

唐山書店

地址：臺北市大安區羅斯福路三段333巷9號地下室
電話：02-23633072
營業時間：週一至週五 09:00-22:00
週六、週日 10:00-22:00

二二八與國際人權

因為這地
遍滿流血的罪

臺北市二二八紀念館

臺北有兩座以二二八為主題的紀念館：一座是位於南海路的國家級的二二八紀念館；另一座是位於二二八和平紀念公園的臺北市二二八紀念館。這兩座紀念館的區隔似乎不大，就連臺北的計程車司機都常常將它們混淆起來：有一次我去國家二二八紀念館，卻被帶到了臺北市二二八紀念館。

臺北市二二八紀念館建築的前身為「臺北放送局」。一九三〇年，臺灣總督府交通局遞信部為發展廣播事業，成立臺北放送局。次年，臺灣放送協會成立，廣播業務移交該協會經營。一九四五年，國民政府接收後，改為臺灣廣播公司。

二二八事件發生時，抗爭人士率先佔據此處，運用廣播電臺傳遞消息，全臺民眾遂能立即響應並快速動員。控制媒體是近代以來各國發生革命或政變時，反抗方邁出的第一步——掌握媒體，就掌握了話語權和主動權。當時，臺灣已進入近代社會，六百多萬人口擁有十多萬臺收音機，廣播是傳遞信息的第一強勢媒體。所以，此處成為「二二八事件中的麥克風」，也是萬眾矚目的「風暴眼」。

一九九六年，臺北市政府基於這棟建築物在二二八事件中的重要地位與歷史意義，選定作為臺北市二二八紀念館。一九九七年二月二十八日，紀念館在二二八事件發生五十週年時正式開館——五十年之後才抵達的正義，是遲到的正義。紀念館的官網上指出：「本館設立宗旨在求公布史料，安慰受難者家屬，希望透過興建紀念館的方式，讓臺灣人民走出二二八陰影，將苦難提升為進步或再創造的力量，使臺灣社會重建健康心靈，愛和寬恕得以成為和諧生活的命運共同體，並冀能促進族群的共榮共和，社會、文化的健全發展。」二十年來，紀念館是否達成了這個目標呢？

此岸有二二八紀念館，彼岸無六四紀念館

面積七百餘坪的紀念館，一、二樓北面為展覽室，用十二個單元展出以「二二八事件」為主體的各式

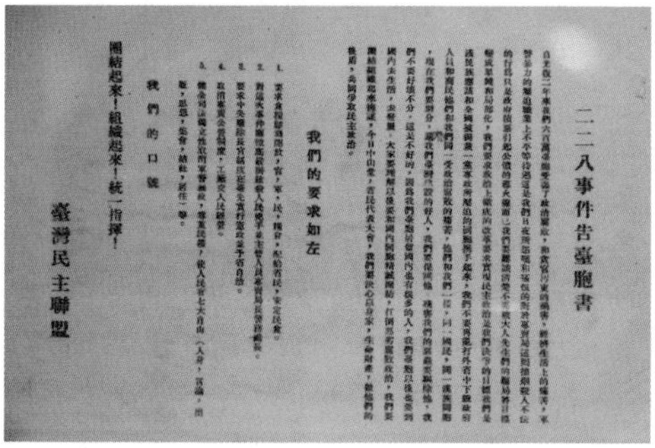

· 上圖：二二八事件的麥克風——臺灣廣播電台

· 右下圖：臺北市二二八紀念碑

· 左下圖：臺灣民主聯盟的「二二八事件告臺胞書」

文獻、圖片、文物，以說明事件的由來與經過，和它背後的政治、經濟、社會意義。

《紐約時報》在一篇關於這座紀念館的報導中指出：在面對歷史的層面上，東亞各國總有問題。以中國來說，天安門廣場的學生運動在一九八九年夏遭到血腥鎮壓，但該事件仍是討論的大忌，彷彿政府主導的集體失憶。只要在中國的網路上提及此事，就會很快遭到刪除。在第二次世界大戰結束七十年後，鄰國還在抨擊日本首相淡化本國的戰時暴行，包括慰安婦問題。與之相比，臺灣更勇敢地面對歷史的傷痕，喚起這些難堪回憶的過程，是臺灣民主革新中不可或缺的一部分。

這篇報導特意寫到有中國旅客來此參觀——陸客大部分熱衷於中正紀念堂、國父紀念館、士林官邸等「藍色紀念物」，但也有少部分關注「民主地景」。負責解說的志工洪老師在與陸客交談時，毫不掩飾對國民黨的厭惡。她還吸引遊客討論中國能否面對不光彩的近期歷史：一九五〇年代的工業化冒進引發饑荒，導致數千萬人死亡；文化大革命帶來騷亂；還有一九八九年天安門廣場的抗議活動遭到鎮壓。一名陸客承認：「在大陸，我們不能做這些。不過我們有一天或許會做到。無論如何，一切都在進步。」另一名陸客說，「那時候，中國人民可以站起來，可以抗議，可以表達自己的觀點。但後來，他們就不能談了，大家都一心撲在賺錢上。」但他相信，隨著越來越多年輕人到海外學習，中國最終會開放。

對於來臺北市二二八紀念館參觀的陸客來說，這座紀念館讓他們意識到中國政府對待天安門事件的態度與臺灣對待二二八事件的態度差異有多大。這種差距就是文明、民主與法治的差距。臺灣的民主尚在鞏固與成熟的過程中，而中國仍深陷於暴力與謊言之中。在此情形之下，中國不可能吸引包括臺灣人在內的華人世界「天下歸心」，臺灣人對中國這個醜陋的「大象」的疏離與厭惡心態是合情合理的，臺灣人對那些生長在臺灣卻自以為是「中國人」的國民黨化石的厭惡更是理所當然的。英國作家奈保爾在一篇描寫阿根廷的文章中寫道：「在阿根廷做一個歐洲人，就是在以最為有害的方式做一個殖民者。這是寄生蟲的生活方式。」如果把這句話運用到臺灣，那就是：在臺灣做一個中國人，就是在以最為有害的方式做一個殖民者。這是寄生蟲的生活方式。

歷史的幽谷尚未穿越，寬容的未來還要期許

二二八及白色恐怖歷史的研究者曹欽榮指出，希望這座紀念館「讓這個島上的住民，得以因瞭解而諒解；因諒解而和解，因為和解是邁向和平的開端」。他對這座紀念館所具有的多元而豐富的意義，有如下之闡發：

首先是歷史意義，建立市民歷史意識，深刻反省、學習追求民主、自由、幸福的生活方式。

其次是人文意義，檢討戰爭對人的傷害及戰後人心解放因二二八的再次傷害；重建人的尊嚴、人格的完整；延續、傳遞每一代人的感情流脈。

第三是教育意義，呈現歷史真相，與歷史時間、鄉土空間同體共感。

第四是文化意義，追求族群共榮，開創人與土地融合、人與人共同成長的生活感情，形成新的生活文化意識。

第五是空間意義，保存歷史建築，連結周邊歷史建築場景，形成首都核心區都市空間的新闡釋。

然而，正如臺灣民主化進程並非一帆風順，臺北市二二八紀念館也在驚濤駭浪中艱難前行。馬英九任臺北市長和總統期間，龍應台任臺北市文化局長和文化部長期間，想方設法掩蓋二二八真相，模糊國民黨罪責，隱藏屠殺元凶，該紀念館的五大功能長期處於「懸置」狀態。這些做法致使若干二二八難屬和學者挺身抗議，館方稍有回應和修改，但基本思路仍然不變。

而柯文哲當選臺北市長之後，雖然他的父親也曾被二二八所波及，但由於他本人缺乏深刻而遼遠的歷史視野，對紀念館的「歸正」重視不足。在二二八紀念日時，他卻熱衷於表演「單車秀」而缺席紀念活

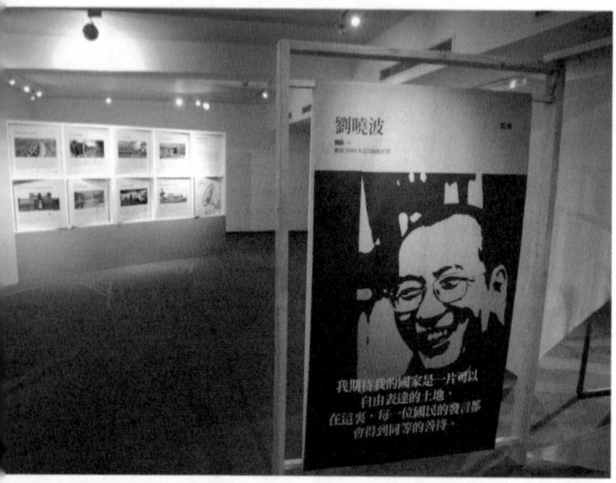

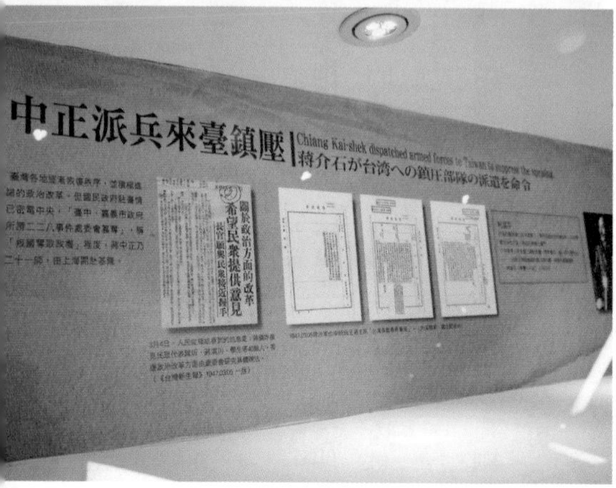

· 左上圖：二二八紀念館裡的劉曉波

· 右上圖：二二八受難者、銀行家陳炘全家福

· 左下圖：蔣介石與二二八

· 右下圖：二二八事件政治改革訴求

動。所以，該紀念館並無根本性的改觀。

若要穿越死蔭的歷史幽谷，首先解決的問題是指證加害者。只有受害者，沒有加害者，不是真正的轉型正義。在臺北市二二八紀念館中，找不到躲在幕後發號施令的加害者究竟是誰。唯一的替罪羊是二二八事件發生時的臺灣行政長官陳儀。陳儀被蔣介石處死，並非因為他指揮了二二八屠殺，而是因為他試圖背叛國民黨，投靠共產黨。反正陳儀死了，就把罪責統統推到他的身上吧。

陳儀絕非罪魁禍首。居高臨下、發號施令的蔣介石才應當被釘在歷史的恥辱柱上，但紀念館中涉及蔣介石責任的部分語焉不詳。有關解說刻意給參觀者留下一種印象：這都是底下的人胡作非為，作為最高領導人的蔣介石並不知情。這是中國「只反貪官不反皇帝」的奴才文化的體現。實際上，在張炎憲等歷史學者合力完成的《二二八事件責任歸屬研究報告》中，早已根據確鑿的史料得出結論：蔣介石是派兵鎮壓的最高決策者。與毛澤東一樣，蔣介石牢牢掌控軍權，若非他親自下令，數萬軍隊不可能自行調動。蔣介石派兵到臺灣的目的很明確，就是鎮壓與屠殺。該書指出：「與臺灣二二八事件有關的大溪檔案，從一九四七年二月十日至一九四八年六月四日止，計有九十九份文件，都是蔣介石與保密局、中統局以及陳儀、葉秀峰、劉雨卿、陳誠、白崇禧、桂永清、何漢文、魏道明、彭孟緝、吳鼎昌、于右任、謝冠生等黨政軍特乃至監察、司法相關人員的函電，可見蔣介石對事件介入程度之深、干預層面之廣，這樣的最高領導人，當然要為不幸事件負最大責任。」可惜，此結論並未出現在紀念館的解說之中。

歷史不是任人打扮的小姑娘，歷史也不是傳奇、神話與巫術。如南非宗教領袖、真相與和解委員會主席屠圖大主教所說，沒有真相就沒有和解。若兇手的頭像出現在錢幣上，懸掛在政府機關和學校，那麼，受害者就仍然處於被羞辱和被傷害的狀態之下。

誰又不是二二八母親，誰又不是天安門母親？

在紀念館前的二二八藝術廣場，立有一件石雕作品「大地與母親」，以懷孕母親的堅忍及對子女的慈愛、寬容，表達對受難家屬的敬意。該雕塑作品出自四七社成員、臺北藝術大學教授張子隆之手。我在「大地與母親」前駐足良久，想起那些失去孩子、欲哭無淚的母親，想起對抗黑暗的天安門母親丁子霖，不禁潸然淚下。

劉曉波曾寫道：

年輕的亡靈
相信母親吧
母愛是火
即便熄滅了
也會用灰燼兑現諾言

是的，他們能夠殺死孩子，但無法殺死母親。母親的子宮會重新孕育孩子、希望和春天。一切的暴君和暴政都將灰飛煙滅，唯有母親的愛永存。我在紀念館中看到那麼多母親的故事，還有女兒的故事——一位友人給我郵寄來他的母親、二二八受害者陳炘的女兒高陳雙適女士的回憶錄《靜待黎明》，我連夜讀完，與作者一起哭泣、一起等待、一起仰望。

陳炘是臺灣現代金融業的先驅，他並沒有任何反對國民政府的行為，卻無端被軍人從家中抓走，從此渺無音訊。臺灣的二二八屠殺比中國的六四屠殺更加殘酷和邪惡之處就在於：軍隊不僅僅屠殺那些上街

·「大地與母親」雕塑作品

· 受難者名錄

臺中市
彰化市
彰化縣

抗議的民眾，更有計畫、有預謀地殺害大量並未參與二二八反抗活動的臺灣本土精英。

在此意義上，國民黨政權對臺灣本土精英的大規模捕殺，跟蘇俄在卡廷事件中有選擇地殺害波蘭社會精英如出一轍。二二八屠殺之前七年，一九四〇年春，侵略波蘭的蘇聯軍隊按照史達林的命令，將俘獲的波蘭軍人、知識分子、政界人士和神職人員共計兩萬兩千多人，秘密屠殺於卡廷森林、加里寧等地，史稱「卡廷事件」。

「穿過修道院，我們走進一片美麗的森林，那裡生長著我從未見過的粗大松樹和其他叫不上名的樹木。我們停在一座院子外面，隔牆張望，院子裡有木屋，也有磚房。押解我們的蘇聯士兵按照花名冊點名，每十人一組，放進院子。」這篇日記是被俘的波軍上尉托馬什•希維茨基來到卡廷森林後的現場速記，他不知道那座「院子」實際是一個已經挖好的大坑，可以同時埋葬五千具屍體，他更不知道這段文字會成為他的人間絕筆。

卡廷屠殺是另一場奧斯維辛集中營屠殺。歷史學者格哈特•溫伯格指出：「史達林可能確認，任何重生的波蘭都不會是友好的。在這種情況下，大規模削弱它的軍事和技術精英分子就能有效的削弱波蘭。」蔣介石跟史達林的想法一模一樣：要長久地奴役一個國族，就必須首先消滅其中有思想、有文化的精英群體。國民黨到臺灣要實現鐵腕般的統治，就必須將日治時代的臺灣本省精英統統清理掉。這就是蔣介石發動二二八屠殺的初衷。

那一年，還是如花似玉的少女的高陳雙適，一夜之間失去了父親以及父親所有的財富和事業。從富貴人家的大小姐變成不可接觸的賤民，她靠著基督信仰走過那段死蔭的幽谷。在父親遇難七十年之後，近九十高齡的高陳雙適在回憶錄中寫道：「希望父親的犧牲，能換來社會大眾對公平正義與美好秩序的追求意識，以及永遠捍衛臺灣經濟繁榮與穩固之決心。我要請大家謹記：不知道過去的歷史，人們就會一直重蹈與重演歷史的錯誤與悲劇而不自知；不認識歷史客觀真實的面貌，人們就無法化解宿怨、凝聚命運共同體的目標。」

為了讓後人記住卡廷慘案，波蘭人建立了紀念碑和紀念館，更拍出了優秀的電影。父親是死於那場屠殺的波蘭軍官的電影導演瓦依達，獲得奧斯卡終身成就獎之後，在八十一歲高齡拍出了驚心動魄的《卡廷慘案》。俄羅斯的一位網路影評人指出：「瓦依達電影真正的『危險』在於，從人性的維度審視這個政治慘劇，這讓現在俄羅斯謹小慎微的政客心驚肉跳。我們曾慣於崇拜虛假的偶像、虛假的理想，最重要的是，習慣於愛紅場上領袖的靈柩勝過自己父親的墳塋。這也是為什麼我們懷念以往的崇高，那是誇大了的崇高，因為它建在流血和暴力之上。」那麼，什麼時候，臺灣本土的導演才能拍出一部《二二八屠殺》？什麼時候，中國本土的導演才能拍出一部《六四屠殺》？對待歷史的態度，就是對待土地和人民的態度。誠懇地接受歷史真相的那一天，就是民主、自由、人權價值如春雨一般「隨風潛入夜，潤物細無聲」的那一天。◆

·《靜待黎明》封面

臺北市二二八紀念館

地址：臺北市凱達格蘭大道3號
電話：02-23897228
開放時間：週二至週日 10:00-17:00
（國定假日後一日休館）

中山堂

是「光復」，還是「再殖民」？

臺北中山堂

我常常去西門町閒逛，去捕捉臺灣年輕人時尚的脈動，卻沒有留意到中山堂就在西門町附近。這棟日治時代宏偉的公共建築，如今被周邊的高樓、街道和車水馬龍重重包圍起來，反倒成為鬧市中遺世獨立的隱者。

我去中山堂，當然不是去看廣場一側被譽為維妙維肖的孫文銅像，而是去看臺灣本土雕塑家黃土水的名作《水牛》浮雕。我屬牛，孩童時代有過一段以耕牛為伴的鄉村生活，對以牛為主題的藝術品頗有興趣。在農業文明時代，牛在鄉村是生產力的象徵，農夫離不開牛，牛成為親密的家庭成員。臺灣人以耕種不輟、一路向前的牛自居，「臺灣牛」成為某種精神象徵。

在中山堂中央樓梯的二至三樓間，陳設著黃土水的傑作《南國》（人們俗稱「水牛群像」）浮雕。黃氏係艋舺人，東京美術學校科班出身，一九二〇年以「山童吹笛」入選日本第二屆帝展，為臺灣首位得獎人，「水牛群像」為其生平最後遺作。作品以熱帶植栽香蕉樹、臺灣水牛、戴斗笠裸身牧童，形成濃鬱生動的南國風情。黃氏逝世後，其夫人廖秋桂女士將之移贈中山堂，嵌置於中山堂光復廳前壁，永久留存，堪稱鎮堂之寶。

公會堂：市民社會與公共空間之象徵

與蔣介石親自倡議、規劃並興建的陽明山中山樓不同，中山堂是日治時代留下的建築，原名為公會堂，後來被國民政府改名為中山堂。如此改名，如同赤裸裸地竊取他人之智慧產權。或許因為孔夫子說過，「名不正，則言不順」，國民黨到臺灣之後特別喜歡竄改原來的建築和街道的名稱。改名者偏偏粗魯無文，且深受儒家專制主義及現代威權政治之毒害，所改之名不脫中山、中正、三民主義、四維八德之類的陳詞濫調。

·上圖：黃土水的水牛群像

其實，公會堂這個名字更符合這棟西式建築之特質。此地舊址為清帝國統治時期的臺灣布政使司衙門，該衙門為當時全臺灣的最高行政機關。清日甲午戰爭之後，臺灣被割讓給日本。一八九五年六月，日本進駐臺北並接收布政使司衙門，十七日在此舉行「治臺始政式典禮」，開始長達半個世紀的日治時期。從一八九五年至一九一九年，原布政使司衙門一直為臺灣總督府之辦公場所，直到新的臺灣總督府廳舍完工為止。

一九三一年，臺灣總督府決定，在此興建臺北公會堂，原有的中式建築部分遷移到他處。該建築由知名建築師井手薰擔綱設計，於一九三六年十二月建成。該建築寬六十米半，側深達一百一十三米，共有四層樓，建築面積共達四千平方米，為當時臺北規模最大的公共建築。

所謂「公會堂」，乃是日本專為都市舉辦集會活動所修建的公共建築。除臺北之外，臺灣各大都市也興建了多個大小不等的公會堂。一九三六年，臺北公會堂落成時，其規模與場地設備僅次於東京、大阪及名古屋，是第四大都會公會堂。

與現代城市中向市民敞開的廣場和花園一樣，公會堂是資本主義興起時代的市民社會和公共空間的重要代表物。在東方的君主專制時代，一切以君王為中心，所謂「以天下奉一人」，城市建築規畫也是如此。君王害怕民眾聚集，一旦「人多」就可能形成威脅其統治的群體力量，故而城市中並不設置民眾可以聚集、活動的場所，頂多就是在宮殿外有一個專供君王檢閱軍隊和民眾的廣場。在那個廣場之中，軍隊和民眾只是「無名的集體」，是被觀看、被審視的對象，而不是具有獨立人格和表達自由的個體。東方文明中並不存在獨立於王權之外的公民社會和公共空間。

而在西方，公共領域是一種必不可少的歷史形態和都市規畫。早在希臘城邦時代，就有各類公共空間，供公民集會、演講、辯論和娛樂。研究公共領域的德國思想家哈貝馬斯認為，近代意義上的公共領域最早出現在十七至十八世紀的英格蘭和法國，隨後與現代民族國家一起傳遍十九世紀的歐洲和美國。

「其最突出的特徵，是在閱讀日報或周刊、月刊評論的私人當中，形成一個鬆散但開放和彈性的交往網絡。通過私人社團和常常是學術協會、閱讀小組、共濟會、宗教社團這種機構的核心，他們自發地聚集在一起。劇院、博物館、音樂廳，以及咖啡館、茶室、沙龍等對娛樂和對話提供了一種公共空間。這些早期的公共領域逐漸沿著社會的維度延伸，並且在話題方面也越來越無所不包，聚焦點由藝術和文學轉到了政治。」民主自由的觀念，首先誕生在這些公共性和世俗化的場所，而非宮廷與天主教的教堂之中。

明治維新之後奮力「脫亞入歐」的日本，學習歐美大都市營造豐富而寬敞的公共空間。於是，「公會堂」這種融合西洋近代思想與日本本土文化的公共建築應運而生，它涵蓋了劇院、音樂廳、演講廳、會議廳、餐廳、咖啡館等多種功能，成為公民品質的養成基地以及民間與政府對話、溝通的橋樑。日治時代的臺灣，每個都市都興建了公會堂，很快公會堂便成為該城市各項公共活動的中心場所。

國民政府接收臺灣之後，這個半截子還停留在帝王專制時代的政權，根本不明白何謂公會堂，何謂公民社會。於是，國民黨政權自以為是地將遍布臺灣各地的公會堂改名為中山堂，使之成為個人崇拜的地標以及黨國教育的場所。這種改名以及改變建築物用途的方式，是落後文明對先進文明的顛覆。

威權政治離不開威權文化

在二〇年代後期的日本，昭和專制和軍國主義已甚囂塵上，但在文化藝術領域似乎還存有「大正民主」的餘緒，各地公會堂的設計尚有容忍建築師「不拘一格」的自由。

當時，西方和日本的建築及藝術正處於從西洋古典主義向現代主義的過渡期，臺北公會堂正好成為過渡時期的標本：在外觀上，它的整體造型維持嚴謹的對稱性，入口有厚重的拱形廊門，是古典風格；同

・阿拉伯風格的天花板裝飾

時，線條簡潔明快，結構為鋼筋混凝土，則是現代建築的特色。而且，它又採用臺灣難得一見的中東阿拉伯拱窗及臺灣陶瓦，帶來一種神秘主義的氣息。在室內裝飾上，大廳天花板也呈現阿拉伯風格的穹窿造型，柱頭原本鑲嵌日本皇室的菊花圖案，後來被改為代表國民黨的梅花圖案。二樓的大宴會場，是兩層樓挑高設計，四周尖弧形窗戶，也是呈現阿拉伯風格。或許，這正表明當時日本的野心不僅僅是建立「大東亞共榮圈」，也要向西亞的阿拉伯世界發展。

就公共建築而言，建築不單單是藝術，建築同樣是政治。有體現民主價值的建築，亦有體現獨裁價值的建築。有趣的是，幾乎每個現代獨裁者都對建築有著狂熱的興趣，希特勒、史達林、毛澤東、蔣介石、金日成、齊奧塞斯庫、海珊無不如此。

希特勒是將極權主義意識形態與建築美學融為一體的第一人。希特勒的御用建築師施佩爾利用現代商業建築設計和舞臺設計的技巧，將建築變成向德國民眾和國際社會推銷納粹主義的商品。施佩爾設計的新總理府得到希特勒的青睞，通過新總理府這個看得見、摸得著的具體形象，希特勒和施佩爾為德國民眾製造了一個「和平統一」、「大國復興」的海市蜃樓。建築師赫爾曼・吉斯勒以《大德意志帝國的標誌》為題，道出了該建築背後不加掩飾的政治野心：

> 施佩爾為我們建造了屬於大德意志帝國的第一座建築。這座新總理府是德國建築歷史上最偉大的成就，具有重要和深遠的意義。在建築從開工至竣工的一年裡，世界充滿了恐慌，整個歐洲處於緊張狀態。……在這種情況下，新總理府的竣工不僅代表了德國在一九三八年所取得的傑出成就，而且表現了德意志民族無與倫比的紀律性和朝氣蓬勃的活力。這種德國民族特有的品格將與建築共存一體，流芳百世。同時，它證明了，經濟低迷和社會動盪時期，仍然可以取得文化建設的成就。……在這座建築中，大德意志帝國進行了第一次實力較量，從而奠定了帝國的基業。新總理府作為這一歷史的見證而載入帝

國的史冊。（此段摘錄自網路，未查到原書）

當第三帝國灰飛煙滅，希特勒在總理府地下室自殺身亡之後，英國的建築評論家萊昂內爾・布萊特在柏林總理府的殘骸中，偶然發現這座建築的設計竟然如此簡潔和純淨。他寫下評語說：「施佩爾的藝術品味是無懈可擊的。令人奇怪的是，如此冷漠、如此切合主題的建築竟然會散發著邪惡的氣息。」顯然，這種「冷漠的純淨」的風格，是讓納粹建築具有巨大感染力的關鍵所在。

而中國國民黨的文化底蘊遠遜於德國納粹。國民黨未能創建出一套與它的威權政治相對應的現代建築語言，國民黨甚至無力在臺灣修建日治時期的臺北公會堂那樣的公共建築——不是缺少資金和資源，而是缺乏審美能力與想像力。國民黨要麼是拙劣地模仿蘇俄共產主義風格的、火柴盒式的建築，要麼是單調而重複套用中國古代帝王建築的元素——受宋美齡主導、蔣介石干預的中山樓、圓山大飯店均是如此。中山樓的外觀仿照北京天壇的樣式，似乎在警告芸芸眾生：享有祭祀上天的最高權柄的，唯有蔣介石一人。蔣介石鍾愛的中國宮殿樣式與希特勒鍾愛的羅馬神殿建築樣式，表面上看不一樣，但背後的精神取向殊途同歸。

獨裁者的揮手與偽裝的公共生活

日本政治學者若林正丈在論及臺灣近現代曲折的歷史進程時指出：「臺灣歷經三個性格迥異的帝國（作為古典之世界帝國的清朝、作為近代殖民帝國的日本、作為二戰後『非正式帝國』的美國）體系之邊陲地位，其中或被編入或被庇護，刻畫出一段獨特的發展歷程。」中山堂見證了臺灣近現代史上的許多重要時刻，於此三個時期都有份參與。

· 上圖：俯視廣場的露台

· 右下圖：劇場咖啡廳

· 蔣介石的臨時辦公室

一九四五年，臺北公會堂被國民政府選為第二次世界大戰中國戰區受降儀式的第十五個受降區之受降地。在其二樓高貴典雅的大宴會場，國民黨將領陳儀代表太平洋戰區盟軍最高統帥麥克阿瑟接受日本臺灣總督兼第十方面軍司令官安藤利吉將軍投降。此後，大宴會場被改名為「光復廳」。

一九四六年十月二十一日，蔣介石抵達臺北，參加在此舉行的「臺灣光復一週年紀念大會」。國民政府遷臺之後，此處亦為最具象徵性的政治舞臺，包括蔣介石宣布「復行視事」、三次連任總統就職大典均在此舉行。二樓陽臺可俯瞰前面寬敞的廣場，當年蔣介石宣誓就職之後，就曾攜宋美齡站在露臺邊，向廣場上的民眾致辭和揮手。從當年的照片上可以感受到威權時代個人崇拜的氛圍。當然，此處之氣勢遠不及北京的天安門城樓，蔣介石在此接受萬民擁戴也比不上毛澤東在天安門閱兵及接見百萬紅衛兵，威權統治畢竟比不上極權主義。

在陽明山中山樓落成之前，中山堂成為召開國民大會、正副總統就職典禮及政府接待外賓的主要場所。舉凡美國總統尼克森、南韓首位總統李承晚、南越首位總統吳廷琰、菲律賓總統卡洛斯・普・加西亞、伊朗國王巴勒維等元首訪臺，都是在此接受國宴招待。一九五四年，《中美共同防禦條約》在此簽定，該條約在相當長的一段時期內確保了臺灣的安全。中山堂也曾是國民大會開會的所在地，一樓原封不動地保存了蔣介石的臨時辦公室，名之曰「蔣公紀念室」。內有一張檜木材質的巨型辦公桌，桌旁備有一龍頭燈飾，於側臥床位休憩之用，以龍顯示主人的身分宛如皇帝般的尊貴。

一九九九年，中山堂前的廣場落成了一座「光復紀念碑」。紀念碑以「歷史留言版」、「靜默沉思臺」為設計概念，碑上以日本人接管臺灣的一八九五年為起點，每年一刻痕，不銘碑文，讓每個人都可以作出自己的詮釋。本來，這一設計堪稱「不著一字，盡得風流」，偏偏後來的主政者畫蛇添足，在紀念碑之前又設置一個具象的「歷史長軸」，鐫刻冗長而浮誇的碑文。

一九四五年，臺灣「脫日歸中」的過程，是否可用「光復」一詞來概括，目前在臺灣存有多種不同的乃至對立的論述。若林正丈認為，雖然蔣介石政權以「正統中國國家」自居，但臺灣並非一個「正常國家」，而是一個由在中國內戰中敗逃的「武裝政治移民集團」移居臺灣後，由外省人佔據結構上之優勢地位的「遷佔者國家」。很多臺灣持本土立場的人士認為：一九四五年，臺灣政權的更迭，不是「光復」，而是「再殖民」。公會堂被改名為中山堂，並見證了二二八屠殺以及臺灣民主運動中的若干次街頭抗爭，就是臺灣遭受「再殖民」以及臺灣民眾竭力「去殖民」的歷史之縮影。

歷史不能用傳奇的方式來書寫。在兩蔣統治時代，中山堂是獨裁者向民眾揮手的地方，是獨裁者表演獨角戲的舞臺；而對於民眾來說，此處呈現的是一種精心偽造的虛假的公共生活場景。英國作家奈保爾說過，一個民族只有學會了以另外的方式閱讀自己的歷史，不再接受掠奪政治，才能擁有真正的自由。臺灣已經出發，正在路上。◆

臺北中山堂

地址：臺北市延平南路98號

電話：02-23813137

中山堂四樓設有劇場咖啡，開放時間：週一至週日 09:30-21:00

（中山堂常年有各種文藝演出及展覽活動，詳情請查詢中山堂管理所網頁）

· 作者參觀中山堂

是帝王的宮殿，還是國會的議場？

中山樓

我上過陽明山很多次，偏偏沒有去過中山樓。

首先，在我的潛意識裡，不喜歡以「中山」命名的地方，我寧願稱呼「孫文」而不願稱呼「孫中山」（孫文才是其真名，「中山」是日本人為其取的姓，如果跟中國名結合，應當是「中山文」，不知為何張冠李戴成「孫中山」）。孫文不是中華民國的「國父」，而是勾結日本、蘇俄等外來勢力顛覆中華民國合法政府的千古罪人，正如章太炎為其書寫的輓聯：「舉國盡蘇俄，赤化不如陳獨秀；滿朝皆義子，碧雲應繼魏忠賢。」企圖壟斷孫文唯一的「義子」身分的，當然就是蔣介石。蔣介石弄丟了中國大陸，包括那座超過中國歷代帝王陵墓的中山陵，只好在臺灣重新為孫文修一座氣勢非凡的紀念堂，如此才能讓「先總理」瞑目。這座建築就是中山樓。

其次，從審美上，我喜歡臺灣保留的日治時代大正年間的建築——歐洲古典風格的紅磚建築，典雅、明亮、簡潔、莊重；而不喜歡中國宮殿式的建築，這些建築是帝王個人的禁臠，而非彰顯公民價值的公共建築。我尤其不喜歡國民黨在臺灣修建的仿古建築，它們只是為了滿足小朝廷「王師北定中原日」的白日夢，以及用「此地無銀三百兩」的方式申明其權力的「正統性」。國民黨搬得動北京故宮的珍寶以及國庫中的黃金，卻無法將紫禁城和中山陵搬到臺灣來，只好大興土木修建臺北故宮博物院、中山樓、國父紀念館、圓山大飯店、中正紀念堂，在殘山剩水、海外孤島繼續意淫「反攻大陸」。

有一次，我應歷史學者賴福順教授之邀到文化大學演講，下山時順道去中山樓參觀。不看不知道，一看真奇妙：雖然臺灣民主化已三十多年，但在某些地方，時間彷彿被冰凍起來，從未向前流轉。中山樓就是這樣一處地方。當我置身其中，不禁想起一部德國電影《再見列寧》（原名《民主德國在七十九平方米房間裡的延續》）。生活在東德的克莉絲蒂娜，丈夫叛逃西方，她獨自忍辱負重地撫養子女。兒子因為參加學運而被捕，她深受刺激陷入昏迷。就在她昏迷期間，柏林圍牆倒掉了，她所獻身的東德政權亦不復存在。醫生說，克莉絲蒂娜不能再受刺激了，於是兒子想方設法營造一個過往的世界來安慰母

民國五十五年十一月
中山樓
蔣中正敬題

親。兒子穿著舊日的服裝，在食品上貼上蘇聯製造的商標，甚至製作假新聞的錄影帶放給母親看。兒子在那七十九平方米的小房間裡，用心塑造了一個與外面巨變世界截然不同的「民主德國」，維持母親的理想。

七十九平方米太小了，中山樓有一萬八千多平方米呢！對孫文和蔣介石的偶像崇拜，沒有如此宏大的空間，又怎能支撐起來？

白頭宮女在，閒坐說「蔣公」

剛走進中山樓，便遇到一個高聲喧嘩的陸客團。臺灣凡是與孫文、兩蔣有關的地方，總是陸客如雲。大概是中國人深為共產黨暴政所苦，羨慕臺灣的民主自由，又以為臺灣的民主自由是兩蔣父子遺留和賞賜的，所以他們很後悔當年將國民黨趕出中國？當然，這些陸客不會去綠島和景美的人權園區。

更有趣的是，在中山樓擔任導覽的志工是一位老阿姨，專挑陸客願意聽的話來講，什麼蔣中正是民國風流倜儻的四大美男子之一，什麼蔣宋夫婦在休息室內如何相敬如賓、齊眉舉案。我聽不下去，便獨自走開，自行觀賞。

中山樓的網站上有一段文字描述當初修建之困難：

> 中山樓係修澤蘭建築師親聆蔣中正總統暨夫人之構想，精心設計而成。因樓址位於硫磺區，地熱逼人，且土質軟硬混集，石方、淤泥雜聚，加以當時建築機具簡陋，倍增工程進行之險阻，幸賴全體施工人員均能抱持對國家之一片赤膽忠誠，以「赴湯蹈火，在所不辭」的大無畏精神，卒能克服艱鉅，排除萬難，自民國五十四年十月二日興工至民國五十五年十一月六日竣工，僅耗時一年一個月又四天，即完

成壯闊瑰麗、名聞遐邇的「中山樓」，工期之短，創下空前紀錄。

宋美齡僅僅靠著蔣夫人的頭銜，就能佔據南京最好的地段興建「美齡宮」，挑選廬山風景最美處建「美廬」，到臺灣之後又繼續主導中山樓的建築設計。只有在非民主國家，才會有如此強大的「夫人政治」，比如阿根廷軍事獨裁者裴隆的夫人伊娃也曾權傾一時。

這段歷史敘述，用的是與中國「大躍進」或「文革」時代相似的表達方式：「赤膽忠誠」、「赴湯蹈火」、「排除萬難」之類的詞語，今天讀來，只能讓人反感獨裁者的好大喜功、濫用民力，以及「榮民弟兄」如古埃及為法老王修築金字塔的奴隸一般的生存狀況。「蔣公」比起古代的皇帝來稍有「進步」的地方是，中山樓完工之後，沒有將工人們活埋陪葬。那麼，你們還不感恩戴德？

一九六六年十一月十二日，中山樓蓋成之際，蔣介石發表一篇講詞，有一段是這樣說的：

所惜者，臺灣省久經割讓之痛，雖已光復踰二十年，既霑既足，而居室之陋、建築之隘，無以見我中華輪奐之美與文化之盛！今者國際人士之來臺觀光者與日俱增，嘗以其僅見中華文物之豐富，而未能一睹我中華文化傳統建築之宏規，引為莫大之缺憾！去歲孫中山先生百年誕辰，政府請於陽明山啟樓建堂，且乞以樓顏之曰「中山樓」，以堂顏之曰「中華文化堂」，意在紀念孫中山先生手創民國之德澤，亦以發揚中華文化之喬皇。

雖然已經過去半個世紀，那股酸腐之氣仍撲面而來。蔣氏毫無歷史感，也不尊重臺灣自身的文化脈絡，掩耳盜鈴地污衊臺灣「居室之陋、建築之隘」。那麼，他每天去辦公的總統府不正是日治時代的總督府嗎？他舉行就職典禮的中山堂不正是日治時代的公會堂嗎？即便以中式建築而論，臺灣亦有不少風華絕代的古厝，如林家花園，以建築之美而論，比老蔣的士林官邸漂亮多了。老蔣竭力貶低臺灣的文化和建築，是要凸顯其作為高等華人、中原文明代表者的優越性，由此證明他統治臺灣乃是眾望所歸，理所當然。

在二樓宴會廳外面的走廊上，有一個小型郵票展，一部分名之曰「永懷領袖」，彙集了臺灣發行的紀念孫文和蔣介石的郵票。其解說文字為：「國父孫中山先生是中華民國之國父，亦是華人世界最尊重的革命家之一，也是三民主義思想的創建者；蔣中正先生則早年留學日本，返國後投身中華民國政治，受孫中山賞識而崛起。孫去世後，領導中國國民黨逾半世紀，於國民政府執掌軍政大權，領導中國渡過北伐、訓政、第一次國共內戰、中國抗日戰爭，至第二次國共內戰後退往臺灣。行憲後連續擔任第一至五任中華民國總統達二十七年，在中國近代史上有著重要地位。」對孫文是虛晃一筆，重點是讚美蔣介石。敗軍之將居然被塑造成上帝般光鮮。然而，擔任一至五任總統達二十七年，本身就是對「行憲」的絕大諷刺，終身總統不就是皇帝嗎？

自古帝王愛風水，不問蒼生問鬼神

當初，中山樓建築之難，確實是獨裁者「強人所難」。建築師修澤蘭曾披露在火山口上蓋大樓的困難之處：

> 開工後，基礎施工非常艱巨而不平常。一樓是容一千八百人的大禮堂，跨度從柱中心到柱中心達廿八公尺，上面還有一層容二千人的大餐廳，再上面是十四公尺高的中國歇山式屋頂，全樓高度達三十四公尺。基地下面是堅固磐石層，開工後用炸藥開挖，兩個月只炸掉一公尺左右，那時只有變更設計提高

· 左上圖：蔣介石的辦公室

· 右上圖：蔣氏父子

· 左下圖：1945年日本在臺北市公會堂向二戰同盟國投降

· 右下圖：一百元台幣以中山樓為圖案

基礎。但是前一半地基，並不是堅石，而是雜亂的碎石和泥土，還有一層白色硫磺土。在建築學上最怕的就是將一棟建築物，建在不同載重力的基地上，日後將會發生裂口，更嚴重的則會倒塌。經過審慎思考，我將前面三層樓跨度小而高度正常的部份放在前段基地，並將柱子依照實際需要加長加大，使每支柱子都深入到硫磺土層以下而長短不一，最長的柱子在地面下有深達十二公尺以上。本工程特別在前後物相接處，從地樑開始就將鋼筋切斷，使前後獨立分開，中間加一道伸縮縫。

中山樓被蔣介石政權當作「復興中華文化及憲政發展的象徵」，而作家陳列則將其形容為「一座讓人耳目暈眩、神志癡惑的權力迷宮，甚至就是一則神話本身」。為什麼非得修建在火山口上呢？當然是為了滿足絕佳的風水地理條件。作為「革命軍人」和「革命領袖」的蔣介石，居然迷信風水，《周易》和《推背圖》比之《聖經》和「三民主義」更能讓他心安。

即便退到了臺灣，蔣介石仍然要用讖緯的方式自我神話。若站在「天下為公、大道之行」的牌樓下，左右兩側的山脈便是風水師所說的青龍白虎，山腳的溪水是玉帶，右邊的山丘則是龍珠。更為「神奇」的是，沿中山樓、牌坊向下，有一條中軸線，中軸線上有士林官邸、圓山大飯店，其終點則是總統府。為了滿足這一「風水」，蔣介石將「科學」扔到一邊，非得讓建築師完成這個不可能完成的任務。

中國，包括整個亞洲向現代文明轉型之難，在於觀念的轉化。從蔣介石、毛澤東到馬英九、習近平，表面上看是具有現代意識的國家領導人，骨子裡卻全都是求神拜佛、裝神弄鬼的那一套。在中國文化中，風水師是獨裁體制不可缺少的組成部分，偶像崇拜的神秘性離不開風水師的濃妝艷抹。偶像崇拜，巫術氾濫，迷信盛行，中國本土、香港及臺灣均如出一轍。香港身家上億的知名風水師李居明，親筆創作粵劇《毛澤東》，在其經營的戲院演出。李居明說，這是一部青春勵志題材的戲劇，跟政治無關。「沒有人說過不准我去做，到目前這刻，我還享受香港人的創作自由。」記者接著問他：「那寫一個有關學運領袖黃之鋒的粵劇可以不？」李居明如此回答說：「我會寫梁振英吧。」

「萬年國代」在此退出歷史舞臺

中山樓的功能是國會議場。可是，那時的臺灣並沒有代表臺灣民意的國會，只有從中國大陸逃亡到臺灣的「國民大會」。年復一年，「反攻大陸」無望；年復一年，國大代表垂垂老矣，就有了「萬年國代」的美名——既然有「終身總統」，「萬年國代」又何足為奇。

在獨裁政權之下，往往有「花瓶國會」，國民黨如是，共產黨亦如是。一九五〇年代，共產黨軍隊進入西藏，年輕的達賴喇嘛對共產黨抱有幻想，應邀到北京出席全國人民代表大會並「當選」副委員長。多年後，達賴喇嘛在回憶錄中寫道：共產黨的會多，這一點舉世聞名，議程冗長而無聊，「周恩來有一次連續作了五個小時報告，而陳毅的演講甚至超過七個小時」。大部分參與者只是傾聽者，意興闌珊，沈默地閱讀文件和喝茶。次年，達賴喇嘛赴印度訪問，有機會到印度國會旁聽，發現那裡的氣氛截然不同，「國會議員坦率發表意見，用最強烈的措詞批評政府」。

在臺灣陽明山中山樓上演的戲劇，與在北京人民大會堂上演的戲劇，劇本大同小異。曾經是在野黨的增選國大代表的陳列，後來在長文《假面》中將「山中往事」寫得維妙維肖。那是國民大會的末期，因為死掉的老代表太多，國民黨不得不允許補選一批臺灣人。陳列參選時給選民的承諾，居然是「廢除這個機構」——環顧全世界，這大概是最讓人目瞪口呆的參選政綱了。

陳列是極少數晚上居住在山上簡陋房間的代表，絕大多數代表都到山下「交際」去了。漫長的會期，讓陳列每天都能在會議結束後，在喧囂散去的寧靜園區內散步。他走遍了這裡的每一個角落，除了建築工人和管理人員，沒有人比他更熟悉這座巨大的迷宮：「這個樓這個堂，一座極盡費心美化神話了的宮殿。虛構的永恆、正脈傳承、榮耀，虛構的人的天縱英明、超凡入聖，以及一直也被虛構化了的合法性統治。」其實，帝王宮殿的風格以及背後的皇帝心態，在近代中國經過鴉片戰爭、甲午戰爭、戊戌變法、庚子拳亂、辛亥革命和五四運動，早已支離破碎。誰能將滿地的碎玻璃重新拼湊成一面鏡子呢？蔣介石不能，毛澤東也不能。

不過，宛如紫禁城或天壇的中山樓，倒也如衣裝一樣，正適合那些「萬年國代」們。對於跟自己坐在同一個議場內的「老賊」，陳列鄙夷地寫道：「他們利用每六年一次投票選同一個姓氏的總統，並為之提供長期威權統治的法律依據。就在下臺前，他們還能奮力一搏，演出『山中傳奇』，然後各自拿了五百六十萬的『退職金』，蹣跚地揚長而去。」對於跟自己一樣是第二屆代表的同僚，陳列也毫不留情地批判說：「他們的修憲成了摧毀法律的尊嚴。」因此，對陳列而言，中山樓的這場會議成了莫大的折磨：「這幾天裡，我之所以有時目瞪口呆，內心困惑迷亂，覺得不適其所，也許主要是因為我從未有過這樣子突然地，而且一天又一天，置身在這麼多的權力中人之間，近距離見識到這些玩家們真的可以這麼恣縱放懷、樂在其中、不覺疲憊地玩弄政治，虛虛實實，真假難辨。」一個有良心的作家，一個政治素人，很難適應這種「近墨者黑」的生活。

曲終人散，陳列回到了書齋，國民大會遁入了歷史，中山樓亦「門前冷落鞍馬稀」。每天，除了少許前來參觀的遊客（又以陸客為多），就是寂寞地迎接花開花落、雲卷雲舒的管理員。◆

· 蔣介石塑造出來的神話宮殿

中山樓

地址：臺北市北投區陽明路二段15號
電話：02-28616391
開放時間：週一至週日 08:30-15:00

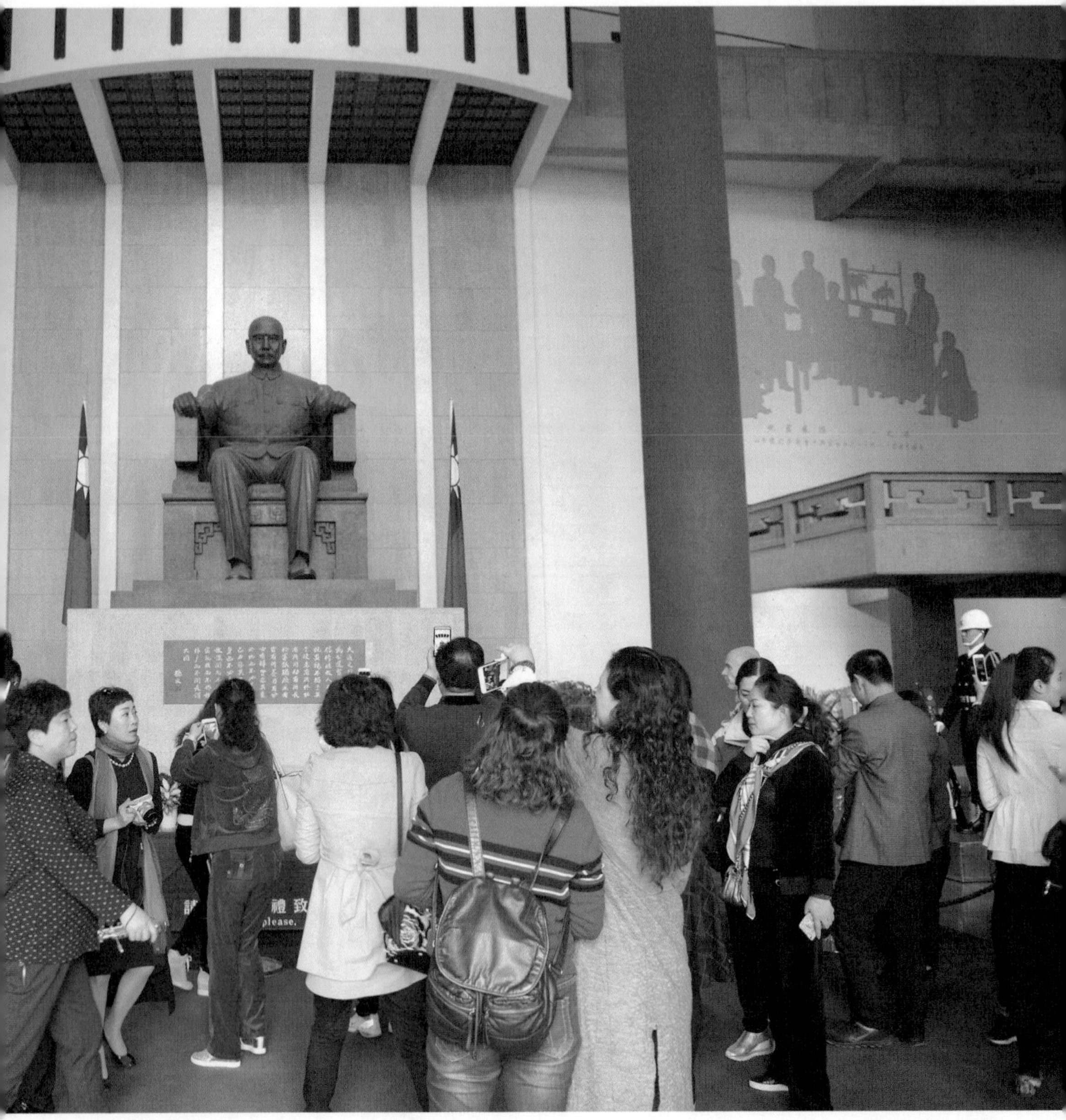

國父紀念館

誰之「國父」，為何紀念？

二〇〇六年，我第一次到臺灣訪問，友人領我參觀臺北著名的地標——國父紀念館。友人以為，我跟大部分有一點思考能力的中國旅客一樣，因為對共產黨暴政的嚴重不滿，而蛻變為「民國」粉絲。追捧民國，自然要追捧「國父」孫文。來國父紀念館朝聖，似乎是一項必要的行程。

然而，我固然是中共政權的嚴厲批判者，但我也對中華民國無甚好感——尤其是一九二七年之後國民黨重新創建的、作為黨國的南京政府。從蘇俄學習「黨國體制」的始作俑者正是孫文，孫文並非一九一二年建立的中華民國的國父，最多只能算是一九二七年建立的國民黨政權的國父。

孫文「國父」的尊號，最先是由一名三流軍閥獻上的，然後才被國民黨形塑而成。一九二五年三月十二日，孫文在北京病逝後，在中央公園社稷壇舉行公祭，土匪出身的軍閥、豫軍總司令樊鍾秀致送巨型素花，在橫額當中大書「國父」二字，這是孫文第一次被稱為「國父」。居心叵測的軍閥贈送逝去的孫文以「國父」的帽子，國民黨如獲至寶，照單全收。頗具諷刺意義的是，後來樊鍾秀加入馮玉祥集團，在中原大戰中被蔣介石一方的飛機炸死，「國父」居然沒有護佑國父名份的始作俑者。

孫文對中華民國貢獻有限，對臺灣更是一個陌生的外國人。中華民國的締造者是袁世凱，中華民國的取名者是章太炎，像華盛頓一樣率領義軍浴血奮戰的是黃興，像傑佛遜一樣設計政府組織結構和政黨競爭機制的是宋教仁，他們都比孫文更有資格稱為「國父」。然而，隨著國民黨政權的建立，孫文的風頭壓倒了其他所有人。獨尊孫文，是蔣介石自我神話的前奏。

國父紀念館的官方網頁上聲稱：「本館各項活動之策劃與推動，均以宏揚中山先生『博愛』、『天下為公』、『人生以服務為目的』之崇高理想為努力方向。」這段文字讓我啞然失笑：首先，中山是其日本友人為孫文取的日本姓，是「皇民文化」的象徵。國民黨天天辱罵在日本殖民統治下生活過的臺灣人是「皇民」，自己卻用日本姓來稱呼「國父」，真是無知者無畏。其次，孫文一生劣跡斑斑，無惡不

· 誰的國父？

作，暗殺政敵、貪汙捐款、姦淫幼女、簽訂密約、引入赤禍……哪有半點「博愛」、「天下為公」、「人生以服務為目的」之崇高理想？

蔣介石為何迷戀「中國建築之特色」？

在國父紀念館的「國父史蹟陳列室」，我看到若干謊言仍被當作真理傳播。孫文與陳炯明之爭，本質上是政治理念的分歧：孫文要當大獨裁者，要自不量力地搞北伐。在海外長大的孫文雖自稱廣東人，但對廣東並無感情，為武力統一中國，不惜對廣東民眾吸骨吮髓。廣東民眾對孫文的痛恨超過了任何一名軍閥或土匪。反之，陳炯明認同聯省自治，反對武力統一，他的夢想是先將廣東打造成一個「模範省」，與民休養生息，推動地方選舉和自治。

孫文視陳炯明為奴僕，「順我者昌，逆我者亡」，一旦陳炯明不支持他的政見，他就派出刺客暗殺陳炯明及其手下將領；陳炯明則視孫文為盟友，「合則留，不合則去」，作出驅逐孫文的決定實屬無奈，而且他手下的官兵只是象徵性炮轟孫文駐地，讓其安全離開，否則孫文早已灰飛煙滅。此一歷史事件，在國共兩黨的歷史敘述中都被定義為「陳炯明叛變」，史蹟陳列室中仍以「陳逆炯明」稱呼之，帝王專制時代「君君臣臣」的醬缸氣息撲面而來。

我不認同史蹟陳列室中解說詞背後的歷史觀，也不喜歡紀念館的皇家宮殿式風格。宮殿式風格是蔣介石的最愛，投射出他的帝王心結。蔣失去了中國，只能在小島上以若干「微縮景觀」重現北京和南京的帝王氣。

蔣介石的晚年，其統治的合法性已經大受質疑。他需要比在中國時更大肆宣揚他是「先總理」和「國父」唯一的接班人。一九六三年八月十四日，蔣介石主持中國國民黨中常會會議，鑑於一九六五年十一

國父史蹟展覽
孫中山先生
生平事蹟展
Democratic
Pioneer
Dr. Sun Yat-sen

孫中山與臺灣
Dr. Sun Yat-sen and Taiwan
孫文と台湾
1920
1910
1900
1890
1880

· 上圖：孫文史蹟展覽

・下圖：用憲兵守衛銅像，在民主社會顯得有些諷刺

月十二日為孫文百年誕辰紀念，除應舉行隆重慶典儀式外，尤須著重擘建一個「深入人心、流傳永久」之設施，「方足以表揚國父偉大人格、革命行誼與思想學，始能感奮當代，啟發來茲」。

既然黨有了決議，政府和民間就負責忠實執行，黨意從來高於民意。於是，各界組成「國父紀念館興建委員會」，公開徵求建築圖樣。經初複選後，以王大閎建築師所設計之圖樣獲選。

為官方設計具有極強的政治意涵的建築，對於設計師來說如同戴著鐐銬跳舞。王大閎建築師如此闡述其設計理念：「為國父紀念館設計的準繩，假如採用現代西方建築是很明顯的用不得體。如果抄仿我國古代（尤其是清代）宮殿式建築，則更不適宜，因為國父是推翻這類建築所象徵的滿清政治制度。我們唯一的方向是走向一種能表現國父偉大性格及革命創造精神的新中國式建築。」可見其在意識形態夾縫中的艱難處境。

蔣介石不是建築師，但獨裁者永遠自以為是百科全書式的天才，對建築設計稿也要發表「最高指示」。設計稿送到蔣的辦公桌上，蔣批示說：「應在外形方面加強中國建築之特色。」所謂中國建築之特色，就是宮殿式建築，就是彰顯統治者威嚴與權勢的建築，這恰恰是建築師竭力避免的「復古」模式。上世紀八、九十年代之交的北京市長、市委書記陳希同，也喜歡給新建築加上一個中國宮殿的「帽子」，以顯示「中國風格」、「中國氣派」。此類建築在今天的北京仍然隨處可見。國共兩黨的審美趣味及其背後的「帝王心態」如出一轍。

蔣介石的批示，誰敢怠慢？建築師不得不修正設計、複製模型。幾經修改，蔣介石這才批示「贊成」二字，紀念館得以動工修建。一九七二年，紀念館的主要工程完竣，蔣介石親臨現場，舉行落成典禮。

理想的實現
Ideas Fulfilled

革命運動
Revolution

從中山陵到國父紀念館：帝國專制文化的遺毒

臺灣有國父紀念館，中國有中山陵以及毛主席紀念堂，這些紀念建築的存在，本身就顯示兩岸仍被籠罩在東方專制主義的霧霾之下。辛亥革命顛覆了紫禁城裡穿著龍袍、坐上龍椅的皇帝對全國如臂使指的統治，但並沒有摧毀皇帝文化和偶像崇拜的精神土壤，孫文、蔣介石、蔣經國、毛澤東、鄧小平、馬英九、習近平，無一不是「準皇帝」。

幸虧毛澤東在文革高潮中沒有命令紅衛兵摧毀中山陵，如今中山陵成為中國吸引臺灣藍營人士的「精神地標」——其地位遠遠高於廣州的黃花崗革命烈士墓及武漢的辛亥革命紀念館。臺灣的中國國民黨人士訪問中國，必先去南京郊外謁中山陵。荒誕的是，中國某些所謂「泛藍聯盟」的民間人士也趕過去，向國民黨訪客傳達渴望「王師」的心情——但當他們遭到共產黨警察毆打、逮捕時，國民黨的要人們則一概視而不見。國民黨恨不得成為共產黨的附庸，哪裡敢像「先總統蔣公」那樣「反共」？

大概孫文自己生前也沒有想到，他的陵墓居然成了中共的統戰工具。對於中山陵的存在，香港政論家陶傑指出：「所謂『謁中山陵』，有什麼問題？首先這四個字裡，有兩個與帝皇有關：『謁』只用於皇帝召見，『陵』專指皇帝的墓。孫中山既然推翻帝制，建立民國，為什麼他自己的墳墓，卻叫做帝王的『陵』？為什麼去他的墓室獻花，是一個『謁』見皇上的姿態？」

民國初年，孫文只當了幾個星期的「臨時大總統」就被迫辭職，心中悵然若失。他與心腹胡漢民等人去紫金山打獵，看見山下的明孝陵和孫權的陵墓，若有所思地說：「待我他日辭世後，願向國民乞此一抔土，以安置軀殼耳。」孫文不敢明講想當皇帝的終極心跡，他很虛偽，「待我他日辭世後，願向國民乞此一抔土」——正如陶傑的反問：你人都死了，怎樣向國民開口？退一萬步說，如果真的想大興土木建一座豪華的山墳，一個民主政府，完全可以趁這位「國父」在生之時，徵求設計，預算在立法議會通過，堂堂正正地開工。然而，孫文很狡獪，他想身邊的「擦鞋仔」自然領會其意圖。一九二五年，孫文在北平彌留之際，再次提及其心願：「想歸葬紫金山。」

「擦鞋仔」當仁不讓地為導師「圓夢」。等到蔣介石顛覆了北京政府，在南京創建國民政府之後，立即為委屈而死的孫文大興土木。中山陵的規模超過了朱元璋和孫權的陵墓，造價達當年國民政府年度財政收入的百分之一。其用料和設計極為考究：由雲南、福建和香港採來花崗石，面闊七室，進深五殿，正三大拱門，祭堂內列青島大理石圓柱十二座。聘法國雕塑家用義大利白石為孫中山雕像，還有捷克藝術家打造的大理石塑像。可惜，無論怎樣金碧輝煌，孫文還是未能保佑學生蔣介石打敗中共，守住南京。

孫文不配充當中華民國的國父，用憲政學者王怡的說法，孫文乃是二十世紀中國的「亂臣賊子」。王怡認為：「孫文其人，一生服膺有組織的暴力與恐怖行為，並信奉獨裁。以敢死隊和雇傭軍的組織力量，及百折不撓的墨家精神，一手拉開了二十世紀中國『極端年代』的黑幕。」如果說十九世紀下半葉給中國帶來最大災難的是洪秀全，那麼二十世紀上半葉給中國帶來最大苦難的就是對洪秀全崇拜得五體投地的孫文，而二十世紀下半葉給中國帶來最大苦難的則是毛澤東——蔣介石和毛澤東一生殊死搏鬥，卻又都奉孫文為導師。

從「五一九」爭取解嚴，到「四一〇」教育改革

蔣介石做夢也想不到，中正紀念堂後來居然成為野百合學運以及諸多社會運動的舞臺；而國父紀念館同樣因為前面有寬敞的廣場，深受社運活動人士的青睞。在臺灣的人權運動史上，「五一九」爭取解嚴和「四一〇」教育改革，國父紀念館前面的廣場都是遊行示威的集結地。

國民黨敗退臺灣之後，一直在臺灣實行全世界延續時間最長的戒嚴狀態。臺灣人民的人權被踐踏，自由被剝奪。一九八〇年代中期，鄭南榕、江鵬堅等黨外運動人士推動「五一九綠色行動」，以「紀念臺灣戒嚴日」為由，要求國民政府解嚴。一九八六年五月十九日，鄭南榕等人在龍山寺聚集，遭鎮暴警察層層包圍，雙方僵持十多個小時。國民黨在國內外壓力之下，雖然表示願意解嚴，但又以《動員戡亂時期國家安全法》等「蔣經國三條件」為緊箍咒，讓人民仍然生活在白色恐怖之下。次年同一天，民進黨在國父紀念館前舉行抗議活動，提出「只要解嚴、不要國安法」，「解除戒嚴、人人有責」及「百分之百解嚴」等口號，要求當局「百分之百解嚴，百分之百回歸憲法」。經過幾輪鬥爭，臺灣人民終於爭取到了真正的解嚴和行憲。若孫文地下有知，看到臺灣人民唾棄他欺世盜名的「軍政、訓政、憲政三部曲」，一定寢食難安。

在社會轉型過程中，轉得最慢的就是教育領域。換言之，教育是最僵化和最保守的部門。一九九四年四月四日，臺大數學系黃武雄教授及人本教育基金會等數十個團體，以「讓我們擁有童年」為主題，發起「四一〇教育改造」大遊行。先在國父紀念館舉辦攤位園遊會，繼而號召「萬人親子上街頭」、「為下一代而走」等抗議活動。這是臺灣有史以來，第一次從小學到大學全面要求教育改革的遊行。「四一〇教育改造工作隊」提出四項主要訴求：一、落實小班小校；二、廣設高中大學；三、推動教育現代化；四、制定教育基本法。這些訴求，如今大部分都已實現，但臺灣的教育改革仍「路漫漫其修遠兮」。比如，臺灣的中學生被規定必須穿醜陋的校服，就連頭髮的樣式也有嚴格的規定。大學和中學仍然存在連一黨獨裁的中國都沒有的「教官」制度。臺灣已成為亞洲領先的民主國家，其教育領域卻處於威權遺緒的陰影之下。

未來有一天，國父紀念館或許可以改成「轉型正義紀念館」，舊的建築才能被賦予新的生命。◆

國父紀念館

地址：臺北市信義區仁愛路四段505號
電話：02-2758-8008
開放時間：週一至週日 09:00-18:00

‧烏來高砂義勇隊紀念碑（照片由作者提供）

千里孤墳，無處話淒涼

烏來高砂義勇隊紀念園區

「埋設在南洋，我底死，我忘記帶回來！」這是蔡英文引用過的前輩詩人陳千武的詩句，道盡臺籍日本兵的悽慘人生。英國作家V・S・奈波爾在《我們的普世文明》裡說：「在阿根廷，歷史與其說是記錄與理解的努力，不如說是對讓人不快的種種事實的習慣性竄改，這是一個遺忘的過程。」在臺灣何嘗不是如此呢？多年以來，臺籍日本兵這個群體就被當作「讓人不快的種種事實」之一，不見容於國民黨的正統歷史敘事，乾脆就「被消失」了。

我在高雄旗津的「戰爭與和平紀念館」參訪時，得知在新北的烏來瀑布公園有一處「高砂義勇隊紀念園區」，特別紀念二戰期間被日軍徵召赴南洋作戰而戰死的臺灣原住民，「高砂」一語為日本古籍對臺灣的稱呼。

我詢問住在烏來的友人馮賢賢是否知道這個地方，她說可以抽空帶我一遊，只是此前的一場風災讓園區受到損毀，不知還能看到多少景觀。果然，我們前去時，園區的一部分被砂石覆蓋。幸虧紀念碑、紀念雕塑保存完好，近期似乎有人祭拜過，留下了鮮花和酒。就在我們去了之後不久，一場更大的風災將登山階梯摧毀，何時整修如原貌並向大眾開放，不得而知。

對於高砂義勇隊紀念園區而言，最大的危險並非「天災」，而是「人禍」。「天災」可以防範和搶救，「人禍」卻防不勝防——《聖經》中說，「人心比萬物都詭詐」。那些恨不得將紀念園區連根拔除的人，持唯我獨尊、不容異見的絕對主義思維方式，企圖壟斷對歷史的闡釋權，不允許別人有「記憶的自由」。幾經遷徙，高砂義勇隊紀念園區在烏來瀑布公園揭幕，象徵著臺灣社會對於不同族群的歷史記憶有了更多的包容精神。

・上圖：紀念園區之所在

・下圖：烏來高砂義勇隊紀念園區入口之碑石

魂兮歸來，死在遙遠的島嶼的人們

高砂義勇隊紀念園區位於烏來瀑布對面盤山公路一側，入口的道路很小，稍不留意就錯過了。我們走過路口之後又繞回來，先在停車場停好車，沿著一段階梯往上走，數分鐘即抵達園區中心。園內還有櫻花大道、林蔭步道、蛙之谷等自然景點，草木蔥蘢，風景極佳。

紀念碑的主體部分，是一群現代風格的方形石碑，有點像縮小版的柏林猶太大屠殺紀念碑。每個石碑約三米高，由四個立方體重疊而成。紀念碑共有七組，分成三縱排列，中間一縱為三個，左右各兩個。每個方形石碑的每一面，都鐫刻著戰死的原住民士兵的名字，且有漢名、日名以及本族名等三種書寫方式。由此可見，在近代東亞的歷史洪流中，身不由己的原住民在國族認同和自我身分定位上，不斷游離，錯綜複雜。唯有當原住民的自我意識覺醒之時，他們才選擇使用以本族語言書寫自己的名字。

相對於數以千計的戰死者，這裡記錄的名字只是滄海一粟。從生卒時間推算，他們大都在二十多歲風華正茂時就被奪去生命。我在石碑間緩緩地行走，光與影編織出一首悲壯的《命運交響曲》。

在紀念碑旁邊的觀景平臺上，有一尊栩栩如生的原住民戰士塑像。十年前，園區剛剛建成時，該塑像矗立在一個高高的碑座上。碑座上有李登輝題寫的「靈安故鄉」四個字，還有其全稱「第二次世界大戰期間日軍征赴海外殞命的臺灣高砂義勇隊英魂紀念碑」。後來，碑座被移除，唯有塑像被保留並被移動到觀景平臺上，與對面「飛流直下三千尺」的烏來瀑布遙遙相對。

這位原住民戰士，一手持長矛，一手持大刀，個子不高，英姿颯爽，活力四射。他原本在山間奔跑、狩獵，對這場與他們無關的、殘酷的現代戰爭渾然不知。有一天，他穿上軍裝，走向戰場，根本不知道戰爭如絞肉機一般，貪婪而嗜血。他要去的地方，是他聞所未聞且在地圖上找不到的島嶼，他生還的可能性微乎其微。那把刀是必不可少的，那是祖先傳下來的刀。高砂義勇隊隊員的刀被日本人稱之為「生

· 高砂義勇軍戰士塑像（照片由作者提供）

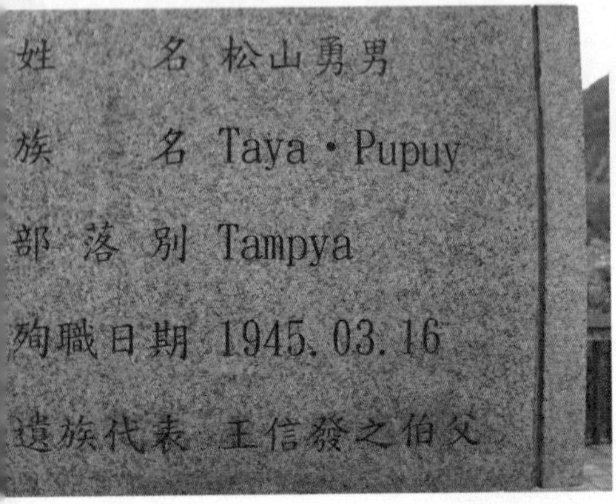

· 左圖：紀念碑上鐫刻著用三種文字寫的姓名

· 右圖：發起高砂義勇軍立碑的日本友人伊庭野政夫的塑像

（照片均由作者提供）

命刀」，意思是他們用一把刀就可以找尋獵物、蓋房子。他們利用臺灣部落的番刀，在戰場上、在叢林中、在俘虜營裡，不僅保存自己，還幫助不少日軍渡過難關。

旁邊還有一尊日本人伊庭野政夫的塑像，基座上書有「皓天至愛」四個字。伊庭野政夫是日本北海道民間團體「臺灣出身原日本軍人軍屬報恩期成會」的前會長，他為建立該紀念園區四處奔走，並捐款一千萬日圓。日本有不少像他這樣超越功利主義和國族觀念的民間人士。當中國政府讓中國的日軍慰安婦倖存者消音時，為衣食無著的她們發起募捐活動的，也是一群其實與當年戰爭無關的日本民間人士。

在紀念園區，我發現了淹沒在荒草中的鎮魂碑和鏽跡斑斑的鎮魂鐘。你當然可以不喜歡充滿日本風格的文化符號，但那就是死難者們當年所處的文化背景。歷史可以反思與批判，但真相不能被遮蓋和扭曲。包括高砂義勇隊在內的臺灣參與太平洋戰爭的原住民戰士，在戰後處境極為尷尬：作為戰敗國的日本，不願承認他們曾是日本帝國的士兵，他們得不到應有的撫卹金；而作為接管臺灣治權的中華民國，以戰勝國自居，更不願承認臺灣有這群為日本而戰的原住民，也不允許這段歷史被呈現和討論。因此，臺灣原住民日本兵的遺屬，連哭泣的自由都遭到粗暴剝奪。曾擔任原住民族委員會主任委員的孫大川曾形容說，高砂義勇隊的歷史是「老人不說，年輕人不問」。那些慘烈的死者，連屍骨都未被送回臺灣，在悠長的鐘聲裡，他們的靈魂回家了嗎？

拆碑與護碑之爭，是一元與多元之爭

「可憐無定河邊骨，猶是春閨夢裡人」，我第一次知道「高砂義勇隊」的名字，是關於一位戰爭倖存者的傳奇故事：漢名為李光輝，日本名為中村輝夫，本族名為史尼育唔的臺籍日本兵，是臺東阿美族原住民，自一九四四年與日軍失散後，獨自在印尼叢林裡生活了三十年。一九七四年，他在叢林中被發現，幾經周折後回到臺灣，不久就患病去世了。史尼育唔悲慘的一生，引發各界對高砂義勇隊的關注。多年之後，有了紀念碑和紀念園區的設立。

二〇〇六年，自稱原住民的立委高金素梅發起拆除紀念碑運動。國民黨籍的臺北縣長周錫瑋認為，紀念碑寫滿日文且充滿軍國主義字眼，限一週內將「違建部分」拆遷。

一石激起千層浪。高砂義勇隊紀念協會理事長簡福源回應說，紀念碑文以日文表達，只是尊重歷史、尊崇當年犧牲的原住民戰士，並非宣揚軍國主義。臺灣人權協會也發表聲明，呼籲當地政府不要暴力拆毀紀念碑。泰雅爾族民族議會的馬薩・道輝議長更指出，高金素梅並非真正的原住民，不瞭解事情的來龍去脈，企圖製造族人內部的對立與臺灣社會的紛擾。他不同意臺北縣長周錫瑋指稱紀念碑是「違法建築」，他認為紀念碑所在位置是泰雅族人的傳統領域，屬於原住民保留地而不是中華民國的領土，更不歸臺北縣政府管轄。他呼籲讓歷史的歸歷史，尊重當事人的歷史記憶，在涉及原住民事物時以瞭解與同理心出發。

在這場爭論中，中研院臺灣史研究所副研究員吳叡人提出「記憶的自由」（Freedom to Remember）的概念，強調「集體記憶」是族群認同的核心，「記憶的自由」是各族群不可侵犯的權利。關於此次事件，「人們應該尊重當事者及其族群的意願，讓他們經由內部的相互溝通和共同反省以形成共識，決定自己想要如何記憶，進而重建自己的共同記憶」。

紀念園區終於保存下來。當然，它還需進一步完善與提升，未來可繼續興建一些在普世人權的精神高度上反思和批判戰爭災難的紀念物。戰後七十年，日本對戰爭的反省比不上德國，確有值得批評之處。我個人的感覺，園區中呈現歷史的方式，太過傾向於日方。已經實現民主化的臺灣，不能全盤接受日方對歷史的敘述，更要作出高屋建瓴的分析與反思——不能因為如今首要的敵人是中華帝國主義，就無限美化昔日日本的殖民統治。

另一方面，像高金素梅那樣高調反日，則又演變成對他人「記憶的自由」的扼殺。多年前，由於資訊有限，我曾撰文讚揚高金素梅是反戰先鋒，後來才知道她的所作所為是作秀而已。老兵許昭榮如此質疑說：高金素梅應當關懷的是，那些被國民黨拐騙到中國參加「國共內戰」的臺灣人，戰亡於中國華北、魯西南及徐蚌會戰等戰役，至今仍流落中國大陸，甚至淪為「孤魂野鬼」。為成千上萬戰亡於中國的國軍「臺灣英靈」，應當向中華民國政府和國民黨中央黨部追討應有的尊嚴與公道。至少讓流落在中國的「祖靈」，早日「靈安故鄉，魂鎮故土」。但是，到中國參加共產黨炫耀武力的閱兵式的高金素梅，似乎不屑於做這些事情。

出現這樣的爭論其實是好事。我對臺灣的喜愛，很大程度上因為它是一個多元社會，而非一元社會。漢族沙文主義，不管是「大中國」或「大臺灣」，它的時代已經一去不復返。大部分臺灣人學會了「承認差異」與「相互尊重」，這正是今日中國最匱乏的品格。

「記憶的自由」也是「哭泣的自由」

將教科書中諱言的歷史真相呈現出來是必要的：日治之下的原住民，既有發動「霧社事件」、對抗日本殖民者的莫那魯道，也有自願參軍、成為「高砂義勇隊」的戰士。不能簡單地說前者是英雄，後者是叛徒；前者是「愛國者」，後者是「賣國賊」。

而兩者之間實際上存在著隱約的聯繫：動員臺灣原住民到南洋熱帶雨林作戰的想法，出自日軍參謀和知鷹二。而此構想起源於霧社事件中，臺灣原住民表現英勇，又熟知叢林氣候，以寡擊眾，頑強抵抗日本軍警。日本軍方同意，如能徵召參加日本戰事，應對戰爭能有所貢獻。

許昭榮在《高砂義勇隊的故事》一文中，考證了「高砂義勇隊」的淵源：一九四一年太平洋戰爭爆發

· 安魂碑（照片由作者提供）

· 驍勇善戰的高砂義勇軍戰士

不久，日本陸軍第十四軍司令官本間雅晴中將奉令領兵攻打菲律賓的巴丹要塞，他向陸軍總部提出建議：要攻取巴丹要塞，必須徵用熟識同樣自然環境的臺灣高砂族。於是，軍方委請臺灣總督府招募「志願從軍高砂青年」。

孰知公告一出，竟在山地部落掀起「不志願非男人」的從軍熱潮。第一批應徵者高達五千人。他們拿著祖先傳承的番刀應徵。不少人寫下「血書」，爭先恐後，志願從軍。

一九四二年春，日本軍方選拔五百人，組成「高砂挺身報國隊」（第一批高砂義勇隊），投入巴丹半島攻掠戰。此後，「高砂義勇隊」在南洋屢建奇功，深受日本軍方器重。

「高砂義勇隊」的最後一戰是在一九四五年六月的馬尼拉，包括李登輝之兄李登欽在內三千名臺籍日本兵全部陣亡。兩百五十名高砂義勇隊成員由海南島前往救援，以微薄的人力組成敢死隊，身綁炸彈，手拿尖刀，與兩萬美軍大戰，纏鬥七小時後全部陣亡。

高砂義勇隊派赴南洋參戰者，先後有九梯次，總共大約七千餘人，戰亡者約三千人，戰死者比例之高，在二戰期間不同族裔的軍隊中名列前茅。

臺灣高山原住民具有美洲印第安人那樣的「尚武精神」，加上受日本武士道精神熏陶，其「日本國民」意識根深蒂固。有高砂義勇隊員留下遺書中說：「對於過去來到臺灣的荷蘭人、鄭成功以及大清國官僚，臺灣原住民從未屈從，但是只有日本的情況不同。因為我們戰勝不了大東亞戰爭的魅力。所謂大東亞戰爭的魅力，便是將亞洲由白人殖民的困境中解放出來。」

然而，在那場日本處於「非正義一方」的戰爭中，原住民為誰而戰、為何而戰，仍需作出進一步梳理和闡釋。在戰爭後期，日軍敗相已露，不得不徵召更多臺籍士兵和原住民士兵參戰，卻對他們並不全然信任。日軍中種族歧視之嚴重，過於美軍中白人對黑人的歧視。學者荊子馨在《成為日本人》中反問說：當時臺灣原住民參戰，究竟是日本人口中的「為國奉獻」，還是為了證明自己是日本人，甚至比日本人更強，以取得與日本人相同的地位？

若將高砂義勇軍的歷史放在一個更寬廣的世界視野中衡量，臺灣原住民參與日軍的心態與學者法農（Frantz Fanon）對被殖民的黑人的心理分析有近似之處：黑人靈魂深處熱切地渴望著自己提升到殖民者的位階，並且求取白人的認可，以證明自身存在的價值。但是，這一切的詮釋權，全都在白人手上。在殖民者與被殖民者的權力爭奪中，被殖民者只能努力讓自己與殖民者形塑的「輝煌典範」不相上下，甚至讓自己完全消失，變成他者的模樣。這不也是作為「雙重的被殖民者」的臺灣原住民的悲哀嗎？

魂兮歸來吧，沒有墓地和墓碑的勇士們。◆

烏來高砂義勇隊紀念園區

地址：新北市烏來區瀑布路1-34號

· 作者參觀高砂義勇軍塑像（照片由作者提供）

小小地球人
地球公民
The Earth Citizen
Little Smart Kids
力豆力豆
小小力豆與力豆力豆

將軍百戰聲名裂，留取丹心照汗青

李友邦將軍紀念館

我喜歡找尋老房子，在我回不去的故鄉四川成都，童年時代生活的古鎮早已在上個世紀九〇年代的都市化、房地產開發狂潮中面目全非，古老的宅院、櫛比鱗次的店鋪、青石板的街道統統被拆毀，新建起來的是千篇一律、貼著白色瓷磚、宛如公廁的醜陋房子。即便我能回去，也找不回童年的記憶了。

我到臺灣特別喜歡尋訪老房子，尤其是有精彩的歷史人物居住過的老房子，建築之美需人物的傳奇點亮。李友邦故居就是這種老房子。房子本身足夠精彩：蘆洲當地人稱為「李祖厝」的李宅，是磚石結構的大型院落，由三座四合院組成，計有九廳六十房，一百二十扇門窗。厝內迴廊階層分明，外貌粗壯樸實，兼有農莊和官宅的特色。營造師傅為李家特地從山西請來名師廖鳳山。人更精彩：李家第五代傳人李友邦將軍宛如雲霄飛車般大起大落的一生，更讓老房子具有了傳奇色彩，來此參觀的後人必然生發「前不見古人，後不見來者。念天地之悠悠，獨愴然而涕下」的懷古之情。

出捷運蘆洲站，步行約十多分鐘即可到達蘆洲李宅。在一堆粗製濫造、雜亂無章的現代建築的包圍中，一個充滿田園風光的院落如沙漠中的綠洲般出現了，荷塘與綠地將紅磚藍瓦的建築群襯托得如海市蜃樓一般。

入大門之後，即可看到一尊李友邦夫婦的浮雕銅像，命名為「烽火俠侶」。我仔細閱讀碑文，發現有一段奇怪的文字：

先生不幸於白色恐怖期間遭陷犧牲，夫人於經歷十五年冤獄後，仍以大愛守護文化資產，於西元一九九四年連署四千多位專家學者擬議文資法，推促立法通過，為臺灣私有古蹟請命。……李氏家族，崇高風範，值得世人敬仰。

· 下圖：烽火俠侶

「遭陷犧牲」四個字，將國民黨面對自身獨裁暴政歷史時「猶抱琵琶半遮面」的心態暴露無遺。其潛臺詞是，主要責任當由誣陷者負擔，黨國只是被暫時矇蔽；李友邦雖然是死於黨國子彈，但勉強可以歸入在前線戰場「犧牲」的忠烈先賢之列。如此，屠殺自己人的國民黨就心安理得地置身事外了。更奇特的是，為李友邦紀念館題名的，是國民黨前後兩任黨主席馬英九和朱立倫，這難道是「不知恥者近乎勇」嗎？

抗日英雄李友邦是共產黨嗎？

李氏家族在清朝乾隆年間遷居臺灣。到了第二代，枕著臺灣土地的芬芳，從墾殖佃農到地主，田園漸成規模。到了第三代，七房兄弟同心協力，販賣農產，經營貿易，至清末已擁有蘆洲三分之一的土地，堪稱蘆洲首富。其中，三房李樹華仕讀有成，曾兼任安平、鳳山兩縣儒學正堂，司管秀才科考業務，大振蘆洲文風。

從正門走進去，果然是龐大家族的氣派。在李家老宅建築群中，最堂皇的是李家大堂，清末舉人張希袞題寫庭訓：「一般心而友弟兄必恭必敬；兩件事以傳孫子半讀半耕」，以及「傳世惟青簡；留耕有丹田」。這是中國傳統文人晴耕雨讀的人生理想。

旁邊的幾個房間，分別展出李友邦及其妻子嚴秀峰的文物，有文史室、書房和臥房等。經過漫長的白色恐怖，雖然一些舊家具還在，但李友邦夫婦用過的物品多半遺失。所以，在此展出的文物和文史資料並不多，既沒有李友邦案的原始文獻，也沒有李友邦獄中生活和被殺害時場景的細節，真正想瞭解李友邦生平的參觀者一定會稍感失望。

更讓我遺憾的是，展板中對若干歷史事實的陳述，與門口的紀念碑文一樣，在關鍵處皆語焉不詳，甚至刻意掩飾。在旁邊一間賣紀念品的小屋內，有好幾種李友邦的傳記和紀念文集販售，我拿起來翻閱了一下，發現這些資料詳載李友邦的抗日經歷、人生價值，卻完全沒有涉及李友邦案的真相。李友邦的年譜亦被掐頭去尾，到了一九五〇年便戛然而止，甚至連其死因都不作交代。這種人物傳記和紀念文集的編輯、撰寫方式，極像沒有言論自由、學術自由以及出版自由的中國，許多死於毛澤東時代的暴政的人物，其死亡過程往往是一筆帶過，其生命彷彿無緣無故地戛然而止。至於此人生前受到怎樣的迫害、凌辱，後人統統不得而知。這是對死者的第二次傷害和施暴。我相信，李友邦若地下有知，讀到這些刻意被閹割的資料，一定會拍案而起、厲聲發問。

在青石板鋪就的天井和走廊中，我徘徊許久。少年時代的李友邦曾在這座大院裡歡笑奔跑，蔣渭水及臺灣文化協會的先賢們也曾來此對鄉親們發表演講。或許，李友邦的思想啟蒙和國族意識是從那時開始萌芽的。

一九二〇年代初期，日本正值生機勃勃的大正民主時代，日本治理下的臺灣人權利意識覺醒，積極追求自由和自治。李友邦有大中華情結，臺灣對他來說，或許太小了。他懷著單純的熱情奔赴被革命熱潮席捲的中國，十九歲即成為黃埔二期畢業生，並主持國民黨「臺灣地區工委會」。在孫文的支持下，李友邦又在廣州成立「臺灣獨立革命黨」，自任黨主席。

國民革命，金戈鐵馬，李友邦是極少數參與其中的臺灣人。抗戰爆發後，李友邦在浙江金華組織「臺灣義勇隊」，並獲頒陸軍少將軍銜，是第一個在國民黨軍隊當上將軍的臺灣人。一九四三年，臺灣義勇隊擴大為「臺灣義勇總隊」，直屬中央軍委會政治部，李友邦晉階陸軍中將。

抗戰勝利後，李友邦回到臺灣，參與接收工作。不久即發生二二八事件，李友邦突遭陳儀扣押，解往南京監禁待審，經夫人嚴秀峰奔赴南京營救，蔣經國親自過問，才被釋放回臺。經過這番波折，李友邦發現，為之效忠的黨國並沒有將臺灣人當作平等的「同胞」，萬念俱灰，隱退鄉間。一九四九年四月，經陳誠力請，他才勉強答應出任國民黨臺灣省黨部副主任。

誰料到，不到一年，李友邦的夫人嚴秀峰即以「參加中共組織」的罪名被捕，被判十五年徒刑。再過一年，李友邦亦被捕。臺灣省保安司令部根據「省工委匪諜案」被捕負責人蔡孝乾等人的供詞，以「包庇窩藏中共間諜」、「早已加入中共組織」等罪名判處李友邦死刑。一九五二年四月二十二日凌晨三時許，在獄中重病的李友邦，由三軍總醫院以擔架抬押至新店郊區，未經法定程序，即執行槍決。

那麼，李友邦真的是共產黨嗎？李登輝曾在訪談中說，「李友邦和他太太李嚴秀峰都是共產黨」。但該說法不過是人云亦云，李登輝並沒有證據證明。反倒是中共方面的史料顯示，李友邦最多是共產黨的同情者，並未加入共產黨。李友邦在中國坐牢時的難友、共產黨員駱耕模撰文指出，李友邦對共產黨有好感，「向其透露欲入共黨的意願」。這個記載從反面證明，李友邦雖思想左傾，在組織上卻不是中共黨員。

蔣介石是殺害李友邦的元凶

中國的傳統宅院在採光上大都有所不足。在李友邦夫婦居住過的那間昏暗的臥房內，我陷入了深思之中：一度在國民黨內身居高位的李友邦，為何成為匪諜案的犧牲品？

如果將李友邦案與吳國楨案、孫立人案聯繫起來審視，就會豁然開朗：這幾起冤案都是蔣介石對國民黨開明派的清洗。李友邦早年深受廖仲愷等國民黨左派影響，在中國坐牢和被刑求就是因為追隨國民黨左派，而遭到掌權的蔣系勢力打擊。李友邦在孫文時代就入黨，是國民黨資深黨員，沒有明確的反對國民黨的理由，只是對蔣的統治方式有所不滿。

曾任保密局督察室主任的特務頭子谷正文，在其回憶錄中記述了他親眼目睹的李友邦被捕的經過：

民國四十年十一月中，國民黨臺灣省黨部改組，主任委員蔣經國轉調他職，遺缺由鄧文儀接任，交接典禮於革命實踐研究院大會堂舉行，蔣介石親自主持講話。……會堂裡坐滿了各層的文武官員，我的官階較低，坐在後區。第一排第一位是蔣經國，第二位是鄧文儀，然後才是李友邦。

軍樂隊開始吹奏進行曲，這是蔣介石由後臺進場前訊號。……通常，蔣介石在樂曲結束，由司儀「恭請」之後，才會出現，可是，這一次，他卻在樂曲進行到一半時便自行登臺了。他繃著一張臉，我看過他許多次生氣的樣，這次最難看。

「他又要罵人了，今天誰是倒楣鬼？」我心裡暗想。蔣介石飲了一口茶，然後執起新任委員名冊，頓了頓。這一連串動作產生了相當的震懾效果，臺下每個人都屏息凝神，靜待他開口。「李友邦。」這是他的第一句話。李友邦應聲肅立起來。聽到這三個字，我心裡不免為李友邦暗自叫苦，按道理，如果蔣介石有意省略精神講話，則他第一個唱名的對象應該是新任主委鄧文儀，而不是繼任的副主委李友邦，從一出場他便把氣氛弄得有點肅殺，究竟，他又要玩什麼把戲？

「李友邦，你能騙得過別人，就可以騙得過我嗎？你太小看我了，你以為我不知道你是奸匪嗎？」從背後，我看不到李友邦的表情，但在這個情況下，可以想見他那滿臉的驚愕與恐懼。

「憲兵，帶走，帶走！」蔣介石一邊說著，一邊以手勢派命坐在前區第二排的憲兵司令吳奎生將李友邦架了出去。然後，蔣介石開始訓話：「你們什麼人叫他當副主委，你們統統不認識敵人，敵人就在你身邊，你們卻不知道他就是奸匪，像你們這樣麻木不仁，怎麼會成功，你們每一個人都應該知道，奸匪就在你身邊……」前前後後，他一共訓了將近一個小時話，沒有草稿，而且，除了吸飲茶水外，很少停頓，他的確很會罵人，最後，他替自己的講話下了一個結論，「你們要知道，丈夫是奸匪，太太不一定會是奸匪；但是，反過來，太太是奸匪，則丈夫就一定是奸匪。」

· 從未反省白色恐怖歷史的國民黨有資格紀念李友邦嗎？

李友邦將軍紀念館

地址：新北市蘆洲區中正路243巷19號
電話：02-22838896
開放時間：週二至週日 09:00-17:00
（下午4點半起停止售票）

作為總統的蔣介石，居然身兼檢察官（或軍事檢察官），指揮司法警察（或憲兵）捉人，法治蕩然無存。既然是蔣介石親自辦的「御案」，李友邦不可能死裡逃生。多年以後，李友邦的小兒子李建群回憶說，父親遇害時，他只有五歲，對父親的記憶是殯儀館裡面草草釘成的木板棺材中的那具冰冷遺體。

多年以後，作為國民黨黨主席和總統的馬英九，卻喜歡消費李友邦，紀念館內掛著多幅馬英九笑容滿面地會見李友邦的遺孀嚴秀峰並向其頒獎的照片。國民黨實施「課綱微調」時，從「臺人參與祖國對日抗戰」的角度描寫李友邦的英雄事蹟，偏偏對李友邦遭「祖國」處決隻字不提。歷史學者李筱峰感嘆說，這段李友邦「為『祖國』賣命，卻遭『祖國』奪命」的歷史，才是臺灣人更該記取的歷史教育。

參與炮製多起政治案件的特務頭子谷正文斷言：「五十年代凡經國民黨情治單位斷然執行而未付判決書者，均屬冤案無疑。」由此推斷，李友邦案是一個冤案，蔣介石是始作俑者。不揪出加害者，就沒有轉型正義；所謂對受害者的「平反」，就只是當權者自說自話。研究轉型正義的學者施正鋒指出：「除了對受害者進行補償正義，也必須對加害者進行處罰性正義，否則，歷史只會重演。」我期盼著，未來臺灣實現轉型正義的那一天，李友邦紀念館中的解說可以重新書寫，不僅接近歷史真相，更將作為加害者蔣介石釘在歷史的恥辱柱上。

靠「抓周」和「收涎」才能吸引人氣？

李友邦的妻子嚴秀峰十多年後出獄，才知道丈夫早已被槍決。在白色恐怖時代，她從官太太淪落為賤民，創辦翻譯社，辛苦拉拔大幾個孩子。李友邦的兒子李力群回憶說，他小時候，母親曾經剪髮變賣以支付孩子的學費。

然而，高齡的嚴秀峰至死也沒有從青年時代的左派和統派的夢幻中醒過來，即便丈夫冤死也沒有讓她拋棄「愛國理想」。李友邦不是共產黨，嚴秀峰有可能是共產黨，這或許是蔣介石殺李友邦的理由。晚年的嚴秀峰多次返回中國，配合中共的種種統戰活動，從未譴責中共殘民以逞的獨裁統治。嚴秀峰也認可國民黨給予李友邦和她本人的「遲到的正義」，接納國民黨頒發的榮譽，配合國民黨虛假的「道歉」表演。苦難不一定讓人覺醒，苦難有時反倒成為人的「業障」。

我來的時候，是週日下午。展示李友邦生平資料的那幾個房間，人跡罕至；旁邊的兩個院落，則人潮洶湧——多半是年輕的父母抱著剛出生的嬰孩，有的還有爺爺奶奶或外公外婆陪同，全家老小一起出動，場面蔚為大觀。

他們在做什為呢？我前去詢問才明白，父母帶小嬰孩來此舉行「抓周」和「收涎」儀式。通常是全家人穿得喜氣洋洋，專家為孩子安排「抓周」和「收涎」的「古禮」，活動主辦方還提供茶點、照相、製作嬰孩手印及腳印等各種價值不菲的附加服務。據說，這兩項活動是蘆洲李宅頗受市民歡迎的「特色服務」，預約者已排到半年之後，甚至有不少人是全家老小從南部驅車數小時北上。媒體讚揚說，這是古宅「活化」的典範。

然而，我無法認同這種與李家大院無關的「古禮」在此喧賓奪主。當然，就經濟收益而言，在此舉行「抓周」和「收涎」是絕妙的「點子」。對李友邦的故事和白色恐怖的歷史有興趣的參觀者，人數畢竟有限，也不會有大宗消費。反之，孩子的錢是最容易賺的，「抓周」和「收涎」至少可以讓家人樂一樂。李宅在被定為古蹟之前，小小的基金會便靠著辦「抓周」和「收涎」的收入來維持。

我是少數派，我的意見無足輕重。但是，我仍然要說出我的看法：像嘉年華一樣喜氣洋洋的「抓周」和「收涎」活動，沖淡了李宅原本具有的古雅肅穆的氣氛，更解構了李友邦及其家人的悲劇命運，而帶來某種讓人啼笑皆非的荒誕感——或許，這也是價值和文化轉型期的臺灣的一個縮影。◆

・如沙漠中的綠洲般出現了充滿田園風光的院落

中正二路
2巷
阿美米干
阿美米干

異域有孤軍，龍岡有滇味

阿美米干

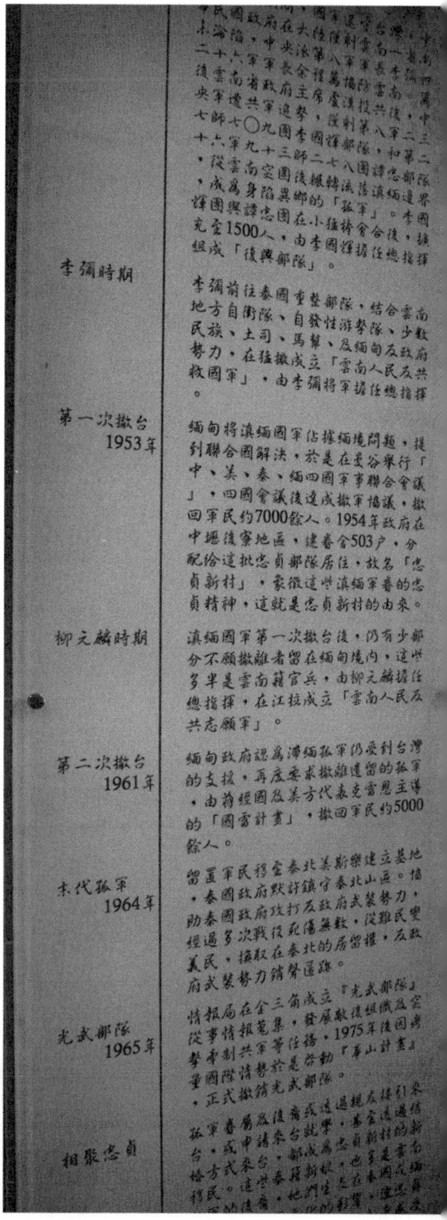
李彌時期
李彌前往泰國重整部隊，結合雲南地方自衛隊、自發性游擊隊、少數民族、土司、馬幫、及緬甸反政府勢力，在猛撒成立「雲南人民反共救國軍」，由李彌將軍擔任總指揮。
第一次撤台
1953年
緬甸將滇緬國軍佔據緬境問題，提到聯合國解決，於是在曼谷舉行「中、美、泰、緬四國軍事聯合會議」，四國會議後達成撤軍協議，撤回軍民約7000餘人。1954年政府在中壢後寮地區，建眷舍503戶，分配給這批忠貞部隊居住，故名「忠貞新村」，象徵這些滇緬軍眷的忠貞精神，這就是忠貞新村的由來。
柳元麟時期
滇緬國軍第一次撤台後，仍有少部分不願撤離者留在緬甸境內，這些多半是雲南籍官兵，由柳元麟擔任總指揮，在江拉成立「雲南人民反共志願軍」。
第二次撤台
1961年
緬甸政府認為滯緬孤軍仍受到台灣的支援，再度要求撤離遺留的孤軍，由蔣經國及美方代表克雷恩主導的「國雷計畫」，撤回軍民約5000餘人。
末代孤軍
1964年
光武部隊
1965年
相聚忠貞

二〇一二年一月，我離開中國、流亡美國前夕，最後去的地方是雲南。

此前半年，我的老朋友、備受打壓的異議作家廖亦武，從雲南邊境逃到越南，再飛往波蘭，最後安全抵達德國。這是一條曲折的逃亡之路。作家為了擁抱自由，必須逃離祖國，本身就是如同卡夫卡小說般荒謬的境遇。當時，我就想，可不可以學習廖亦武的方式離開中國呢？可惜，多名秘密警察一直貼身跟蹤，我只能在西雙版納匆匆一遊，品嘗美味的雲南菜，觀看森林裡奔跑的大象。

後來，我未能像廖亦武那樣離開中國，而是被秘密警察「護送」到北京機場的登機口。我離開中國時，舌尖上的味道是陽光燦爛、濃烈如酒的「滇味」。

幾年後，我到臺灣遍訪民主地景，也遍訪美食。桃園的朋友告訴我，桃園龍岡有世界級的雲滇鄉菜，「既然你不能回到中國雲南，在臺灣也能找到最正宗的滇味」。我一查資料才知道，龍岡是桃園中壢區主要的軍事區域，包括陸軍第六軍團指揮部、陸軍專科學校等均設於此。從一九五〇年代開始，大量眷村在此設立，龍岡成為臺灣眷村密度最大的地方。「多元的文化與族群」由此形成。舊時眷村居民大多來自中國雲南及泰緬邊境，龍岡的餐廳和飲食店多以雲南菜和泰國、緬甸口味料理為主，例如米線、米干、大薄片、椒麻雞等，近年來逐漸走出眷村，風靡全臺。

那麼，龍岡的哪一家餐廳，既美味又最有故事呢？朋友說，一定要去「阿美米干」。

「愛國的精神，志氣的美食」

我們一行驅車前往龍岡，最顯眼的地標是龍岡圓環，圓環中有一座士兵衝鋒的雕像塔，頗能顯示此處濃郁的軍事色彩。兩岸在表面上保持了三十多年的和平狀態，但中共從未宣布放棄對臺灣使用武力，臺灣仍需居安思危，聞雞起舞，否則很可能「生於憂患，死於安樂」。

阿美米干
臺灣傳統小吃
創始店
阿美米干

阿美米干有整整三層樓，小吃店擴展為大餐廳，實在是一個奇蹟。中午時分，店內已然座無虛席，可見其受歡迎程度。門口的牆上，有一幅一對男女併肩的漫畫：男士為手持長槍的戰士，女子為手拿鍋鏟的賢妻，宛如二〇〇五年的喜劇諜戰片《史密斯任務》，道出了阿美米干的傳奇往事。旁邊寫著三句話：「品嘗一碗雲南手作真食的味道，品評一段孤軍千里漂泊的歷史，品味一頁忠貞眷村過往的風情。」這三句話就是阿美米干的「座右銘」。

・左上圖：位於緬甸金三角的「異域」博物館

・右上圖：金三角孤軍悲歌，緬甸孤軍被國民政府拋棄，淪為無國籍者老闆王根深出來迎接我們，先帶我們進店，逐一參觀三層樓的陳設。這是我看到的一家最與眾不同的餐廳，宛如一間小小的緬北孤軍博物館。從緬北孤軍的書籍到雲南飲食文化的資料，從雲南和泰緬地區各少數民族的服裝首飾到緬北孤軍的老照片、勛章和書信，琳瑯滿目、應有盡有。

王根深告訴我，他本人當年就是「光武部隊」的情報員，回到臺灣之後，收集了很多相關文物，如發報機、照相機、軍裝、文獻等。阿美米干店開張時，他特意在店內展示這些珍貴文物，讓臺灣的年輕一代知道那段歷史教科書上沒有的、悠遠而悲壯的歷史。

最吸引我的是設在顧客等候區的、整整一整面牆的軍用水壺。每個軍用水壺上都寫著年份以及對應的緬北孤軍的重大事件。看完這面「水壺牆」，就能對緬北孤軍可歌可泣的歷史有簡略的瞭解。由「水壺牆」可以想像，昔日精挑細選的「光武部隊」成員，如何跋山涉水，如何晝伏夜行，如何出生入死。若沒有驚人的意志和韌性，他們無法在危險、惡劣的環境中生存，並不辱使命。

阿美米干的創始人，是王根深的岳母、雲南傈僳族人饒八妹。一九七六年，饒八妹口袋裡只有五十美元，帶著兩個孩子飄洋過海來到桃園忠貞新村投靠祖父。她幫人家帶小孩，替阿兵哥縫補衣服，過年除夕晚到初四，村子裡擺起賭桌，她也擺起米干小攤。幾年之後，大女兒李詩梅隨丈夫王根深來到桃園會合。一九八二年，一家人從市場的「阿美米干」做起，開始攢錢，將遺留在泰北的親人一個個接到臺灣。饒八妹以堅毅剽悍而且無私的母性，將九個孩子緊緊凝聚在一起。這簡直就是一個「臺灣的阿信」的故事。

米干店成了一家人安身立命的根基。村子裡都是六點多吃米干當早餐，李家的孩子四點就要起床幫忙，只叫一聲，沒馬上起來，媽媽的手就打下去。下課回來，每個孩子都要趕緊幫著蒸米干、醃酸菜，以爭取飯後寫功課的時間。

十年如一日「菜根譚」一般的歲月，終於苦盡甘來：二〇〇二年，他們打出了「七彩雲南」的品牌，

「舌尖是有記憶的，我們定義自己是雲南家常菜，不是口腹而已，還有精神上的滿足」。如今，他們總共開了阿美米干、七彩雲南、云滇等十二家連鎖餐廳，每一個品牌都有不同的特色，也販售代表不同族群的美食。王根深將餐廳整合成「根深企業集團」，同時還兼任桃園雲南商業協會理事長、臺灣魅力金三角產發會理事長。昔日金三角餐風露宿、刀口舔血的危險生活已成為遙遠的過去，如今他的身上更多的是臺灣商人特有的精明能幹、風風火火。從他黝黑的臉龐、敏捷的反應中，依稀可見當年情報員生涯的痕跡。

那一支孤軍，如何融入美麗島？

說起自己和緬北孤軍的故事，王根深滔滔不絕、如數家珍。他是華裔緬甸人，從小生活在緬甸邊區，十五歲時因國共戰爭波及滇緬邊境，投筆從戎，加入國軍，成為光武部隊的一員。

少年時代，我是「柏楊迷」，讀了柏楊那本膾炙人口的小說《異域》，對神奇的緬北頗為嚮往。後來，我有一段時間致力於研究孫立人和緬甸遠征軍的歷史，無意間找到李彌將軍的資料，得以瞭解緬北孤軍的恩怨情仇。

學者覃怡輝在《金三角國軍血淚史》一書中指出，一九五〇年初，國民政府派駐雲南的軍隊作戰失利，少數殘餘官兵撤退到緬甸境內，在緬泰寮「三角」地區整頓，人數僅剩一千四百多人，成為一支身陷異鄉的「孤軍」。

一九五一年，國府成立「雲南反共救國軍」，任命李彌為總指揮。美國總統杜魯門批准「白紙方案」，與泰國一起秘密支援李彌進攻雲南，以牽制中共部隊，化解韓戰壓力。李彌部隊曾收復雲南八個縣，後因裝備不足而退回緬境。

· 左下圖：水壺牆

· 右下圖：作者與阿美米干老闆王根深合影（照片由作者提供）

一九五二年，美國停止外援，李彌與緬甸各族結盟，成立「東南亞自由人民反共聯軍」。一九五三年，緬甸向聯合國提出控訴，國府召李彌回臺。「中、美、緬、泰」四國聯合軍事委員會在曼谷成立，協調監督撤軍事宜。

一九五三年底，國民政府從緬甸撤回官兵及眷屬約七千人，安置於桃園「忠貞新村」。第五軍軍長段希文決定不撤退，繼續駐守緬北，國府授予「雲南人民反共志願軍」的番號。一九五八年，八二三炮戰爆發，游擊隊實施「西安計畫」，從緬北出兵雲南，對中共形成牽制之力。次年，國府擬定「興華計畫」，期望將滇緬邊區建設成「陸上第一反攻基地」。

一九六一年，緬甸再度向聯合國提出控訴，國府在美國壓力下決定撤軍。三、四月間，接運官兵、眷屬四千四百多人來臺，分別安置於龍潭干城五村和高雄、屏東及清境三個農場，結束了十二年的漂泊歲月。

一九六五年，國防部情報局為了執行大陸情報工作，重建滇邊游擊部隊，於泰緬邊界馬亢山建立格致灣基地，設立四個工作大隊，統稱「光武部隊」。王根深就是在六、七十年代之交進入這支特殊的部隊。一九七五年六月，蔣經國在國際壓力之下將「光武部隊」予以遣散裁撤，國軍在滇緬邊區的最後一股武力退出歷史舞臺。

我們興致盎然地「講古」，居然忘了品嘗美食。王根深吩咐服務生端上招牌米干、破酥包等招牌菜款待我們。米干為扁平條狀，其製作工藝相當複雜：以存放一年的臺灣頂級米製漿，每天早晨六點開始製作，鋪漿於圓盤，隔水蒸熟，再將米皮脫下掛起來冷卻。最後切成條狀，澆上豬大骨熬製的濃郁湯頭，再輔以新鮮肉片、粉嫩豬肝、溏心荷包蛋，以及用芥菜醃製的泡菜，就是一碗美味濃香的阿美米干。王根深介紹說，小小米干做成上億的企業，背後的理念是，經營餐飲要秉持「企業的厚度」與「文化的傳承」，販售的不只是食物的味道，更是融合這些食物背後所代表的文化內涵。

從「光武部隊」的夢魘到「阿美米干」的甜美

王根深的故事，是數以萬計的緬北孤軍融入臺灣社會的個案之一。他告訴我，當年「光武部隊」進駐緬北各基地後，立即展開對大陸的情報工作，並對滇省實施突擊任務，深入雲南境內，秘密發展游擊武力。那些年裡，他數度與死亡擦肩而過。若被中共俘獲，在文革後期的政治氛圍下，必定是死路一條。

在餐廳三樓的展示空間，王根深特別請我留意他當年使用過的記錄情報的特製紙張、筆和墨水，寫在紙上的情報，尋常情況下看不出來，必須放在火上烤，才能顯現出字跡。我記得在華盛頓的間諜博物館中，也有類似的物品，很多前去參觀的孩子都能親手嘗試。

「光武部隊」的情報及突襲工作，雖然並未動搖中共在雲南的統治，卻如同蚊子騷擾大象一樣，讓中共有如坐針氈之感。王根深和他的戰友們，以勇敢無畏的獻身精神，為臺灣的國家安全作出了不可磨滅的貢獻，今天的臺灣人不應遺忘他們昔日的流血犧牲。

臺灣人固然可以自由而盡情地批判國民黨政權的腐敗和殘暴，卻不能「恨及無辜」地貶低乃至否定國軍將士在國防上的貢獻。因反對國民黨而厭惡國軍，如同在潑掉髒水的時候將裡面的嬰兒也扔掉了。任何一個主權國家，都需要一支訓練有素、能征善戰的國防軍，和平從來不是自我解除武裝就能實現的，如美國總統雷根所說，和平的背後必須有強大的武力支撐。今日臺灣社會的重大危機之一，就是普遍不尊重軍事和情報人員，缺乏基本的尚武精神。

二十二歲那年，王根深邂逅了傈族姑娘李詩梅（小名阿美），兩人墜入愛河。阿美不但會騎馬、打獵、種鴉片，在家更是照顧弟妹和煮飯燒菜的能手。他們在困難拮据的生活條件下結婚生子，跟隨部隊在戰火中顛沛流離，幾經波折，輾轉來到了臺灣，落腳忠貞新村。這一段浪漫而堅貞的愛情故事，比小說和戲劇還要精彩。

除了兩次集中撤退來臺的一萬多名緬北孤軍官兵及眷屬，此後還有更多孤軍眷屬及後裔透過依親、就學、結婚等方式陸續來臺定居，他們成了臺灣的新移民。這些孤軍後裔生長在泰國或緬甸，深受異國文化的影響，為臺灣的飲食文化貢獻了新的元素。「傳統的滇味，新鮮的泰緬味」，成為在臺灣就可以嘗到的美食。被大時代捉弄的雲南人在世代更迭後，相遇在既是異鄉也是新家園的臺灣，讓自己的美食、文化和故事成為臺灣的一部份。

長久以來，臺灣被籠罩在戰爭的陰影下，一度幾乎達到「全民皆兵」的地步。很多臺灣人都曾身為軍人，或出生於軍人之家、生長於眷村。直到現在，臺灣仍實行適齡男性必須服兵役的制度。在臺灣，人們不得不面對此種事實：不同族群、不同時代的軍人，有著不同的歷史淵源、不同的忠誠對象和不同的價值皈依。日治時代的臺灣本省籍日本兵、參加高砂義勇隊的原住民士兵、臺中彩虹村的「彩虹爺爺」黃永阜、「光武部隊」的情報員王根深……他們不僅南腔北調，更是雞同鴨講。如果他們同時出現在同一處戰場上，或許會成為彼此廝殺的敵人。但是，往事如煙，塵埃落定，他們如同被秋風捲起的落葉，同時聚居於臺灣這個美麗而哀愁的島嶼。他們不再是敵人，而成為同胞。他們求同而存異，彼此包容並一起為臺灣的未來打拚、祈福。

日本作家大江健三郎的諾貝爾文學獎演說，以《我生活在曖昧的日本》為題；其實，臺灣何嘗不是「曖昧的臺灣」？而這種「曖昧」，或許正是臺灣的寶貴之處。

走出「光武部隊」的夢魘之後，王根深和他的家人走進了阿美米干的甜美。能將區域性的餐飲品牌經營成功，除了用心和努力外，豐富的生活經歷和家人之間同甘共苦的感情，是阿美米干的靈魂所在。滇味不再是一縷鄉愁，而融為千滋百味的「臺灣味道」的一部分。告別了戰爭與漂泊的日子，臺灣也成為這群曾經的異鄉客願意用生命守護的家園。◆

阿美米干

地址：桃園市平鎮區中山路142號
電話：03-4567399
開放時間：週一至週日 06:00-21:00

零落成泥碾作塵，只有香如故

清大梅園

新竹清華大學是我去過次數最多的一所臺灣的大學，它也是由「永遠的校長」梅貽琦奠定「校格」的大學。新竹清華與北京清華同名而殊途：北京的清華大學雖擁有清華建校時的舊址，有清華園工字廳，有美麗的荷塘月色，卻早已淪為「又紅又專」的「準黨校」，是中國最官僚化、最體制化的大學，跟習近平、胡錦濤、朱鎔基等醜惡的名字聯繫在一起；而新竹清華則具有昔日清華全盛時代的自由精神和批判意識，在近年來攪動臺灣社會的多次學運和社運當中，清大的學生與老師常常衝鋒陷陣在最前面。

臺大有「傅園」（傅斯年墓），清大有「梅園」（梅貽琦墓），兩者如雙子星座，交相輝映。每次我到新竹清華講課，都會抽空去一趟梅園，緬懷梅貽琦這位謙卑低調卻剛直不阿的基督徒知識分子。有一次，一位來自中國、在清大做訪問學者的朋友陪我一道去梅園，我們一路上談論中國高等教育領域的腐敗黑幕，他身在其中更是見多識廣，感到痛心疾首。今天中國的大學不再是清水衙門，一片淨土，而是肥水橫流，爭權奪利。大學有了大樓，卻沒了大師，更沒了像梅貽琦這樣人格偉大的大學校長。

校長的任務就是給師生端茶送水

一九四九年，國民政府敗退臺灣，梅貽琦赴美管理清華庚款基金。他只有一間辦公室，聘了一位兼任助理。他給自己定的薪水為三百元，與庚款資助的在美留學生的標準一樣，只能勉強維生，妻子還需外出打工。政府覺得過意不去，讓他將薪水提高為一千五百元，他不同意，「薪水是我自己定的，我不情願改」。

隨後，梅貽琦回臺灣就任百廢待興的清華大學校長，從無到有地在新竹建立了一所新清華。他不認為大學校長是一名高高在上的官員，他說：「校長的任務就是給教授搬搬椅子，端端茶水。」研究所招生，

國立清華大學

梅園

六十八歲高齡的梅貽琦親自打字、抄寫蠟版、油印考卷、檢齊裝封、監考、閱卷、登記分數等，事必躬親，一絲不苟。他招收的第一屆研究生共十五人，而諾貝爾化學獎得主李遠哲為清大的第三屆研究生。

一九六二年五月十九日，梅貽琦積勞成疾，病逝於臺大醫院。過世後，祕書迅速將其隨身手提包封存。後來，當著眾人啟封時發現，其中並無遺囑或遺產，全是清華基金的逐條帳目，每一筆都記載得清清楚楚。

沿著清大校園的主幹道往裡走，可直抵十八尖山東麓，那裡就是梅貽琦長眠的「梅園」。梅園入口處豎立著一塊石碑，上刻「梅園」二字，下方有于右任的落款。「梅園」類似一座小丘陵，從低處向上攀登之時，可以發現兩旁坡地種滿梅樹。冬天時，梅樹開花如白雪片片，霜白耀眼，不禁讓人想起「疏影橫斜水清淺，暗香浮動月黃昏」的詩句；春天時，樹上則長滿青色的梅子，又讓人想起「一川煙草，滿城風絮，梅子黃時雨」的詩句。

「梅園」包括梅貽琦墓地、梅林、月涵亭、梅亭等景觀，人文與自然景觀在此水乳交融。

梅貽琦將一生都貢獻給清華大學，他在一九四一年曾言：「自一九〇九年應母校第一次留美考試，被派赴美，自此，即與清華發生關係，受清華多方栽培。三十二年來從未間斷，以謂『生斯長斯，吾愛吾廬』之喻，琦於清華，正復如此。」他長眠於此，每日看到青春年少的學子們晨讀或跑步，有書聲琅琅、歡歌笑語相伴，該是何等愜意與欣慰。

「梅亭」採取西式現代主義建築風格，是雙曲拋物線的混凝土薄殼結構，有如兩扇打開的貝殼，跟中國傳統的亭子樣式迥異。亭子的兩翼部分離地不高，可以輕鬆攀登。清華校園裡卻盛傳，學生如果爬上亭子跳來跳去，每跳一次，就會「當掉」一科，所以大家不敢在此造次。可見，梅校長的嚴格與嚴肅，多年後仍然讓學生敬畏有加。

再往上走，可看到「月涵亭」，以梅貽琦的字「月涵」為名，是燕京大學前校長、梅貽琦的弟弟梅貽

・上圖：梅亭

・下圖：月涵亭

寶等二十二位清華校友，為紀念梅貽琦逝世十五周年而贈。月涵亭地板正中間刻著清大校徽，亭上圓頂有回音壁功能，能製造回音效果，人站在正中央發出聲響即有此體驗。

梅貽琦的墓地與一般中國人的墳墓景觀完全不同，並沒有一個如同《紅樓夢》中所說的「土饅頭」那樣的墳包，而是一個方型大理石平臺；有人據此認為這可能是衣冠塚，其實梅貽琦的遺體就葬在其中。雖無臺大傅園典雅莊嚴的希臘古典建築蔭蔽，但在樹木的掩映之下，一切顯得那麼簡潔、質樸，落落大方，正與梅貽琦樸實無華的性格和基督徒的身分相稱。

園內建有兩座墓碑，一座正面是蔣介石手書的輓額「勳昭作育」四字，背面為國民政府的褒揚令。另一座正面是羅家倫題寫的「梅校長貽琦博士之墓」，背面則是梅貽琦的老友、北大校長蔣夢麟所撰之碑文。

我猜想，梅貽琦未必喜歡老蔣的題字以及政府褒揚令之類的表面文章，他倒是與羅家倫和蔣夢麟兩位教育界的老友心心相印。蔣夢麟在碑文中特別回顧了在西南聯大與梅貽琦共事的經歷，以及梅貽琦對清華和西南聯大的巨大貢獻：

先生於民國前三年考取第一批清華留美學生，攻讀電機工程，開我國近代實科與科學研究之先河。歸國以後，歷任清華大學教授、物理系主任、校長等職，前後凡四十八年。春風所被，育材甚眾。對日抗戰期間，北京、清華、南開三大學聯合為國立西南聯合大學，遷校昆明，三校校長共任校務委員會常務委員，當時余任北大校長，得與先生共事。先生以年最少，嘗自謂年少者當多任事，故其負校務責任獨多。先生雍容中道，溫恭謙讓，擇善固執兩者兼有，當國勢動盪之秋，學府思想複雜，內部衝突自所難免，而聯大師生得以協調，校務因以日進者，先生之力居多。迨抗戰終了，三校復校平津時，先生又獨任調度之責。

最後，蔣夢麟對梅貽琦有一番蓋棺論定的評語：「凡可促進我國科學教育之發展者，無不竭誠以赴。一生盡瘁學術，垂五十年，對於國家服務之久，貢獻之多，於此可見。其學養毅力，尤足為後生學子模楷。因立碑以誌其實。」梅貽琦當得起這樣的讚譽。

梅貽琦為何不受左傾思潮的誘惑？

梅貽琦的一生，與胡適、傅斯年、蔣夢麟等現代自由主義知識分子一樣，在國共兩大政治勢力的夾縫及外敵的侵略中，試圖在文化教育領域為中國探索一條復興之路。最後，第三條道路走不通，他們不得不在「兩個爛蘋果」中選擇「相對不壞」的那一個。

一九四五年十一月五日，梅貽琦與清華教授聞一多、潘光旦、吳宓等人談話。梅語重心長地說：「余對政治無深研究，於共產主義亦無大認識，但頗懷疑；對於校局則以為應追蔡孑民先生相容並包之態度，以克盡學術自由之使命。昔日之所謂新舊，今日之所謂左右，其在學校，應均予以自由探討之機會，情況正同。此昔日北大之所以為北大，而將來清華之為清華，正應於此注意也。」可惜，其他三人都未能聽進去。聞、潘兩人相當左傾，聞因激烈批判國民黨，不久即死於國民黨特務的暗殺；潘則留在中國大陸，逃不過歷次嚴酷的政治運動，在文革中被紅衛兵凌虐而死。吳是文化保守主義者，卻亦有左傾思想，拒絕到臺大任文學院院長的邀請，留在中國大陸，亦在文革中被批鬥致死。

對於一九四〇年代知識分子普遍左傾的思潮，梅貽琦自有一番個人化的觀察和思考。一九四六年六月二十五日，梅貽琦受蔣介石接見，特別談及聯大教授左傾的原因，「余謂此數人之如此或尚有一原因，即其家屬眾多或時有病人，生活特困難，而彼等又不欲效他人所為在外兼事，於是愁悶積於胸中，一旦發洩，火氣更大」。所謂「經濟基礎決定上層建築」，國民政府未能讓知識分子安居樂業，是其失去人

· 左下圖：梅貽琦全家福

· 梅貽琦是清華大學「永遠的校長」

心的第一步。梅貽琦藉此機會向蔣介石建言，希望國民政府增加教育經費，提高教授待遇。然而，蔣的心思並不在教育上。那時，梅貽琦隱約預感到國民黨的統治不穩，當面問蔣：「主席看北方局面，是否可無問題？」蔣回答說：「吾們不能說一定，或者不致有大問題。」蔣之回答言不由衷，欲說還休，實際上東北局勢已經不可收拾了。梅在日記中記載：「（蔣）言時笑容可掬，其或笑余之憨，余亦故為此問也。」

梅貽琦最初出任北京清華大學校長，即實行教授治校，後來任西南聯大常務委員會主席，繼續主張學術自由與教授治校，對於國民黨的「黨化教育」多採應付了事。但他對共產黨在大學利用職業學生，將學生運動變成「運動學生」，更不以為然。一九四八年冬，儘管有學生張貼海報並結隊至校長辦公室和住宅請願，要求校長不要跟隨國民黨南撤，但梅貽琦還是頂著解放軍圍城的炮火南下，抵南京轉上海赴香港，再由法國到美國，直至「歸骨於田橫之島」。梅貽琦的一名友人問他為何不留在中國大陸，他回答說：「我若留在大陸，只有兩種可能的出路，一是當傀儡，一是當反革命。這兩者都不是我願意作的，所以必須離開。」無獨有偶，毛澤東在反右運動期間，斬釘截鐵地為魯迅在「新中國」的命運一錘定音：魯迅若活到共產黨掌權，他的下場也只有兩個：「識大體，不作聲」，或「進監獄，繼續寫」。

一九五〇年代，梅貽琦留在中國的兒子梅祖彥寫信勸父母回去，梅貽琦在一九五七年三月十八日的日記中寫道：「看祖彥、祖強來信數封，述彼等結婚後情形，並有盼娘先回大陸，則父親亦就容易回去之語。傻孩子們，終不明瞭乃父為什麼不想回去！一言以蔽之，吾不能相信共產黨，此意在彼等處在北平特作點綴的場面裡，如何能體驗，如何能了解！但望共黨將來改變『百花齊放』而為『百葉清除』時，他們不受波折，便是幸運矣。」他真有先知般的洞見，果不出其所料，共產黨很快就將幫助黨整風的「大鳴大放」一百八十度大轉彎為「反右」運動，毛澤東恬不知恥地稱之為「陽謀」，數十萬知識分子一夜之間淪為勞改營中的囚徒。

梅貽琦厭惡共產黨「好話說盡，壞事做絕」的作為，對蔣介石政權亦非愚忠到底。一九四九年，國民政府退守臺灣，一敗塗地的蔣介石考慮運用清華的庚款基金從事「反攻大陸」的事業，在美國的梅貽琦堅持基金應用於教育文化，故而遲遲不願赴臺。一九五五年，中華民國與美國簽訂「中美合作研究原子能和平用途協定」，梅貽琦於同年十一月返臺，擇定新竹赤土崎為校址，運用清華基金辦理清華復校，籌辦清華原子科學研究所。他後來升任教育部長，但他對國民黨當局的種種作為並不認同。他雖然不曾公開批評白色恐怖政策，但在肅殺的政治氛圍中，主動贈書給軟禁中的、人人避之唯恐不及的清華校友孫立人，這一舉動足以顯示他的價值取向和人品。

我的學生就是我的子弟，我的子弟就是我的學生

坐在山丘上的月涵亭中，清風徐來。我不禁想起梅貽琦在戰爭的硝煙中說過的一段話：「在這風雨飄搖之秋，清華正好像一條船，漂流在驚濤駭浪之中。有人正趕上駕駛它的責任，此人必不應退卻，必不應畏縮，只有鼓起勇氣，堅忍前進，雖然此時使人有長夜漫漫之感，但吾們相信，不久就要天明風定，到那時，我們把這條船好好地開回清華園，到那時他才能向清華的同人校友『敢告無罪』。」由於中國大陸局勢不變，他未能將清華這條船開回清華園，卻在寶島臺灣重建了第二個清華大學，如果從學術自由、教育獨立的層面衡量，新竹清大才是貨真價實的清大。

曾任教清華的葉公超說過，梅貽琦處理事情有三大特點「慢」、「穩」、「剛」，如果沒有這三種品質，他又怎能在新竹的荒郊野外憑空創建一所綜合性大學？傅斯年將北大傳統嫁接到臺大，遺留在北京的北京大學如今精氣神全面潰敗；與之相似，梅貽琦像母雞一樣孵出第二個蛋，終於在新竹破殼而出，茁壯成長。一九三一年，梅貽琦在清華的就職演說中說：「一個大學之所以為大學，全在於有沒有好教

授。孟子說：『所謂故國者，非謂有喬木之謂也，有世臣之謂也。』我現在可以仿照說：『所謂大學者，非謂有大樓之謂也，有大師之謂也。』」哪裡有大師，哪裡就是清華園；哪裡有學生和學術研究的空間，哪裡就是梅貽琦的故國。

梅貽琦將學術自由、思想自由、言論自由等諸多自由視為一個統一體，他夢想中的大學是這樣的：「大學教育，『無所不思』之中，必有一部分為不合時宜之思，其『無所不言』之中，亦必有一部分為不合時宜之言，亦正惟其所思考所言，不盡合時宜，乃或合於將來，而新文化之因素胥於是生，進步之機緣，胥於是啟，而新民之大業，亦胥於是奠其基矣。」他雖不同意左派學生的觀點，卻竭力保護其言論自由和人身安全。一九三五年，清華學生與軍警發生衝突，軍警要衝入學校抓人，梅貽琦幾經斡旋，以向軍警交出一份錯誤名單了事。一方面是軍警的壓力，另一方面是左派學生的搗亂，他為之心力交瘁，但總算實現了沒有一個學生被捕的承諾——他曾以校長的身分向學生們保證：「如果你們能信任學校的措施與領導，我當然負責保釋所有被捕的同學，維護學術上的獨立。」

如果清華大學能堅持梅貽琦的傳統，它就是一所偉大的大學。在臺灣民主化的過程中，清大功不可沒：一九八四年，臺灣的大學中的第一個人文社會科學院在清大成立；一九八六年，清大結合教授與地方居民力量，共同為化工廠汙染事件發起抗爭，促成新竹市防治協會的成立；一九九一年，調查局因獨臺會事件，未知會學校闖入學生宿舍逮捕學生，引發「五二〇」學運。

一九九一年，「獨臺會」案陰差陽錯地成為末代叛亂案。經辦此案的調查局副局長高明輝在各界壓力之下被迫辭職，在其回憶錄《情治檔案》中回顧了該案的來龍去脈：獨派大老史明在日本創設「獨立臺灣會」，並派人潛入臺灣發展成員。調查局早已在史明身邊安排有線人，故而與之有聯繫的人員全部落入調查局的天羅地網之中。

五月九日清晨五點五十分，調查局在全臺各地展開逮捕行動，其中就有進入清華大學男生宿舍抓走廖偉程。當天上午，數百名清大學生來到臺北調查局門口，發起抗爭活動。十三日，調查局在法務部召開記者會，高明輝突然提出辭職。

然而，「獨臺會」並沒有因高明輝的辭職而終止。五月二十日，以「知識界反政治迫害聯盟」為主導的「五二〇」抗爭活動，以思想言論自由為題，由學術界、學運界與社運界共同發起全民「反白色恐怖及政治迫害」大遊行，要求「郝柏村內閣下台」、「廢除刑法一百條」、「情治單位退出校園」。這次聲勢浩大的抗爭活動，成為臺灣的大學走向真正獨立自主的轉折點。

五月二十一日，立法院火速通過廢止懲治叛亂條例；二十四日，又通過廢止檢肅匪諜條例。刑法第一百條也重新修正。獨臺會的幾名被告，全部都因此而被法院判決公訴不受理。臺灣法治的進步，那些挺身對抗調查局的清大學生功不可沒，梅校長當以之為驕傲。

然而，近年來，清大校方日漸保守化，校長亦多為沒有價值堅守的學術官僚。二〇一二年年末，清大校方為陳為廷「頂撞」教育部長的「不禮貌」事件發表「道歉啟事」，學生團體基進筆記社於十二月五日前往梅園「祭梅」，表達對校方的抗議與批判。學生們指出：「清大校方未正視大學生應當固守的批判態度與社會實踐精神，倉促的在媒體眾口鑠金的不實報導下，向社會輕言抱歉，只顧禮貌，不問是非。所以，在這個輕率的道歉中，大學精神死了，那種應當具有批判精神、追求真理、社會實踐的大學精神死了。於是我們在梅園，向梅校長致上最深的歉意。」學者陳瑞樺指出，梅園由此成為「清華校內抱持不同價值觀的群體所進行的意義詮釋與道德競爭」的象徵性地標。

梅園很小，其面積比不上很多社區中心的一小塊綠地；然而，梅園也很大，其象徵的學術自由精神正是清大的「校格」所在。◆

· 左上圖：清大學生反對情治單位進入校園抓捕學生，佔領台北火車站

· 右圖：獨臺案引發清大學運

· 左下圖：梅林

清大梅園

地址：新竹清華大學體育場後方

震驚中共中央的
老鷹79號
偵察任務
黑蝙蝠中隊

誰能安慰天空中的寂寞？

黑蝙蝠中隊文物陳列館

黑蝙蝠中隊的故事，是冷戰時代的一個傳奇。蔣介石政權敗退臺灣之後，美國一度對其徹底失望，任其自生自滅，蔣介石也作好了流亡菲律賓的預案。但韓戰爆發，美國的亞洲政策發生大逆轉，美方意識到臺灣作為第一島鏈樞紐的重要性，恢復了對蔣政權的援助。蔣介石如釋重負，重新投入美國的懷抱，派出最優秀的空軍官兵替美國人到中國大陸執行偵察任務。

一九五二年，美國中央情報局在臺工作站「西方公司」與中華民國空軍合作，於空軍桃園基地成立特種作戰部隊（大陸工作隊），進入中國大陸執行偵察任務。一九五三年，該部隊遷至新竹基地。一九五八年，正式對外使用「空軍第三十四中隊」番號。同年，使用「蝙蝠隊徽」，因此第三十四中隊又被稱為「黑蝙蝠中隊」。

黑蝙蝠之名，源於領航教官王樑少校、電子教官李崇善中校召集兩位中尉領航官劉敬賢、孫大陸設計的「蝙蝠」隊徽。選擇「蝙蝠」為隊徽，是因為蝙蝠夜間以聲波來辨位飛行，和該中隊雷達電子偵測工作原理相同。蝙蝠的翅膀衝破鐵幕，代表任務艱難卻士氣如虹的精神；北斗七星天文方向代表航行；三顆大星星和四顆小星星代表第三十四中隊。

在長達二十年的時間裡，黑蝙蝠中隊在執行各項任務的過程中，總計損失飛機十五架，犧牲作戰人員一百四十八人，佔全隊三分之二，為臺灣空軍犧牲最慘烈的特種部隊。

愛過，恨過，飛翔過，戰鬥過

我早就聽說新竹有一間黑蝙蝠中隊文物陳列館，便趁著到清華大學講學的機會前往參觀。

這一間小巧玲瓏的博物館，位於東大公園內當年黑蝙蝠中隊營區的原址上。當年官兵們居住過的老房

・上圖：謝翔鶴（左起）、張立義、葉常棣3人，過去是空軍紅狐與黑貓中隊成員，終獲國家元首慰勉

子已不復存在，但新建博物館的外型仿照美軍顧問團宿舍形貌外觀，具有強烈的歷史感；旁邊還有一個小型的戶外廣場，可供舉辦各種紀念活動。

遠遠地，可以看到戶外廣場上以強化玻璃設計的一面紀念造型牆，上面以中英文介紹黑蝙蝠中隊的歷史淵源和戰鬥事蹟。午後的陽光揮灑下來，玻璃牆背後隱約有人影浮動，我不禁想起法國作家、王牌飛行員聖・修伯里在《風沙星辰》一書中寫的一段話：「當他們其中的某一個，從阿利坎特或者卡薩布蘭卡飛回來，穿著被雨淋濕的皮夾克加入到我們中間時，總有一個新飛行員，會忍不住靦覥地向他詢問關於旅途的一切。他們簡短地回答著，向我們敘述空中遭遇到的風暴。這一切的講述對我們來說，構成了一個無與倫比的世界。那是一個充滿了陷阱與圈套，四處皆是懸崖的世界。」那個世界，生與死往往在一線之間。

室內常設展覽分為五個主題展區。第一個主題名為「大時代的故事」，展示內容包括黑蝙蝠中隊大事紀、時代背景及中隊歷史沿革等。在冷戰格局之下，臺灣是中美雙方爭奪的棋子，黑蝙蝠的飛行員們又是蔣介石政權寄予厚望的棋子——他們擁有駕駛飛機在天空自由飛翔的本領，卻不能主宰自己的命運。

第二個主題是「暗夜黑蝙蝠」，以飛機為主題，簡介中隊主要使用的十三架飛機，展櫃中陳設有B-26、C-54、C-47、C-46等飛機模型。我在維吉尼亞的美國航空航天博物館中，找到了已經退役的這幾種飛機，它們靜靜地臥在巨大的博物館中休憩，彷彿完成了歷史使命的老人一般，寧靜而安詳。

第三個主題是「超級任務」，主要介紹中隊執行的獵狐計畫、南星計畫、奇龍計畫、金鞭計畫等重要的特種任務。在任務初期，黑蝙蝠中隊如入無人之境般進出中國大陸，一九五七年十一月，一架RB-17G低空飛越中國九省，長達九個多小時的航程，投下傳單、衣服、玩具。解放軍為了截擊該機，曾起飛十八架次的飛機，最終未能成功。黑蝙蝠中隊還有一架P2V連續飛越九省，最後降落在當時是臺灣盟友的南韓，讓共軍臉面無光，甚至因此損失六架飛機。後來，共軍緊急請求蘇聯售賣一批可夜間作戰的米格-17和雷達設備，並發展出夜間攔截戰術，才給黑蝙蝠中隊造成重大損失。

第四個主題是「北斗七星下的勇者」，主要介紹中隊隊員、歷屆主官，以及一百四十八位殉難英雄。長期以來，黑蝙蝠中隊的詳細情形被中華民國空軍列為最高機密，殉難者處於「無名英雄」的狀態。當局刻意隱瞞殉職官兵的死訊，持續發放月俸。部份殉職官兵的家屬直到一九九二年才知道家人早已殉職的真相，進而申請死亡撫卹並修建衣冠塚。軍方和政府欠軍人家屬一個誠摯的道歉。臺灣正在推進「轉型正義」，是否應當涵蓋此類議題？

第五個主題是「隊員生活剪影」，介紹中隊隊員日常生活的情形，展現隊員平日輕鬆休閒的一面。展櫃中有隊員捐獻的各項與黑蝙蝠中隊相關的實體文物，比如服裝、照片、勛章、筆記及各類日用品，這是我最感興趣的部分——從這些小小的物品中，可以勾勒出「出生入死」的飛行員們真實的生活狀貌。他們不是不食人間煙火的英雄俠客，而是有血有肉，有愛有恨，與我們一起操心柴米油鹽的芸芸眾生。

這間小博物館的展覽設計別具匠心，但我不能認同其中諸多的文字說明。比如，一塊展板論及一架戰機在廣西梧州被中共擊中起火時說：「此時我機組人員應有足夠的時機棄機跳傘，但他們沒有行動，因為『誓不作俘虜』、『與戰機共存亡』的忠勇軍魂，是黑蝙蝠隊員的崇高信念……最後，飛機在陽東縣墜毀，全體機員一瞬之間，壯烈殉國，無一生還，立下了革命軍人之光榮典範。」這顯然是兩蔣時代陳腐的觀念和語言。即便是軍人，在戰鬥的最後關頭也有保存自己生命的基本人權，死亡並不一定是唯一的選擇。若是堅持「不成功，則成仁」的道德原則，那麼蔣氏父子以及國民黨的高官顯貴們，在南京被日軍和共軍攻陷時，為什麼沒有「殺身成仁」呢？

北斗七星下的勇者
The Warriors under the Big Dipper
歷屆主官
浩氣長存．永懷忠烈
Long live the noble spirit, remember the valiant forever.

．北斗七星下的勇者

· 上圖：隊員生活剪影

· 下圖：各式勳章

在更高的蒼穹上，還有黑貓中隊在飛翔

那個時代臺灣的空軍中，比黑蝙蝠中隊成立稍晚的還有黑貓中隊。黑蝙蝠中隊負責低空偵察，黑貓中隊負責高空偵察；前者的番號是第三十四中隊，後者的番號是第三十五中隊，彼此相鄰，互為補充。這間小小的展廳中也附設了黑貓中隊的文物展。

黑貓中隊飛行員的女兒沈麗文寫過一本《黑貓中隊：七萬尺飛行故事》，描述那群駕駛世界上最難飛的U-2偵察機的飛行員的故事。這種偵察機輕薄的翅膀猶如翼手龍，除了美國的飛行員之外，只有臺灣和英國的飛行員接受過U-2飛行訓練，而英國飛行員從未實際執行任務。從一九六一年到一九七三年的十三年間，共有二十八位臺灣飛行員加入黑貓中隊，其中十人殉職，兩人在中國大陸遭到擊落被俘。

在《黑貓中隊》一書中，記載了分別在一九六三年和一九六五年被俘的兩名飛行員葉常棣、張立義的故事：在臺灣，軍方宣布他們已陣亡，並為之建立衣冠塚。在中國，作為俘虜，他們雖然沒有人身自由，卻也沒有被關進監獄，遭受刑罰。中國空軍司令劉亞樓探視過葉常棣好幾次。文革爆發，劉亞樓自身難保，葉常棣被下放到農村當農民；張立義也於一九七〇年被送到南京老家，下放農村勞改。廿七年前，他們全家為躲避戰火逃離六朝故都，如今他以這種離奇的方式回歸故土。

一九八二年，中美關係改善，中國政府將四十九歲的葉常棣和五十三歲的張立義召到北京，告知可以放他們離開中國，他們有選擇去留的自由。兩人坐火車來到香港，等候回臺灣。蔣經國卻認為這是中共的「統戰伎倆」，拒絕兩人回臺灣。他們困居香港，進退兩難。

幸好當年的戰友楊世駒到美國找到當年負責U-2項目的官員康寧漢，康寧漢找到中情局陳情說：「當初我們簽訂合約，他們是代表美國去執行任務，這兩個飛行員等於是我們的人。」於是，中情局幫忙出具文件，以聘請他們為「亞洲顧問」的名義，幫他們申請簽證去美國。

· 左下圖：黑貓中隊

· 右下圖：黑貓中隊隊徽

一個國家怎樣對待歸來的戰俘，是檢驗其文明程度的標誌之一。美方的善後工作有情有義，此種處理方法，是由美國的立國價值所決定的，即對人本身的重視和尊重。沈麗文在書中有這樣一番對照：「同樣是遭擊落被俘，美國的U-2飛行員鮑爾斯被蘇聯囚禁一年多後，在美方外交斡旋下被釋放，回國後獲軍方頒贈獎金。他在獄中雖然曾供出一些機密，回國後卻沒有被判刑，因為美國軍方認為他是在高度壓力之下才做出供詞，不能以通敵論罪。反觀當時臺灣高層（對葉、張二人）的處理，不僅沒有一聲慰問，且對兩人抱著敵意。這可比張立義在零下二十度的大漠之夜、炮彈碎片貫穿身體的傷，還冷，還痛。」專制政權的特徵之一就是漠視人性。

到美國之後，葉常棣去了德州。他得知妻子早已移民美國，並跟一位華裔教授組成新的家庭，只能黯然神傷。後來，他經營過餐廳和珠寶店。張立義則在華府管理老人公寓，勉強維生。

直到一九八九年，臺灣邁入民主社會，在輿論的呼籲下，臺灣官方終於允許葉、張二人回到臺灣。張立義的妻子也已重新成家，但她再嫁的丈夫決定成全原本恩愛的他們，獨自前往南部居住，讓張立義可以在臺北跟妻兒重新團圓。而葉常棣回臺灣之後再婚，最終仍然選擇長住美國，興之所至，高齡的他仍然偶爾自駕小飛機取樂。兩人總算有了幸福安定的晚景。

如果你寂寞，所有的星星都會是你的朋友

臺北機場的跑道上，長長的迎接人群中
小孩都已三十多，而飛機載回來的是
傳說已久，從未謀面，名叫「父親」的英雄

香港歌星劉德華的《黑蝙蝠中隊》的歌詞，就是根據張立義的故事改編的。黑蝙蝠中隊和黑貓中隊的飛行員們，以青春和生命的代價，換回來關於中國的種種軍事情報。這些情報對冷戰期間的美、中、臺格局產生了怎樣的影響，至今仍眾說紛紜。

有學者認為，因特種作戰部隊的功勞，讓美國對中共實力有更精確的評估，最後決定放棄中華民國，採取聯合中共制衡蘇聯的政策。如果這種說法成立，那麼蔣介石當局批准這兩個高度危險的、付出一百多名優秀飛行員生命代價的行動，簡直就是搬起石頭砸自己的腳。

但是，無論如何，英雄應當被紀念。不管臺灣島內關於統獨和族群議題存在著怎樣的爭議，這些保家衛國的軍人都應當得到尊重與愛戴。一方面，軍隊內部的觀念、形態及戰略，必定隨社會的變遷而有所調整；另一方面，即便在和平時期，社會大眾也理應對軍人保持足夠的敬意，這才是民主國家的常態。唯有在專制國家，軍隊才僅僅被獨裁者當著鎮壓民眾的工具，民眾自然也不會親近和尊崇軍人。

空軍是最浪漫也最危險的軍種。聖・修伯里曾感嘆說：「這個世界裡，黑色的長龍守衛著山谷的入口，千萬束的閃電好像花環一般覆蓋著山頂。老飛行員們以某種近乎科學的方法，令我們維持著對他們的尊敬。然而遲早會有那麼一天，他們當中的某一個，會消失在茫茫高空中，再也無法回到我們中間。」他在四十四歲那一年，在二戰接近尾聲時，執行一項偵察任務，永遠消失在碧海藍天之中。

與死亡更頻繁地擦肩而過的黑蝙蝠中隊和黑貓中隊的成員們，更是「王牌中的王牌」，孤獨者中的孤獨者。我在紀念館中觀看隊員們穿過的飛行服，也看到飛行員們隨身攜帶的親人的照片，不禁猜測：在高而遠的、寧靜無聲的天空中，他們如何排解寂寞與憂愁？在地上終日忙於衣食住行的人們，或許一輩子也不會明白，那浩瀚的天際會以什麼樣的方式影響飛行員的情感與性格。殉職的黑貓中隊隊員陳懷在日記中寫道：「我已經飛得這麼高、這麼遠，我曾到過這樣廣闊無涯的大天地，為什麼還是把自己放在這個小我的天地裡，為了一點小事情，會和同事吵架呢？真是難以自解……」是啊，若心胸變得跟天空一樣遼闊，生命中哪有不能邁過去的那道坎？

在這間小小的紀念館，你可以觸摸那些與星星為友的生命。然後，你會愛滿天的星星，所有的星星都會是你的朋友。◆

黑蝙蝠中隊文物陳列館

地址：新竹市東區東大路二段16號
電話：03-5425061
開放時間：週二至週日 09:00-17:00
週一、民俗節日及選舉日休館

台灣民主英烈祠
二〇〇七年十二月
劉政鴻題

為了讓母親不再哭泣

民主英烈公園

一般人都認為，「桃竹苗」地區民眾的思想觀念相對滯後，特別是在此聚居的客家族群較為保守，這裡的政治板塊長期處於深藍狀態。我在寫作「臺灣民主地圖」系列時，請教過不少苗栗在地的朋友，請他們推薦苗栗跟民主人權運動有關的地景。他們都搖著頭對我說，似乎很難找到這樣的地方。

一次偶然的機會，苗栗出生的學者曾建元告訴我，其實苗栗有一處不可不去的民主景點——民主英烈公園。苗栗縣固然一直都是由國民黨執政，甚至出現過劉政鴻之流貪婪傷民的縣長，但苗栗民間從來不乏抗爭的聲音與力量。就族群而言，客家人也不全是國民黨的支持者，在白色恐怖時代，與客家族群有關的政治案件層出不窮，客家人中的抗爭者和受難者不在少數。作為客家人的白色恐怖受害者、倖存者胡海基，以一人之力設立了民主英烈公園。

「親戚或餘悲，他人亦已歌」，人是最健忘的動物，特別是那些跟苦難、哀痛有關的往事，會被人們自覺不自覺地從記憶庫中加以刪除。另一方面，人又是最需要記憶的動物，記憶賦予人以生存的意義和價值。納粹對猶太人的大屠殺發生之後，一場關於記憶與遺忘的鬥爭延續至今。當大部分倖存者出於恐懼、羞恥和怯懦沈默不語之時，魏瑟爾憑藉「反抗邪惡的力量終將取得勝利」的信念，將大屠殺從歷史的墳墓中挖掘出來。他十六歲時從布亨瓦德集中營獲救，胳膊上烙著永遠無法去除的囚徒編號。他相信上帝讓他存活，讓他充當見證者。他嚴厲譴責二十世紀九十年代中期波士尼亞的大屠殺——他說，「如果這是又一個奧斯維辛，那麼我們必須動員全世界來制止」——他也呼籲世人關注柬埔寨、盧安達以及蘇丹達佛地區發生的屠殺，他還譴責美國的焚燒黑人教堂事件，挺身支持南非的黑人以及遭受酷刑的拉美政治犯。由此，魏瑟爾成為人權與記憶的捍衛者。

多災多難的臺灣也需要有自己的魏瑟爾，胡海基就是其中之一。在當年的大搜捕中，胡海基奇蹟般地免於牢獄之災，但暴政的毒鈎始終與他如影隨形。臺灣實現民主轉型之後，他懸念白色恐怖的犧牲者，包括許多和他理想與共、甘苦與共，卻在青春歲月便生死永隔的熱血青年、知心友人。一九九八年，胡海基本著「提醒這一代年輕人，臺灣曾有過這麼一段歷史，進而珍惜現有的民主，努力為未來打拚」的初衷，在苗栗頭屋鄉象山興建了「民主英烈公園」，並設立臺灣第一座白色恐怖紀念碑，讓這裡成為臺灣唯一一座白色恐怖的慰靈場。

以倖存者的身分，為死難者作見證

在一個春光明媚的日子裡，曾建元驅車帶我去苗栗參觀民主英烈公園。一路上，曾建元滔滔不絕地跟我分享剛剛完成的關於他父親的口述史，他父親當年是國民黨緝捕的對象，在深山老林中潛伏數月，才得以逃脫魔爪。此後數十年，他的父親謹小慎微、閉口不談那段歷史，直到前些日子，才對兒子一一道出昔日的可怕經歷。每一個家庭都有自己的「痛史」，都應當被記錄下來和整理出來，使之成為人類共同的歷史記憶的一部分。

車近象山，遠遠望去，山形果然酷似一頭緩緩前行的大象。象山曾是臺灣有名的茶葉、陶器和玻璃產地，只是最近二十年來產業衰敗、人口外移，呈現荒蕪景象。我們在山腳下的一處小停車場停下車，山間的空氣清晰濕潤，犬吠鳥鳴聲聲入耳。有一名疑似智障的少年人在周圍閒逛，喃喃自語。

沿著階梯往上攀登，一抬頭就可以看見高聳入雲、如同火炬般的白色恐怖殉難者慰靈碑。走近了，我發現基座上有文學家李喬撰文的慰靈碑碑文。李喬曾在揭幕典禮時指出，歷史不能回頭，但也不能忘記，臺灣人應勇敢面對白色恐怖時期的歷史，唯有把遺憾還諸天地，也才能有更寬廣的未來。

民主英烈公園佔地一甲二分，胡海基用了十二年時間，在親朋好友的支持下建造完成。若以規模和地址而論，當然不能與位於臺北市中心、以國家之力興建的二二八紀念公園相比；但如果瞭解胡海基歷經千辛萬苦建立紀念碑和紀念公園的過程，就會被其堅韌不拔的意志深深感動。

一九五〇年三月，「臺灣省工委會臺中武裝工作委員會」案爆發，多位關心時局的青年學子被捕，最後有九人被處死刑，九人被判兩年至無期不等的徒刑。當時，就讀臺中商業職業學校一年級的胡海基，也被捲入此案。在逮捕行動展開當天，熱愛音樂、多才多藝的胡海基，恰好到獅潭鄉參加廟會、表演手風琴，多逗留一天，逃過當場被捕的厄運。此後，他東躲西藏，成為該案唯一未到案者。一年多以後，為免牽連友人，他出面自首，總算免於牢獄之災。

一九八五年，胡海基捐出從母親那裡繼承來的一片土地，開始為難友們建立紀念公園。那時，臺灣尚未解嚴，若干政治案件未獲平反，他不敢表明心志，只能對外宣稱說，是建立佛教場地、觀音塑像，如此才能暗渡陳倉。歷經千辛萬苦，胡海基完成了夙願，將民主英烈公園呈現給逝者和生者，使之成為一本活的歷史教科書，以及寫給未來臺灣的期望。

如今，這裡人跡罕至，荒草蔓延，一看就知道平日疏於管理。曾建元告訴我，胡先生高齡且多病，無力打理公園。國民黨執政的苗栗地方政府當然不會投入資源幫助管理——劉政鴻在任時，不惜巨資在苗栗高鐵站旁邊修建一個醜陋而虛假的「客家圓樓」，以顯示他的政績。我們感嘆說，民主英烈公園長期被冷落，有違創建者的一片苦心。我想，如果將此處轉給民間機構代為管理，並通過網路等媒體廣為介紹，或許可以重新恢復生機。

白色恐怖時代，「觀音」與「蔣公」的對峙

再沿著階梯往上走，可以看到一尊觀音的巨像。有趣的是，旁邊的山坡上，次第還有兩所規模宏大、黃瓦紅牆的宗教建築，一所是孔廟，一所是道教的玉衡宮。孔廟原來附屬於玉衡宮，在日治時代，教授漢文受到日本統治者的壓迫，常常有以遺民自居的漢族文人，假借玉衡宮為子弟講授中國古典文化。民

主英烈公園因有觀音像而具備濃郁的佛教色彩，與孔廟和玉衡宮比鄰而居，儼然形成三教併列、各自為政的局面。這也是臺灣社會宗教多元的縮影和例證。

白色恐怖時代，勇於反抗國民黨政權的基督教長老教會，被自稱基督徒的「蔣公」列為重點打擊對象。不過，長老教會不是唯一遭到迫害的宗教團體。佛教、一貫道以及不被基督教主流教會承認的「新約教會」等，也受到不同程度的迫害。漢傳佛教不像緬甸等東南亞國家的佛教那樣繼承原始佛教中的反抗精神，漢傳佛教在過去一千多年間基本上是依附皇權的「建制派宗教」。儘管如此，風聲鶴唳的蔣氏父子仍不放過並無反抗之心的佛教界，其特務系統炮製了多宗佛教界的冤案。民主英烈公園中的觀音塑像，凸顯出在那個肅殺的時代，「觀音」與「蔣公」的尖銳對立。

胡海基的佛教信仰，一方面來自於母親的言傳身教，另一方面也來自於逃亡期間的個人頓悟。在逃亡之前，胡海基熱衷於閱讀左翼思想的書籍，對馬列主義、共產主義充滿美好的想像。在逃亡過程中，他逐漸拋棄早年的左派信仰，轉向佛教。白色恐怖歷史的研究者李禎祥在《苦難與救贖》一文中指出，胡海基在逃亡期間曾藏在恩主公廟，「這位左翼青年得以閱讀宗教和修行的書」。多年之後，胡海基成為一名虔誠的佛教徒，並發揮自己的音樂天賦，創作多首佛教音樂，以「音聲佛事」增進臺灣的族群和解。也正是基於佛教信仰，胡海基以「慰靈碑」命名白色恐怖紀念碑，希望不單單是消極的紀念儀式，而是供奉亡者，為亡者求冥福、求解脫的積極紀念行動，「這是仰仗佛力加被，讓亡者早日離苦得樂，得到解脫」。

不過，坦率地說，我個人對公園中過於強烈的佛教色彩並不能完全認同。儘管胡海基有權利在個人設立的紀念地添加其個人信仰的因素，但此處畢竟是一個公共化的場所，且紀念的是所有為民主而獻身的先烈——若其中有先烈並非佛教徒，而是其他宗教的信仰者或無神論者，他們對這種佛教的紀念方式未必認同和接受。

· 上圖：白色恐怖殉難英烈慰靈碑

· 左下圖：白色恐怖倖存者胡海基是一名音樂家，他將自己撰寫的佛教歌曲之版權無償贈與歌手齊豫若將佛教模式改換為某種更具普世性的紀念方式，或許這座公園更能被不同宗教和文化背景的民眾所認同。比如，美國紐約的自由女神像，自由女神的原型來自於古羅馬神話，她不是某一宗教中的神祇，而是被不同宗教和文化背景的人所接納，近代自由精神的象徵。當自由女神像落成之際，克里夫蘭總統親自發表演說指出，這座塑像的「光亮必將刺穿無知和人類壓迫的黑暗，直至自由照亮世界」。多年後，自由女神像翻修後重新落成，雷根總統在演說中表示：「我們是自由火焰的守護者，我們把它高高舉起，讓全世界都能看到。」一百多年來，多少來自世界各地的難民，奔赴美國這個應許之地，首先看到的就是高聳入雲的自由女神像。

又比如，座落於美國首都華盛頓的麻薩諸塞大道及新澤西大道附近的「共產主義受難者紀念碑」，其設計仿自一九八九年中國天安門民主運動中，由學生建造的民主女神像——原作在軍隊鎮壓平民時遭坦克輾過而倒塌。鳳凰涅槃般的民主女神也是手上舉著火炬，其基座上標明是為了「紀念超過一億名共產主義之下的受害者」，「不容列寧、史達林、毛澤東、波布、胡志明、金日成和卡斯楚的暴行淡出歷史背景之中」。二〇〇七年，紀念碑揭幕時，小布希總統在演講中說：「我們從來都不知道那些死難者的名字，但在這個神聖的地方，無名的共產主義受難者的名字將被祭獻於歷史，永遠被銘記。」來自數十個深受共產黨荼毒的國家的人士，都能接受這尊具備「超宗教」意涵的紀念塑像。

但願世上不再有被奪去孩子的母親

胡海基是白色恐怖時代的一名「焦點人物」。陳建傑在其碩士論文《戰後臺灣客家政治案件之研究：胡海基案之個案分析》中指出，以個別案件涉案人數與刑度而言，分列戒嚴時期三十大政治案件的「臺中事件」、「治安維持會李建章案」、「苗栗油廠彭新貴案」，均與胡海基有密切關聯。

民主英烈公園
白衣觀音

台灣白色恐怖紀事碑
西元二〇〇〇年十月

「臺中事件」即為官方資料中的「臺灣省工委會臺中武裝工作委員會案」，胡海基是「臺灣民主自治同盟」成員，因上天保佑而死裡逃生，但其摯友彭木興就義，劉永生徒刑十五年；而「治安維持會李建章案」中的詹俊英與廖英輝，亦為胡海基的摯友，受李建章牽連，分別處以死刑與十年徒刑。在「苗栗油廠彭新貴案」中，胡海基的胞兄徐鑾枝因特務急於領取獎金，做成案子，遭受冤獄十五年。可見，胡海基遭受白色恐怖的迫害是多麼大、多麼深。胡海基在手稿中寫道：「想起往事，我們所謂的政治犯或受難者，皆有萬般心酸的過去。往事不堪回首，這句話在每一個受難者的心靈中都應該有刻骨銘心的感覺。」

往事不堪回首，卻又必須回首。胡海基晚年如此描述當年自首的細節：

民國四十年十一月二十九日晚上，我下決心要出來自首，那是準備一去不回的悲壯心情，因為我一直不相信國民黨，心中有不共戴天的仇敵之心，因為他們屠殺了我們無數的臺人志士。出來自首的原因，就是萬一我出事怕牽連到對我有恩、保護我的人們。想到這一點，我就依照自己的良心、決心一去不回的心情。

那是深秋初冬的夜晚，我七、八點到家，便衣戴金水在我家等候，一進門我就向他說：「我就是胡海基，請等一下，我彈一首吉他後就走。」我記得我的態度很軒昂，自在自信，也許有點驕傲的味道，因為心中決心給你們騙了，心已有準備，隨你

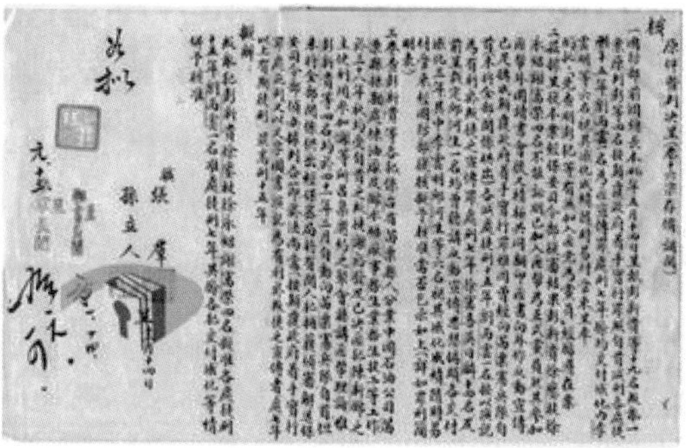

・苗栗油廠彭新貴案檔案

如何來都可以。我有時很衝動，但面臨大事卻冷靜，勇敢不怯。我對那些特務心中常有鄙視，走狗看法的感覺。對他們的一切，我表面上很有禮貌，禮貌是紳士應有的必俱條件，無論對敵，我應保持風度。

我記得在彈完一首歌《山谷中之爐火》（一九三〇年代母親等待孩子回來的歌），母親點香要我拜佛祖，跟祖先報告，拜完之後就跟著戴金水一同走。

那個場景，與千年之前嵇康在刑場彈奏《廣陵散》何其相似！古往今來的很多反抗者都用音樂陶冶性情，自我修練，臺灣的農民運動先驅簡吉不也是一位隨身帶著小提琴的革命者嗎？

在民主英烈公園中，還有胡海基撰寫的建立公園原委的碑文。胡海基以此紀念已過世的母親徐辛妹。政治犯的母親或妻子，是一群承受更多痛苦、流過更多眼淚，卻被人們遺忘的群體。徐辛妹生於富裕人家，丈夫早逝，獨自養大幾個孩子，除了胡海基是槍下遊魂，另一個兒子亦入獄十五年——所謂的罪證就是參加讀書會、讀過《青年修養》之類的左翼書籍。胡海基記載說：

從三哥入獄的那天，母親開始以年計算，一年過一年，還有幾年，快滿十五年時以月來計算，之後以日計算，等待的就是三哥的回來。而自從三哥受難後，三嫂為了維持家計繼續上班，孩子由親家母幫忙照顧。這十五年間，年節或初一、十五拜拜時，母親一定會叫我弟弟送雞腿及其他好菜給三嫂母女，體諒三嫂的孤苦、疼惜孫女的可愛，而我們也會幫忙照顧。十五年的受難是多麼漫長的刑期，千千萬萬的受難者其苦何以堪！鐵打的心腸也會落淚啊！母親盼望三哥回來，終於在一九六八年盼到了。

徐辛妹為兩個兒子流過多少眼淚，沒有人知道。但是，以她的名義興建的民主英烈公園，會讓每一位參觀者發下誓言：從此，在臺灣，再也不能有母親在黑暗中為孩子流淚了！◆

民主英烈公園

地址：苗栗縣頭屋鄉象山村

晨用書店
50

米和書的「微革命」

成功旅社・農用書店

在彰化縣溪州鄉的「成功旅社・農用書店」舉辦了一場別開生面的婚禮：擔任店長的新娘巫宛萍，因為熱愛溪州這個工作環境，決定在這裡辦終身大事。恭賀的鞭炮聲不絕於耳，當地長輩回憶著說：熱鬧的溪州回來了！

此前，來自板橋的新娘巫宛萍，與幾位年輕友人創立農用書店，新郎張育達也在此與之結緣。巫宛萍說，「成功旅社・農用書店」成立以來，他們收集到很多與這棟老房子相關的在地故事，當年有不少外地人從這裡出嫁，「我身為店長，決定選在這個我努力過的空間，來完成人生終身大事，重現當時娶親的熱鬧光景」。

無巧不成書，我正好去臺中探訪友人廖永來。廖永來告訴我，他和友人將有一次送書下鄉活動，目的地是溪州的「成功旅社・農用書店」。我說，我正想去那裡一探究竟呢，便加入其中。

一大早，一車人和幾大箱書便浩浩蕩蕩地出發了。一路上，廖永來向我講述這間既賣書又賣米的複合式書店的故事，創辦這家書店的是巫宛萍等幾位受過太陽花學運洗禮的年輕人，而背後支持他們的是鄉土詩人吳晟。我的好奇越發強烈了。

鄉村建設，是先建設我們自己

在中國近代化的過程中，農村、農民和農業這「三農」問題，決定著中國的未來。那些居心叵測的「革命者」深知，若能掌握農民的心，就能奪取政權。毛澤東早年起草《湖南農民運動考察報告》，在農村煽動「痞子運動」，以「打土豪、分田地」為號召，激起農民對舊制度的反叛與對新勢力的迷狂，農民心甘情願地成為共產黨的兵源和炮灰，幫助毛澤東奪取天下。

毛澤東擊敗蔣介石，建立「新中國」之後，立即奪走分給農民的土地，掀起大躍進運動，造成亙古未

・成功旅社農用書店店長巫宛萍在書店辦婚禮

成功旅社

有之大饑荒，致使至少三千多萬農民被活活餓死。直到今天，中國的農民仍然是備受歧視的「二等公民」大部分農民，享受不到城市居民的醫療保險和基礎教育。上億農民工背井離鄉外出打工，成為締造「低人權優勢」的「中國模式」的現代奴隸勞工。

與中共將農民當作檸檬一樣擠乾又扔掉的做法截然相反，從一九二〇年代開始，晏陽初等人腳踏實地、愛人如己地展開了鄉村建設運動。晏陽初認為，農民問題的核心是「愚貧弱私」四大病，他提出以「學校式、社會式、家庭式」三大方式結合併舉，「以文藝教育攻愚，以生計教育治窮，以衛生教育扶弱，以公民教育克私」四大教育連環並進的農村改造方案。

晏陽初及其領導的中華平民教育促進會，在河北定縣等地推行平民教育活動，從農民的切身需求出發，著眼於小處：為減少通過飲用水傳染的疾病，指導農民修建井蓋與圍圈，消毒滅菌；訓練公立師範學生與平民學校學生進行防疫接種；訓練助產士代替舊式產婆，向舊式產婆普及醫學常識；建立各區保健所，培訓合格醫生；從平民學校畢業生中培訓公共衛生護士；為村民引入優良棉花和蛋雞品種；組織成立平民學校同學會，建立村民自治組織；改組縣鄉議會，改造縣鄉政府。這些方案繼而向很多地方鋪開。鄉村建設的努力本已初見成效，但共產黨席捲大陸之後，將晏陽初斥為「美帝國主義的走狗」，關閉平民教育促進會，晏陽初被迫離開中國。

我告訴同行的友人，在今天的中國，有一小批人繼承晏陽初的遺志，投身鄉村建設。比如，李英強和立人鄉村圖書館的同仁們，奉行「以人為核心，用生命影響生命」、「教育立人而不是書本扶貧」的理念，先後在十二個省市建立二十二個圖書館。李英強與晏陽初一樣，都是基督徒，有著從上帝而來的「人觀」：「我們把人不看作是工具，把人看作是目的；人不是需要後天創造努力才能獲得尊嚴和價值，而是每一個人都有他不可剝奪和不可轉移的尊嚴和價值。」然而，這樣一個幫助鄉村的孩子「因真理，得自由」的民間機構，卻遭到中共當局的嚴厲打壓，被迫關閉了所有的圖書館。在中國，你想像不

成功旅社
202
4
2-3
2-3

到極端惡劣的現實是：連圖書館都成為獨裁政權的眼中釘。

幸好，在中國被禁止做的事，在臺灣卻可夢想成真。在民主自由的臺灣，有志於復興農村的青年世代，在鄉村找到了生命新的立足點。

書與米在百年旅社中的邂逅

溪州是一個略顯冷清和破敗的小鎮。當年，台糖總公司設立於此，一度人潮熙來攘往，小鎮有酒店二間、戲院二間、旅社七間，家家客滿。當台糖遷走之後，溪州繁華不再。

有近百年歷史、外觀揉合歐、日風格的成功旅社，建於大正時期，是溪州街上第一棟樓房，也是蔡振南主演的電影《沙河悲歌》的拍攝場景。二次世界大戰時，這棟房屋被炸倒，僅留下四根柱子，後有營造公司接手，以四柱為軸，建成兩層小樓。歷經養真醫院、林齒科及百貨行，一九五六年改為成功旅社。一九七〇年，台糖搬移，旅社生意一落千丈，被迫關店，荒廢達三十多年。

二〇一一年，溪州居民發起「反中科搶水」護水行動，這場環保運動讓沉寂已久的溪州如同一團死水被攪動起來。在此前後，臺灣各地出現了年輕人返鄉創業、點亮家園的新潮流。五名年輕人——巫宛萍、鄭雅云、陳慈慧，還有阿銘和阿誠，一起成立了名為「我愛溪州」的團隊，將目光投注在這片濁水溪潺潺流過的肥沃土地上。

有一天，在地的年輕女作家，也是社運、農運和環保運動活躍人士的吳音寧，經過荒廢多年、無人使用的成功旅社，靈機一動：這樣一棟富有歷史意涵的老房子，如此廢棄實在可惜，為什麼不讓它「活化」呢？「當時沒有想到要做什麼，只是覺得團隊沒有正式的空間和據點，就把房子租下來。」

團隊有了據點後，順勢成立「溪州尚水農產有限公司」，整修一新的成功旅社轉型為年輕團隊的門面：既是農用書店，也販賣本地產的稻米等各種農產品。老房子有了新生命。

我們到達成功旅社時，幾位年輕人正在店內忙碌。一樓的店鋪，擺放著很多書籍，除了農用書籍，還有不少人文社科以及臺灣本土歷史地理的好書。櫃檯上陳列著包裝精美的尚水米、茶葉、手工藝品等，都是「除此一家、別無分號」的特色產品。這裡還提供咖啡、茶點服務，可以充當居民「把酒話桑麻」的空間。比起臺北那些過於矯揉造作的藝文空間，這裡更顯樸實純真，充滿泥土氣息。

我們上了二樓，才發現別有洞天。主人告訴我們，他們剛剛入住時，這棟房屋破敗不堪，灰塵堆積如山，一群野貓以之為家。經過多日清掃，才慢慢恢復當年的樣貌。主人貼心地在牆上貼出老照片和建築平面圖，讓參觀者對逝去的歲月有直觀的印象。成功旅社主要為平民階層提供住宿服務，幾個房間都很狹小，室內的榻榻米跟彈簧床都是舊物。房間裡沒有現代的衛浴設施，旅客只能因陋就簡，他們都是辛苦謀生的小生意人，不是享受奢華服務的遊客。

在小鎮上，經營單一的書店困難重重，他們將重心轉向稻米及其他農產品。臺灣的稻米世界聞名，溪州是臺灣的米倉。那麼，溪州的「尚水米」有何獨特之處？臉上還帶著學生時代稚氣的店長巫宛萍介紹說，「尚水米」品牌採取「水田濕地」的耕作概念，避免大量使用地下水跟使用化肥、農藥，是一套非常友善的水稻栽種方法。他們請來「反中科搶水自救會」的會長賓元叔，擔任「溪州尚水友善農產公司」董事長——這位董事長，是親自下田耕作的農民董事長！

當「尚水米」的品牌逐漸打出知名度後，當地有十五名農民加入。他們全都承諾，用濁水溪的水來種植溪州鄉的米，不用除草劑和化肥，每期都會檢驗土壤及收成的稻米。許多購買者都讚嘆說，尚水米口感Q黏，齒頰留香。

在這個充滿歷史感的空間中，米和書的碰撞與融合，變成了一串美妙的音符，變成了一場生活和生產的「微革命」。

· 上圖：尚水米

· 下圖：店內關於尚水米的漫畫招貼（照片由作者提供）

為土地寫一首詩，為鄉村圓一個夢

幾分鐘後，吳音寧和她的父母吳晟老師、莊芳華老師趕來成功旅社與我們一聚。

吳晟老師是成名已久的詩人，也是在地環保運動的先鋒。一見面，他就熱情地告訴我，他正在讀我寫的新書。他伸出手來跟我相握，我一下子就感覺到，那是粗糙的、充滿老繭的手，跟在書齋中「四體不勤，五穀不分」的文人（包括我自己）的手不同。

吳老師說，可以帶我們參觀他的生態基地。我們上了他那輛破舊的吉普車。一路沿著清澈見底的水渠走，這水乃是溪州人從中科的黑手之下爭取來的，若不抗爭，這裡恐怕早已乾涸見底或臭氣熏天了。十分鐘左右車程，我們到了一片茂盛的森林，吳晟在此種植了三千棵臺灣原生樹種。以樹園為中心，是一片原生態種植的水田加上濕地。一眼望去，綠油油的稻苗如海洋一般，清風過處，波瀾起伏。這裡產出的稻米，就是「尚水米」的一部分。吳晟帶我們在稻田中匆匆行走，宛如一位指揮千軍萬馬的大將軍。

在森林的中心，有一大片平地，還有一個木板搭建的平臺。吳晟說，這裡可以舉辦露天音樂會，很多參與社運的音樂人來此引吭高歌，點燃了自由的火種。平臺後是一棟鄉村木屋，內部設施俱全，我們一家在此度過了聽蟬鳴鳥叫的一夜。

吳晟夫婦又帶我們去他家中小坐。此前，我在陳文發的《作家的書房》一書中看到對吳氏書房充滿詩意的描述，「這裡儼然是一艘承載著人類知識文明的陸上方舟，在稻浪裡蓄勢待發」。到了現場，更是嘆為觀止：這是我到過的最寬敞、最明亮的作家書房，高高的落地玻璃，讓外面的農田和樹林似乎觸手可及。難怪主人說，書房不是建出來的，而是直接「種」在土地上的。

小屋有兩層樓，卻沒有一級階梯。從一樓到二樓，是一段半橢圓迴紋針的爬坡走道。每走幾步，便有移步換景之感，屋內和屋外的景致都不一樣。走道兩邊都是高高的書架，在主人工作區的書桌上，果然放著我在前衛出版的兩本書：《從順民到公民》和《中國教父習近平》。

看一個作家的藏書，便可以推測其性情和品格。吳晟介紹說，他的藏書跟一般作家不同，因為長期關注環保議題並參與環保運動，有很多環保方面的書籍。他也從不畏懼政治議題，收集了大量黨外雜誌和書籍，並對中國現代文學懷有敬意，藏有魯迅、沈從文等人的文集。

我們來到外面寬闊的院子裡聊天，頭上是吳晟親自栽種的挺拔的樟樹。周圍有貓狗，有飛鳥，生機盎然。他們一家子都是作家或音樂人，都是關心公義的「臺灣好人」，父母和女兒都簽名送書給我，這是我第一次同時收到一家三口的贈書。

外表瘦弱的吳音寧，寫了一本厚重銳利的「臺灣農民調查報告」——《江湖在哪裡？》。她對臺灣農業狀況的精準觀察和深刻分析，讓專家亦為之折服。她已是社運圈子裡的「元老」，社運界非常活躍的樂團「農村武裝青年」的主唱阿達（江育達）稱之為「阿姊」。

更讓我吃驚的是，吳音寧還有一個「體制內」身分——溪州鄉公所的主任秘書。大作家當鄉下地方的小秘書，豈不是太屈才？吳音寧對此有不同的看法：只有深入體制中，才能看明白很多問題的癥結，包括在地農民的真實想法——「在這麼多不同的想法、不同現實利害關係裡面，怎樣讓你的理想去實踐？不是改變他們的想法，而是在他們的想法裡，讓我想要的理想落實。如果只是一個旁觀者，不要思考改變，那很容易超脫。但萬一必須面對一些惡行，還試著想說服、改變他，想讓惡行減緩，要花更多心力。並不是每個人都是壞人，而是每個人背後都有一些故事。」

抱著這樣的理想，溪州鄉公所推動了「托兒所在地食材供應計畫」，讓托兒所的營養午餐都由溪州自已的農產品料理而成。然後，再讓老師帶孩子們進入農田，認識各種蔬菜和糧食，認識辛苦種植蔬菜和糧食的農夫——或許就是他們的爸爸媽媽、叔叔阿姨。由此，孩子們懂得了疼惜土地和自然萬物，懂得

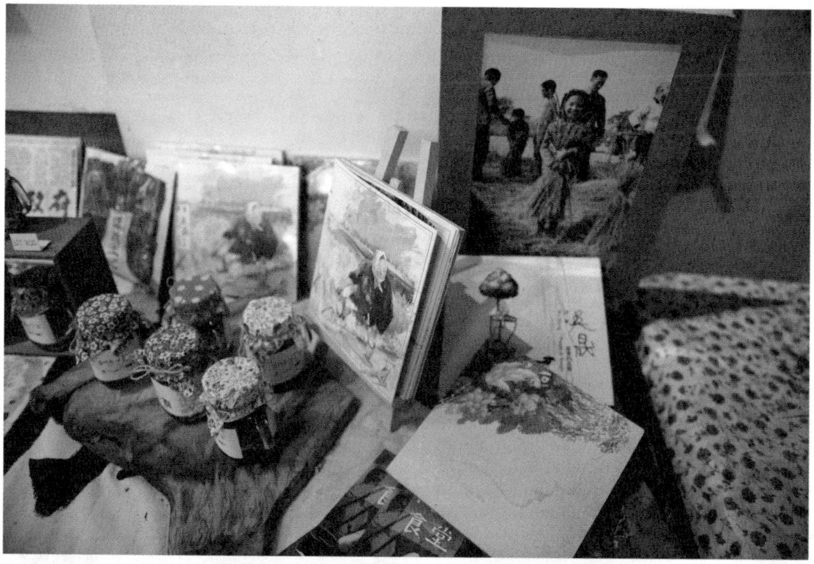

· 上圖：巧遇吳晟

· 下圖：作者的書

隱藏版 商品

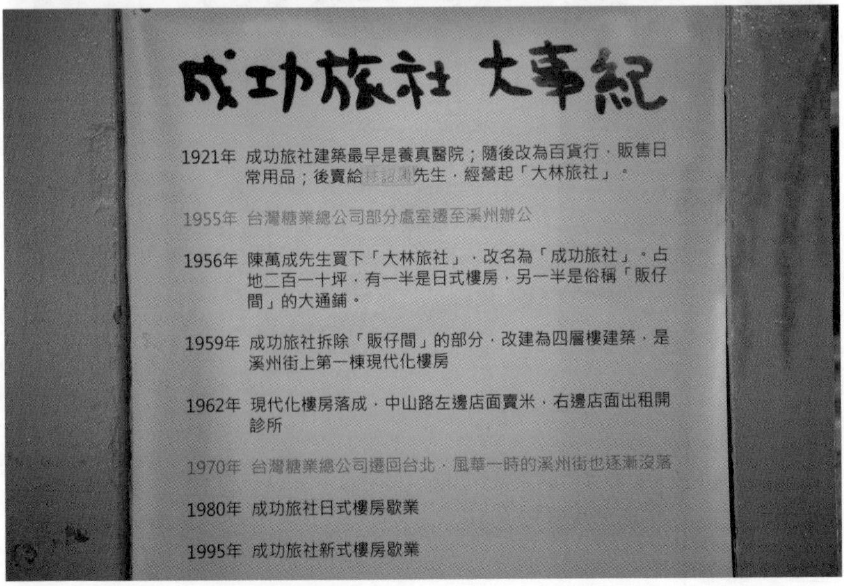
成功旅社 大事紀
1921年 成功旅社建築最早是養真醫院；隨後改為百貨行，販售日常用品；後賣給先生，經營起「大林旅社」。
1955年 台灣糖業總公司部分處室遷至溪州辦公
1956年 陳萬成先生買下「大林旅社」，改名為「成功旅社」。占地二百一十坪，有一半是日式樓房，另一半是俗稱「販仔間」的大通鋪。
1959年 成功旅社拆除「販仔間」的部分，改建為四層樓建築，是溪州街上第一棟現代化樓房
1962年 現代化樓房落成，中山路左邊店面賣米，右邊店面出租開診所
1970年 台灣糖業總公司遷回台北，風華一時的溪州街也逐漸沒落
1980年 成功旅社日式樓房歇業
1995年 成功旅社新式樓房歇業

· 上圖：左下角為「農村武裝青年」樂團的CD

了尊重勞動的價值。
這一家人，這一群人，正在為這片土地寫詩，正在為這個鄉村圓夢。當美國和中國等超級大國的鄉鎮都在走向衰敗之時，臺灣的鄉村卻呈現出勃勃生機。這是臺灣最可愛的地方。◆

‧成功旅社外面即是溪州肥沃的有機農田（照片由作者提供）

成功旅社‧農用書店

地址：彰化縣溪州鄉復興路50號
電話：04-8891262
開門時間：週二至週日 09:00-18:00
（中午12:00-13:30休息）

殖民地上的一聲春雷

二林蔗農事件史料紀念館

我是從臺灣民主運動前輩陳婉真的臉書上知道彰化有一個「二林蔗農事件史料紀念館」的。一九九三年，我在北大唸書時，選修了在哲學系任教的陳鼓應教授的課。在六四屠殺之後的萬馬齊瘖之中，聽陳鼓應講尼采、莊子、陳獨秀和殷海光，重新點燃了我對自由的熱愛。我也有幸受邀到陳鼓應的公寓中，聽他講述臺灣民主運動的故事，其中就講到他與陳婉真並肩參選的往事。多年之後，我學會用臉書跟臺灣的朋友們交流，陳婉真也成為我的臉友之一，她居住在彰化鄉下，關心的焦點轉移到如何保存在地歷史文化方面。

我在臉書與陳婉真聯繫上，向她請教紀念館的情形，她一口答應驅車帶我去二林參觀。陳婉真還特意幫我聯繫上二林鎮農會總幹事蔡詩傑，讓我有機會瞭解當下臺灣基層農會的運作。農會的辦公室就在合作社樓上，合作社就是農民自己的銀行。蔡先生精明能幹、熱情洋溢，他的祖上正是當年領導二林蔗農抗爭的「五虎將」之一。他告訴我，農會是地方自治的重要機構，有農民說，「可以沒有政府，但不能沒有農會」，並非誇張之語。若是二林蔗農事件中奮勇抗爭的前輩們知道今天臺灣農民可以得到農會的幫助，該是何等欣慰！

研究二林蔗農事件的在地文史學者謝四海，也特意趕來為我導覽。我們先來到蔗農事件發生地，如今是一片青蔥的農田，在田埂邊上有一塊小小的石碑，註明此處是當年衝突的發生地。然後，我們再去史蹟館所在的二林國小。二林國小是日治時代設立的一所名校，有若干日治時代的院落保存下來，紀念館設在其中的一所老房子裡，如此更能復原事件發生時的歷史氛圍。

「我的弱者的鬥士們，這是多麼難能！多麼光榮！」

這棟老房子有單獨的小院子，在學生操場的一角。前院是清幽的花園，將孩子們熱氣騰騰的競技場景

・上圖：史料館內展示事件原貌

・左下圖：日式風格的室內空間，讓讓彷彿步入悠長的時光隧道

・右下圖：作者在二林蔗農事件紀念碑前留影（照片由作者提供）

隔離在外面。我們先邁入大門，裡面是小小的玄關，然後是一間寬敞的客廳，裡面就能看到介紹二林事件的展板了。

謝四海介紹說，在日治時期，臺灣許多農產成為總督府與日人會社聯手壟斷、強行收購的經濟作物，「糖」被視為搖錢樹。總督府為了推展糖業，制定了原料採收區域制度，限制蔗農種植的甘蔗僅能賣給製糖會社。以甘蔗「採收區域制」為例，全臺被劃分成五十個產糖區，一個區只能設立一家糖廠，每區所產的甘蔗由該區的製糖會社採收，蔗農不能自行處理，收購價格也由會社片面決定。

當時，二林地區的「林本源製糖會社」，為買辦林本源家族所設立，在政策保護下對同胞進行殘酷剝削。農民與資本家的矛盾日積月累，漸漸勢同水火。

一九二四年，林糖收購的甘蔗價格與鄰近溪湖工廠相較，每千斤少八角，引發蔗農不滿。二林庄地方領袖向臺中州知事及總督殖產局長提出請願書，籲請會社改善採收甘蔗問題，未獲回應。直到由郡守出面斡旋，社方才同意每甲支付補給五圓。問題只是獲得暫時解決，壟斷的收購制度紋絲不動。

農民的抗爭需要知識分子組織和領導，回鄉行醫的臺灣文化協會成員李應章被歷史選中。在內部陳設宛如日式住家的小小史料館中，首先出現的是有關李應章的生平事跡的展板。李應章在彰化公學唸書時就常常閱讀北京出版的《新青年》，在就讀臺北醫專時還曾組織「島恥紀念日」集會。畢業後，他回二林開「保安醫院」，醫術精湛，宅心仁厚，深受鄉親愛戴。照片上的李應章，西裝革履，風度翩翩，一看就知道不是暴徒，乃是君子。

受文化協會活動方式的啟發，李應章等人成立「蔗農組合」，起草「蔗農組合章程」，共有四百多位農民參加，這是臺灣第一個獨立自主的農民組織。李應章以臺語編寫「甘蔗歌」，四處演講宣導，啟發民智。其歌詞如下：

種作甘蔗無快活，風颱大水驚到大，燒沙炎日也得行，一點蔗汁一點汗咳喲喲，有蔗無吃真壞命。
甘蔗咱種價咱開，公平交易才應該，行逆搶人無講價，將咱農民作奴隸咳喲喲，啥人甘心作奴隸。
蔗農組合是咱的，同心協力救大家，兄弟姊妹相提攜，不驚青面和獠牙咳喲喲，出力得和齊得和齊。

一九二五年十月十五日，蔗農與「林糖」雙方的第二次談判宣告破裂。蔗農眼看甘蔗採收期將至，一致發表聲明：在沒有公布價格前，甘蔗拒絕「林糖」採收。

「林糖」自恃有日本官員做靠山，無視二林蔗農的請求，依原訂計畫於十月二十一日雇工到二林竹圍陳琴的蔗田採收，被蔗農們阻止而作罷。第二天下午，「林糖」又派六十餘名委員、社員、工人，到火燒厝洪江崙謝財的蔗園強行採收，並有遠藤巡查部長率六名巡查及北斗郡特別高等警察支援。

謝四海在關於二林事件的論文中復原了當時的情形：二林蔗農得知這一消息，匆匆號召一百多人前來阻止。又見巡查公然袒護「林糖」，蔗農們更加氣憤，有人拿土塊，有人拿甘蔗，攻擊採收工人。遠藤見狀，拔出配劍威嚇，其他六名巡查也拔出劍來。蔡琴、謝衢兩人上前奪下兩位巡查的配劍，還有一位日籍工人與五位巡查受傷。蔗農的反抗嚴重挑戰日本殖民統治的權威，二林蔗農事件成為臺灣史上第一個農民抗暴運動。

日本殖民當局氣急敗壞，將蔗農的反抗視為「騷擾事件」。次日，北斗郡召集一百多名巡查，先包圍李應章的醫院，將李應章逮捕。接著又抓捕劉崧甫、詹奕候等「蔗農組合」的重要成員及事件當天的要角共九十三人。被捕者大都遭到嚴刑逼供、拷打凌虐，有人自殺，有人殘廢。

後來，被送公判者三十九名，判刑二十八人，最重的是李應章獲刑五年。二十八人皆提出上訴，二審改以「妨害公務」減刑判決。李應章在獄中還留下一張紀念照，仍然衣冠楚楚，神采奕奕，既表明他不屈不撓，也說明日本人的監獄相對人道——泰源監獄和綠島山莊的囚犯，大都衣衫襤褸，骨瘦如柴，哪

· 左上圖：臺灣文化協會理事李應章在彰化縣組建了「二林蔗農組合」。1925年為保護蔗農利益，他發動並組織了蔗農和日警鬥爭的「二林蔗農事件」。圖為李應章（前排左1）、簡吉（後排左2）、謝春木（前排右1）等受邀在基隆做巡回演講

· 左下圖：二林蔗農事件的領導人簡吉（左）與李應章（右）

· 右上圖：李應章開設的診所

· 右下圖：李應章騎機車出診

能保持當年李應章的風采？

二林蔗農事件以失敗收場，卻為臺灣農民運動寫下第一篇光輝的史詩。

為什麼二林成為臺灣農民運動的聖地？

陪同我參觀的二林國小校長陳瑞吉以及蔡詩傑、謝四海等人，如數家珍地介紹展板上「農民組合」的幾位先驅者。很多先驅者的後人都是他們熟悉的鄉友，在他們繪聲繪色的講述中，二林蔗農事件彷彿發生在昨天一般。

為什麼臺灣農民的第一次抗爭發生在二林這片窮鄉僻壤呢？謝四海認為，臺灣歷來都是以農業為主的社會結構，形成地主與佃農關係的傳統模式，貧富懸殊很大。在日據以前的佃農，受教育的寥寥無幾，知識貧乏，文化刺激又少，長年只是反復過著「日出而作，日入而息」的古樸生活。不只是看天吃飯，還要仰著酷吏的臉色、雇主的鼻息過日子，安分、認命、沈默、忍耐，都被視為當然，被歧視、欺矇、壓制、剝削，只能忍氣吞聲，無奈地承受，甚至有的無知無覺，茫然無措，可以美其名曰「良民」、「順民」。兩三百年來，臺灣的小農民就這樣一代一代「可憐」地過生活，「悲哀」地傳承下去。

但是，二林人可大不相同：二林僻處彰化西南之海隅，濁水之溪北，長年是旱耕地帶，風頭水尾，荊棘叢生，沙丘處處。環境是冬則沙害，夏則水患；農民是看天種植，與地爭利。濁水溪年年氾濫，每每淹沒村落，族群年年遷徙流離。二林區先民的「以啟山林」，實在較其他地區艱辛百倍。由此，二林人逐漸磨鍊出堅毅不拔，不向惡劣環境低頭的個性。

我插話說，我是四川人，四川之於中國，宛如二林之於臺灣。四川人向來具有反抗精神，有人說四川人天生就有「反骨」。四川人不是「唯恐天下不亂」，而是希望擺脫外人的奴役，選擇獨立自主的生活

· 上圖：作者與在地文史工作者在二林蔗農事件史料館合影（照片由作者提供）

· 下圖：作者探究二林蔗農事件之歷史真相（照片由作者提供）

方式。

在臺灣，二林是一個經濟不發達的、以農業為主的鄉鎮。據張素玢教授〈從二林蔗農事件到葡農事件〉一文統計，在上世紀二、三十年代，臺灣較具規模的農民運動共有三十二件，在臺灣三百多鄉鎮中，二林占了四件，是全臺之冠。二林農民的抗爭，參與者不僅是蔗農，葡萄農、酒農也都前仆後繼；不僅在日治時代風起雲湧，在國民黨遷臺之後，還有過六次的反抗浪潮。直到幾年前，二林有年輕人楊儒門以身試法，用「白米詐彈」力諫政府不公平的農業政策。

二林蔗農事件發生後，臺灣文學家賴和——他跟李應章一樣也是醫師——曾寫了一首〈覺悟下的犧牲〉的詩歌寄給二林蔗農朋友，讚美並鼓勵他們。詩中一再呼喚著：「唉！覺悟下的犧牲，覺悟地提供了犧牲。我的弱者的鬥士們，這是多麼難能！多麼光榮！」學者黃煌雄指出：「我要很嚴肅地說，在臺灣民族運動的歷史上，尤其是農民抗日的運動史上，二林是個聖地。」而謝四海自豪地認為：「臺灣農民正式的組合，是從二林開端；臺灣的農村教育，是從二林出發；臺灣農民在日本鐵蹄下沉睡，二林是最先覺醒；臺灣農民勇於對抗強權，二林是第一聲春雷。」歷史的這一頁並未完全翻過去，二林在地人士發起組織「二林蔗農事件文化協會」，希望將抗爭精神代代相傳。這間小小的紀念館，藏品雖然有待增加，知名度也有待推廣，但它畢竟邁出了第一步。

看哪，那個帶著小提琴的革命家

二林蔗農事件，不僅僅是二林當地人孤立的抗爭。除了李應章之外，另一位領袖人物是來自高雄鳳山的簡吉，簡吉傳記的作者楊渡指出，「如果李應章是農民運動的盜火者，簡吉則是農民運動的推手」。

李應章是一名事業有成的醫師，而簡吉是臺南師範畢業的一位小學教師。在當時的社會格局中，他們都屬於為數甚少的本省知識精英，是既得利益階層。如果他們安於自己的身分和地位，他們及家人可以過上舒適安逸、受人羨慕和尊敬的生活。但是，他們出於理想主義的熱忱，出於哲學家羅素所說的「對人類苦難命運痛徹肺腑的憐憫」，毅然放棄事業、犧牲家庭乃至自由和生命，成為農民運動領袖。

二林蔗農事件前後，簡吉數度前來二林，被二林人的抗爭精神所感動。二十二歲的簡吉更看到「二林蔗農組合」激發出蘊藏在民間的巨大力量，遂辭去教職，全身心地投身鳳山地區的農民運動。他成立了「鳳山農民組合」，串起全臺農民運動的煙火，直到四十八歲被國民黨槍殺。簡吉後半生的二十六年是職業的「農民運動鼓動家」，且有一半日子是在監獄中度過。

後來，簡吉受謝雪紅的影響加入臺共，他沒有像史明那樣去過延安，不知道共產黨的本質是比日本殖民者和國民黨政權更暴虐的極權專制。以農民運動而論，簡吉發起的農民運動跟毛澤東發起的農民運動可謂南轅北轍：毛澤東的農民運動是「痞子運動」，以農村的地痞流氓為主力，裹挾無知農民充當炮灰，大肆屠殺地主和富農階層，徹底摧毀了兩千年來維持鄉村自治格局的鄉紳階層。其締造的號稱「以工農為領導階級」的政權，沒有帶領農民「跑步進入」共產主義，卻造成亙古未有之大饑荒，致使三、四千萬農民在風調雨順的和平年代被活活餓死。而簡吉是一名熱愛音樂、隨身攜帶小提琴的知識分子，他對農民有一種民胞物與之愛，他反對用血腥暴力手段獲取「解放」。如果簡吉不是死於國民黨之手，像謝雪紅那樣逃亡到共產黨中國，以他的個性、他的命運，一定比謝雪紅死得更加悲慘。如今，簡吉被臺灣的統派和左派樹為神主牌，連中國的極左派（毛派）網站「烏有之鄉」也發文紀念，他若地下有知，大概只能搖頭苦笑吧？

曾經因為在網路上發言支持茉莉花革命而下獄的中國自由主義作家冉雲飛在臺灣旅行時，對簡吉的獄中日記感觸良多。簡吉在獄中收到家人的照片，看著孩子們健康成長，「想像得到妻子與岳母的辛苦！注視著——看呆了——不覺熱淚盈眶。旁邊若無管理員——不，心裡多麼渴望著旁邊沒有人看，能夠盡情地放聲慟哭，涕泗縱橫。只好在妻子和岳母面前（在照片面前）由衷的懺悔！」「願懺悔，願道歉，對孩兒亦是同樣的心情。啊！從兒（三男）的樣子多麼可憐，一定很淒涼！我注視著，他的眼睛似乎在說，『爸爸，什麼時候才能回來？……』無父之孩兒，守活寡的母親——但是，我如果真正地死了的話，他們都該可以想開，可以看開了呢！」將心比心，冉雲飛感嘆說：「這一部分我反覆讀了幾遍，讓我潸然淚下。因為那種對家人的愧疚，與自身理想的糾結，我也有自己的體會。雖與簡吉先生相比，微不足道，但也算是一個有點淺經歷的過來人吧。此種遭遇，在我們未來的生活中，將不知凡幾，誰知道呢。」

日治時代，簡吉兩度入獄，都有司法審判的過程，一次判刑一年，一次判刑十年；在國民黨的統治下，簡吉直接被拉到馬場町槍決，未經任何司法程序。兩種外來殖民統治，誰更惡劣，由此可知。國民黨的統治並不仁慈。然而，中國仍有無數陷入輕信和迷狂狀態的「國粉」（中華民國及國民黨的粉絲）乃至「蔣粉」（兩蔣父子的粉絲）。對此，冉雲飛潑出一盆冷水：「有很多大陸人羨慕臺灣如今的民主自由，以及社會的良序美俗，很容易浪漫地認為是蔣經國。……一個良好的社會，是多少像簡吉先生這樣的人努力奮鬥、犧牲的結果啊。他們的親人在無數寒風苦雨中，在多少個暗夜裡無助地獨自飲泣啊。」只有奴才才盼望民主從天而降。臺灣的民主不是統治者賞賜的，統治者賞賜的民主，他隨時可以收回去；臺灣的民主是民眾歷經千難萬險爭取來的，只有自己爭取來的民主，才懂得珍惜與捍衛。

雖然臺灣早已告別農業社會，邁入工業文明，但農業和農民仍有重要地位。農業不應當是被漠視的產業，農民不應當是被犧牲的群體。二林蔗農事件，不是一頁全然翻過去的歷史。◆

二林蔗農事件史料紀念館

設於二林國小內，如前往參觀，請與二林鎮公所、二林農會或二林國小聯繫。

2004.02.28

清澄的流水能否洗淨故人的傷痛？

二二八紀念物：「歷史之澄鏡」

我從網路上查到宜蘭運動公園有一處名為「二二八紀念物」，詢問了好幾位宜蘭在地的朋友，他們都說沒有去過。後來，找到一位開獨立書店的林先生，他才告知該建築物位於宜蘭運動公園南側，可以帶我一遊。

當我們到達宜蘭運動公園，在附近繞了幾圈，卻未能發現有一個顯眼的建築物。林先生抱歉說，他此前來過一次，卻未記清楚紀念物的確切位置。最終，我們終於找到一塊小小的石碑，上面鐫刻著設計師簡學義的一首詩歌：「時間不再只是遺忘／而是沉澱的力量／清澄的流水能否洗淨故人的傷痛／如鏡的水面／映現了一切／不僅是過去／更有／正在書寫的未來。」原來，整個建築物就在小石碑後面的地下。由於設計者沒有選擇一般紀念碑高聳挺立於地面上的風格，而是採用嵌入地下的構思，第一次到訪的人很容易錯過。從地上看，除了一個小水池之外，確實空空蕩蕩，一無所有。

我們正要往裡走，卻發現一道厚重的鐵門緊鎖入口。幸運的是，正好有一位老阿姨推著單車往外走，她似乎是該處的管理員。上去一詢問，果然不錯。她知道我們遠道而來，答應了我們的請求，犧牲下班時間為我們開門。當大鐵門緩緩打開，一個幽暗的地下世界躍入眼簾。

療癒建築：讓我們一同哀哭切齒

「歷史之澄鏡」的格局，是一個如「中」字型安排的矩形園區。在地面下方的中心位置，是主要的紀念性空間。對稱切分整個園區的中軸線，是包含兩端連結地面上下、並且穿越地底空間的坡道。前後兩端的坡道都可走入地下，斜長的坡道並不寬敞、也沒有像一般博物館那樣懸掛招貼及展示文物，清水模壁給人以監獄般的冰冷粗糙之感。短短數十米距離，如同經歷了一段從陽光到晦暗、從開朗到沉靜、從生命到死亡的漫長旅程。

危險

・上圖：如同從地表打開一道裂縫，參觀者沿坡道走入地下

有評論人將此類建築命名為「療癒建築」：如果說紐約的「九一一紀念公園」代表著西方文化中的「療癒建築」，那麼宜蘭的「二二八紀念物」則代表著東方的「療癒建築」。有趣的是，兩者都不約而同地以水為主題：水是一種洗滌、是潔淨、是宣洩、是鏡射，也是一種流逝與沖刷，兩座建築都營造出如同容器一樣的空間，盛裝起無邊無際的悲傷。

在建築師簡學義的創作理念裡，「二二八紀念物」不只是單一的紀念碑或紀念館，而是一處開放的場所與空間。它不只是作為憑弔的對象，更讓參觀者身處其中，感受該空間所散發的環境「氛圍」，進而在精神的層次上與所要紀念的二二八的時空產生精神上的連結。為此，設計師將主體空間隱藏於地面下，這是整個設計中最重要的策略：「地下」，不只暗示或隱喻屬於過去的歷史涵義，同時也相似於一般人對「塚」的紀念性聯想。

當我走在坡道的混凝土地面上時，忽然想起華府的「越戰紀念碑」——由華裔設計師林瓔設計的「越戰紀念碑」，如同從地表打開一道裂縫，參觀者沿坡道走入地下，一側是越來越高的、光潔如鏡的黑色大理石牆，上面鐫刻著密密麻麻的捐軀將士的名字。走到最低處，則又沿另一個方向上升，如飛機的兩翼一般。如果說越戰紀念碑象徵著美國歷史上一道永遠抹不去的傷痕，那二二八紀念物「歷史之澄鏡」就象徵著埋藏在臺灣人心底的一段苦難的記憶。

簡學義如此闡釋該紀念物的三大特色：其一，它是非制式的碑，是一座紀念性建築物；其二，將發生於宜蘭的二二八事件文字資料與圖片，刻於內部十六面玻璃牆，以呈現歷史軌跡與回顧，讓時光回溯到一九四七年的宜蘭，具有歷史與教育功能；其三，紀念物結合景觀與藝術，將本身當成藝術品來設計，利用建築物上方流動的池水，與流洩到玻璃面版背面的水幕，營造一股澄澈之感，引領參觀者進入沉澱與反省的境界。當我進入地下空間時，幽閉和壓抑的氛圍立即如棉絮般襲來，當年的遇難者所經歷的恐懼與苦難也一一浮現在眼前。

該紀念物以「歷史之澄鏡」為名，「鏡子」的意象多次出現。在中國文化中，歷史被當作鏡子——規模最為浩大的歷史著作《資治通鑑》，意思就是將歷史作為鏡鑑。在這裡，建築師用水來隱喻鏡子，同時水又扮演著說故事者的角色，流動即訴說，訴說即記憶。

在原本的設計中，地面上是一處寧靜的水池。但紀念物落成後，宜蘭運動公園管理方認為，水池對於前來玩耍的幼童造成一定的危險，從公共安全的角度出發，一度將池水全部抽乾。後來，水池內再度放水，但池水變成死水，時間一長就長滿青苔，使參觀者很難看到水池中擺放的小石塊，那些尖銳的石塊本來象徵著被權力所屠戮的生命。

地下空間最主要的陳設為十六面玻璃，上面印著二二八受難者的名字、文件、照片等歷史資料。在原初的設計中，玻璃後面是垂直傾瀉的水幕，參觀者可以看到水景的光影，像是有一雙無形的手在輕柔拂拭著歷史圖像和文字。逝去的受難者的生命被定格成凝固的文字，而水幕時刻流動，水滴在牆面上跳動、落下，發出清脆細膩的水聲。由此，人與水產生神奇的共鳴：人們一面為那段殺戮的歷史痛心疾首，水珠如同失去親朋者的淚水；另一方面，人們從水的流動中，感受到一股源源不絕的生命力，那些被殺害者絕不會沈默，兇手必將得到公義的審判。

然而，由於玻璃水幕屢屢遭到不明人士破壞，管理方關閉了水幕，僅留下玻璃面版，使設計者所追求的動靜對照、光影交錯的效果不復存在。

如何避免「昂貴的紀念」淪為「廉價的紀念」？

每一棟建築並非在其完工之後，就大功告成了。特別是公共性的紀念建築，即便處於傑出的設計和卓越的施工，若建成後缺乏一流的管理與維護，就有可能長期處於某種「半完成狀態」。

· 二二八的真相仍被封鎖在鐵屋子裡

・為了防止遭人破壞，在玻璃面版前加裝原本設計所沒有的鐵絲網子

我在參觀完準備離開時，跟管理員阿姨聊了幾句。她告訴我們，她是宜蘭運動公園管理處的臨時工，只是來開門、關門，對建築物本身不甚了解。我不禁要問為什麼這座紀念物不能轉由文化局管理呢？為什麼不能安排對宜蘭二二八的歷史有研究的人定期來此導覽？為什麼不能召聚一些公民團體經常在此舉行各種文化活動呢？

臺灣實現民主轉型之後，以二二八和白色恐怖為主題的紀念館、紀念碑、紀念物，在島內如雨後春筍般出現。但人們很快發現，「廉價的紀念」取代了「昂貴的紀念」，二二八這一天成為法定假日，成為年輕人的嘉年華。著名披薩店必勝客，二二八假期時在臉書上貼出煽情的促銷文字：「迎接二二八假期，準備好大肆慶祝了嗎？」，並推出「二二八連假加碼買一送二再送烤雞」活動。大批網友痛批必勝客的這種促銷活動，除了政治無知，更是無可救藥的冷血。網友在貼文下質問說：「請問二二八大屠殺，是要『慶祝』什麼？」、「慶祝武力鎮壓平民嗎？」可見，歷史並沒有「告訴未來」，反倒成為某些政治人物換取選票的籌碼。

二二八紀念物「歷史之澄鏡」在「民主聖地」宜蘭的不幸遭遇，是其中一個最典型的案例。政客只是將建築的落成作為自己的政績，不會在意紀念物如何恆久鮮活地存在下去。

據報導，這座具有創意美學的建築物在開放後不到十天，就陸續遭人用水池內的鵝卵石丟擲玻璃面版，十六面之中有十四面遭到嚴重破壞。破壞原因不明，或者只是某些缺乏公共素養的人無聊的惡作劇，也有可能是加害方及其支持者藉此表達「殺人有理」的觀念。對紀念物的破壞，如同對二二八受害者加以第二次傷害。由此可見，臺灣公民社會的培育與轉型正義的推進，還遠遠不能讓人滿意並掉以輕心。

宜蘭縣府將紀念物封閉了一年多，為了防止再次遭人破壞，增加了若干保護設施：首先，大辣辣地加上數道在原本的設計裡不存在的大鐵門；其次，在玻璃面版前加裝鐵絲網子，以此加以防護，卻有如穿上了密實的防護衣；第三，取消玻璃面版後面的水幕，使得活的建築成了凝滯的僵屍。

由於管理員節假日要休息，雖然假日人潮最多，但該紀念物偏偏對外關閉，人們只能「望門興嘆」。想在節假日到此參觀的人，必須先透過縣府預約。如此一來，該建築物的功能遭到嚴重的束縛。不過，出乎設計者意料的是：新加的那道醜陋笨重的鐵門，竟然成為坡道終點最有力的視覺衝擊，似乎寓意著臺灣的轉型正義尚未完成，二二八的真相仍被封鎖在鐵屋子裡。

「歷史之澄鏡」在現實中的處境如此尷尬，二二八及白色恐怖的歷史真相的揭露不也是如此艱難嗎？根據臺灣檔案管理的法律，三十年之後就應當公佈相關檔案。然而，主管機關用各種理由刁難，已經過去七十年的二二八檔案仍秘而不宣。所有受害者的家屬都想知道，受害者為何被抓、如何判決、屍體在哪裡等問題，至今找不到完全的答案。有研究二二八歷史的學者指出，當年共產黨統治下的波蘭有二十一萬告密者，捷克有十萬告密者，以此類推，臺灣當年大約有十二萬告密者，這部分人很多還健在且身居高位。由於檔案公開會牽連到臥底、告密等，藍綠重量級人士都有，以致相關法案，如「促進轉型正義相關條例」遲遲未通過。「檔案局」秘藏的檔案無法公開，真相亦無法釐清。

時鐘不能倒轉，但真相可以還原

在十六塊近三米高的黑底玻璃面版上，記載著宜蘭二二八事件中死難者的詳細資料。宜蘭並沒有如臺北、嘉義等地那樣發生大規模暴動，當地仕紳主動集結起來，維持地方秩序，等待政府單位前來接管。然而，待軍事單位進駐後，不分青紅皂白將為首的仕紳以「糾眾謀變」的罪名加以逮捕，不經審判而槍殺。多年後，經罹難家屬和歷史學者的調查，宜蘭有三十三位已知的死難者，他們遭到軍方濫捕、隨便殺害、恣意傷害或刑求而致死。

在遇害者當中，宜蘭醫院院長郭章垣、宜蘭農校代理校長蘇耀邦、宜蘭警察課代理課長葉風鼓、臺灣銀行宜蘭分行行員林蔡齡、警察呂金發、賴阿塗及曾朝宜等七人最為慘烈，他們於一九四七年三月十九日深夜，在頭城鎮慶元宮前廟埕遭軍方殺害。

有一則資料記載了當時恐怖如地獄的場景：三月十八日晚間，宜蘭縣某村莊一對康氏兄弟，在田裡工作完畢，回家途中兄弟從田梗小路走上馬路，遇到停在路旁的軍用卡車，就被軍人用槍逼迫上車。車裡已有六七人，康氏兄弟上車後，左右手各被鐵絲捆綁在車篷的鐵杆上，兩人的手掌被刺刀刺穿。車子一直在宜蘭縣繞，最後停在頭城媽祖廟廣場。康氏兄弟被叫下車，軍官命令他們在廣場上挖掘地洞。他們在威逼之下奮力挖好坑洞。軍車上被折磨得奄奄一息的人被叫下來，被踢進坑洞，槍殺後就地掩埋。

挖掘地洞的康氏兄弟全身傷痕纍纍，且驚嚇過度，不支而昏迷倒地，被軍人丟棄在路旁。其中，小弟康阿裕昏迷數日，當他醒來後，發現置身一處廢棄草寮中，有一位不相識的鄉親幫他換藥並送來簡單的食物。等他恢復到可以行動時，鄉親要求他去深山躲藏。這個十六歲的男孩帶著滿身傷，躲到深山過了一段茹毛飲血的原始生活。

什麼叫視人命如草芥？什麼叫殺人不眨眼？郭章垣醫生的遺孀林汾回憶說：「我先生是第五位被掘出來的，還是五花大綁。我看見這樣，卻連一點眼淚都流不出來。我趕緊把繩子解開，用院方準備的藥水把身上的砂土洗清，換上衣服，蓋上白布後，一股殷紅的血從他的心臟傷口流出來。……他被埋在廟前一夜，從被捉到槍殺不到二十四小時，我在他身上只發現心臟處有一個槍殺的傷口，想必他是在未斷氣前就被活埋。聽說，當局本來要載他們去填海的，因為橋壞了，才臨時改在廟前槍決並埋在一起。由此可見當時國民政府的惡行和殘忍。」這就是蓄意謀殺。

二二八的傷口太深了，掩蓋得太久了，裡面都有蛆蟲了。僅僅在宜蘭，不僅有作為二二八紀念物的「歷史之澄鏡」，更有其他種類繁多的紀念建築。二〇一六年，宜蘭縣政府為還原真相，在縣內多個罹難者遭槍殺的地點立碑紀念，設碑地點包括舊蘭陽大橋橋頭、蘇澳白米橋頭、蘇花公路眺望亭、國立陽明大學附設醫院、頭城慶元宮等地。但願這些新設立的紀念碑與此前設立的紀念物一樣，得到在地人的珍惜與呵護。

臺灣的轉型正義正在步入新的階段。學者陳香君在《紀念之外》一書中指出：「時鐘怎可能倒轉？！經歷了二二八事件之後，二二八受難者家屬以及臺灣社會的心理與社會結構和動能，全都改觀了。二二八事件所造成的深深傷口與創傷的黑洞，皆無法治癒或填補。我們所能做的，或許就是傾聽及面對這道傷口，這個黑洞，它對我們訴說和哭喊，看看我們能否轉化這傷口，並超越這種『初期創傷——潛伏——受壓抑的局部復返』的邏輯。」或許，當宜蘭的中小學生都到二二八紀念物「歷史之澄鏡」這裡來上歷史課，那段幽暗血腥的歷史才有希望轉化為臺灣走向公義的邦國時所必需的智慧與力量。◆

‧上圖：作者感慨許多公共性建築雖有傑出的設計，卻缺乏良好的管理

二二八紀念物：「歷史之澄鏡」

地址：宜蘭市中山路一段755號
（宜蘭運動公園內）
電話：03-9254034

臺中第一高級中學

公民教育應當從中學開始

臺中一中

二〇一四年，香港人為爭取普選權，發起「讓愛與和平佔領中環」運動。唇亡齒寒，臺灣人應當袖手旁觀嗎？最早捕捉到海峽另一邊脈動的，居然是一群中學生：臺中一中學生在校園發起了一場「我是一中生，我撐香港民主」活動。

臺中一中的高二學生廖崇倫，透過臉書及社群網站，以個人名義發起「我是一中生，我撐香港民主」活動，中午就吸引五十餘人響應。在一中的地標「入德之門」前面，學生們自發靜坐，貼祈福紙，齊呼「我是一中生，我撐香港民主」、「香港加油」等口號，他們稚嫩而清脆的呼聲穿雲裂帛，必定能被香港市民聽到。廖崇倫在接受媒體訪問時說，從這次香港民眾群起捍衛爭取普選的行動可以感受到，自由有多麼可貴，臺灣民眾更應珍惜來之不易的民主價值。

我看到這則新聞，對臺中一中產生了強烈的興趣，經過朋友的聯繫與安排，得以參訪這所名校。校長首先帶我參觀「鎮校之寶」——保存完好的「創校紀念碑」，碑身樸實無華，碑文開頭兩句如是說：「吾臺人初無中學，有則自本校始……」一九一五年，臺灣民主運動先驅林獻堂等人倡議創辦了這所專收臺灣人子弟的中學。當時，臺灣各地的「一中」，如北一中（今天的建中）、南一中、雄一中（今天的雄中）都是日本人才能唸的學校，臺灣人一般只能讀二中，唯有臺中一中是招收臺灣人的學校。

早在日治時代，臺中一中學生就深具反抗精神。有一名日籍廚夫中村在校內行使特權，作威作福，學生們忍無可忍，串聯起來在深夜發起暴動，短暫佔領校舍。島內輿論一時為之震撼，這是臺中一中首次發生較大規模的抗爭。

二二八事件發生，臺中一中停課二十天。臺中一中的學生雖然沒有像高雄中學的學生那樣組織自衛隊，參與戰鬥，卻也從警察局拿來槍支，在校園內巡邏，維持治安。此前，國民政府任命外省人金樹榮為校長，金氏厲行中式傳統教育，強調中華文化的正統性，竭力貶斥與日本文化有關的事物，這令習慣新式教育的一中學生頗為不耐，經常與校方發生衝突。

疾風知勁草，歲寒見後凋。二二八期間，學生們奮力保護校長和外省籍老師免受暴動民眾攻擊，真摯感情超越省籍和族群的界限。二十多天後，二十一師進駐中部，臺中地區許多學校的師生相繼被捕，軍隊一度衝進一中後門，欲入校搜捕師生。深受學生感動的金樹榮校長主動與軍方交涉，告知校內秩序井然，軍隊不必進入校園。事變之後，金校長改變治校風格，在其任內，臺中一中和北一女中被評為全臺治學績效最佳的男女校。

臺中一中校史館：全臺首座「負排碳」歷史建築

校長又親自領我去參觀剛剛整修完成的校史館。校史館是校內僅存的一棟日治時代的老建築，一支支鋼骨構築彰顯出近百年前的建築智慧，卻又不失現代簡潔流暢的美學風格。透光天花板讓和煦的陽光灑入室內，屋脊成為一道光的走廊。置身其中，我突然發現，寬敞的大禮堂內沒有一根柱子支撐，其建築設計和施工之精巧、牢固，真是巧奪天工。

這棟建築於一九三七年落成，最初的功能為「講堂」，即舉行宣讀日本天皇教育訓令等重大活動的場所。在主席臺上，專門設置保存天皇訓令的「奉安室」。可見，日本殖民當局竭力推行同化教育，讓「天皇崇拜」深入臺灣年輕學子的心靈，從而將臺灣人改造成順服的「次等日本人」。

數十年來，這棟建築先後改為禮堂、體操館等，二〇〇四年被臺中市政府指定為歷史建物。然而，因年久失修，場地漏水、風化而難以繼續利用。身為中一中校友的台達電創辦人鄭崇華，回訪母校時看到這種情況，決定出資整修。而且，不僅是簡單的整修，更是再上層樓：他邀請著名的潘冀建築師事務所、泰南營造，藉由綠建築工法，使母校這座具有歷史和文化價值的老建築重生，並具有了環境教育的功能。

· 台中一中創立紀念碑（照片由作者提供）

· 左上圖：校史館外觀

· 右上圖：數位典藏

· 左下圖：臺中一中校史館內的展覽（照片由作者提供）

自二〇一二年起，歷時三年的規劃與施工，臺中一中校史館如新娘般掀開頭巾，成為全臺首座「負排碳」歷史建物。在整修的過程中，盡量用最小程度的更動，打造成符合綠色理念的公共空間。校史館的屋頂上還裝設了太陽能板，足夠支持自身用電，天花板鏤空玻璃的設計讓太陽光直射進來，室內溫度高時，能自動通風調節，不須靠冷氣降溫。

校史館的相關文物展還在籌備之中，二樓一側已有少數展板完成。展板上有創辦人辜顯榮、林烈堂、林熊徵、林獻堂、蔡蓮舫等人的照片及生平資料。當年，學校建成之後，這群創辦人接受總督府的條件，將之無償捐獻給官方，以換取本島學生就讀的資格。這所學校成為臺人爭取教育主權的象徵。

校長逐一介紹幾位「創校之父」，並告訴我一個有趣的細節：本來，林烈堂是最重要的創校先賢，辜顯榮排名靠後——辜氏與日本殖民者密切合作，在民間聲望不佳。辜氏遂捐出三萬元巨款，佔兩百多人捐款總數的八分之一，成為捐款最多之人，校方就將他的名字移到首位，以滿足其虛榮心。

在校史展覽區，有一處自動攝影空間。校長介紹說，任何一位校友回來，都可以在此處留下影像資料，隨意講述中學時代的故事和經歷，攝影儀器將相關資料記錄並保存下來，使之成為校史的一部分。校友無論貴賤貧富，都能平等地在資料庫中佔有屬於自己的一部分。大部分母校都是「勢利眼」，對有權有錢的校友格外優待；而臺中一中將歷史的「講述權」平等地賦予每一位校友，這種史料收集方式顯示出這所學校令人尊敬的校格。

消失的紅樓何時才能重建？

其實，臺中一中最美的建築，並非校史館，而是當年萬人矚目的主樓——紅樓。這座主樓，正面一樓為行政辦公室，二樓為教室，兩側翼的兩層樓全為學生教室，因以紅磚建造，故稱「紅樓」。

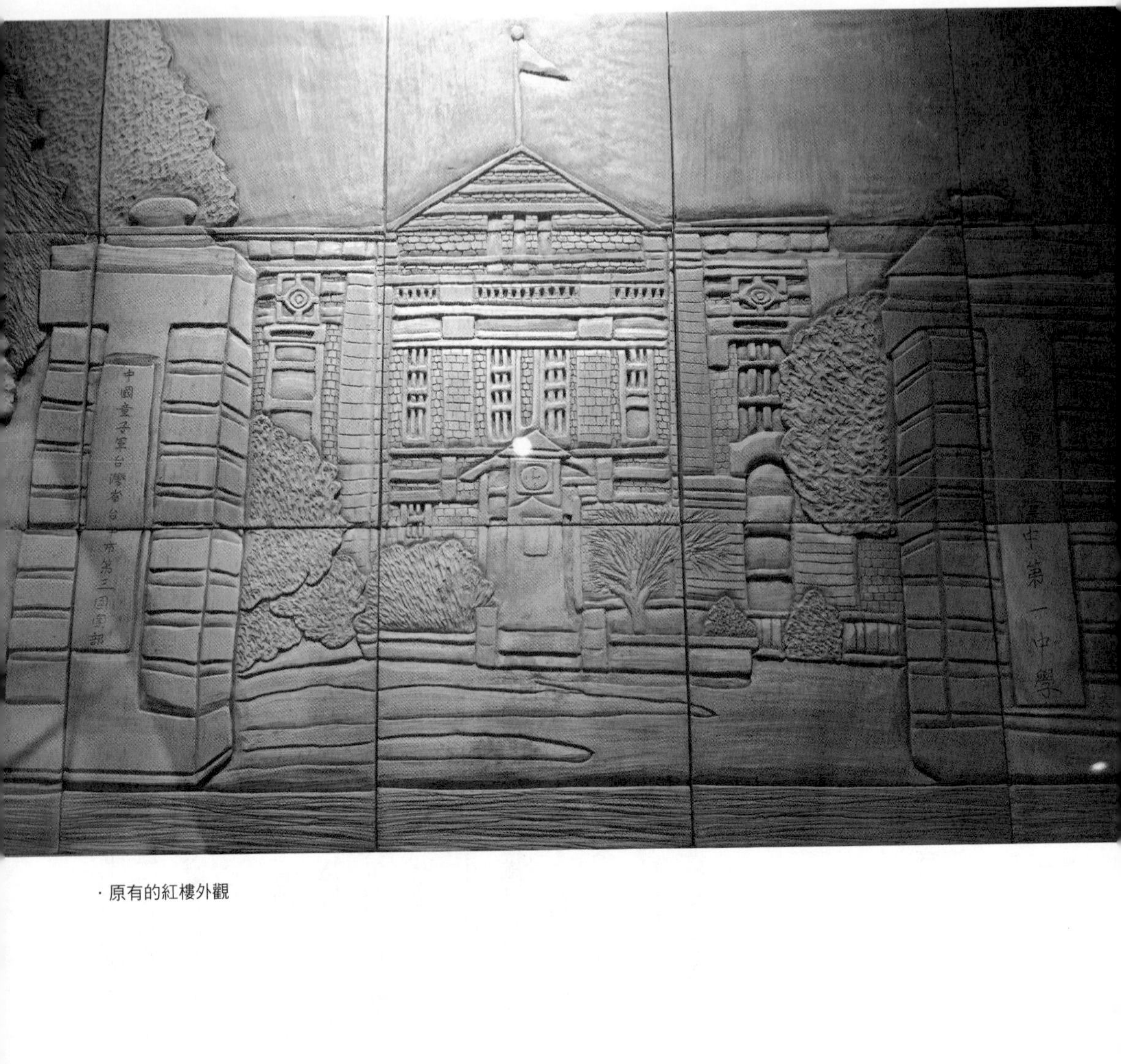

· 原有的紅樓外觀

我在校史館中看到臺中一中紅樓的照片及油畫，真是美輪美奐，讓我想起北大的紅樓。每座學校都有其精神象徵，嚴格來說，北大精神的象徵並不是未名湖、博雅塔（中共建政之後，北大被遷到郊外的海淀，佔據了被關閉的燕京大學校園，包括風景最美的燕園），老北大的精神象徵原本是位於市中心沙灘的紅樓——那裡才是五四運動的發源地，才是蔡元培、陳獨秀、胡適、羅家倫們「先天下之憂而憂」的地方。

同樣，臺中一中的歐式紅樓，數十年來也是其自由校風的象徵。紅樓由臺灣人自行出資興建，當時的主流輿論對此工程嗤之以鼻：「臺灣人？學日本人蓋什麼紅樓啊？蓋不起來吧！」出乎意料的是，臺中一中紅樓順利完工，轟動全島，連日本人都嘖嘖稱奇，覺得比日本人蓋得還漂亮。臺灣人為此揚眉吐氣，臺中一中紅樓遂聲名遠播。

可惜的是，在兩蔣威權統治時代，這座保存完好的紅樓無端遭到拆除。學者王伯仁在一篇考據文章中指出：一九六九年，從屏東高中調來的校長段茂廷以「破除殖民遺跡」為由，提議拆除紅樓。國民黨敗退臺灣之後，竭力抹去日治時代的痕跡，若干優雅牢固的老建築遭到摧毀，取而代之的是粗糙醜陋的新建築。從兩個時代建築之美醜就可看出，同樣是殖民政府，「用心經營」和「不用心經營」，絕對不一樣。日本人用心經營臺灣，城市規劃和建築設計都懷抱百年基業的遠景；反之，國民黨只是將臺灣當作「反攻大陸」的基地和跳板，其建築多半粗製濫造，「克難」而已。

當計劃拆毀紅樓的消息傳出，許多臺中一中的校友表示強烈反對。深諳官場之道的國民黨黨棍段茂廷，向時任臺灣省主席的謝東閔尋求支持。謝東閔回母校演講時輕率地表示：「舊的不去，新的不來嘛！」在白色恐怖的年代，民意從來如流水，官長拍板的決定誰能更改呢？

一九七〇年，省府下令拆除紅樓，改建西式鋼筋混凝土大樓，名為「莊敬樓」，以此對「蔣公」表忠心。莊敬樓醜陋不堪，且建築質量低劣，在九二一地震中被波及、受損。

近年來，海內外的臺中一中校友醞釀發起「還我紅樓運動」。如王伯仁所說：卸下「莊敬」這個代表威權時代的教室大樓，重建紅樓「正著時」！但願我下次來訪時，按照當年的設計圖紙重新建造的紅樓已拔地而起。

學生是公民：自己的校規自己改

校長送給我幾本一中學生自己編輯出版的刊物《育才街》，我一看編號，已出版到一百多期；每一本都厚重沉甸，比外面的週刊、月刊還要豐富多彩。回想中學時代，我也曾熱心辦學生社團的刊物。那是八十年代末期，六四屠殺之前，趙紫陽時代思想解放運動的最後一抹餘暉還未散去。不過，由於條件限制，每個學期只能編輯出版兩期、八個版面的學生報紙，跟《育才街》沒法比。

看一所中學是否優秀，不是看它的歷史是否悠久、建築是否恢宏、畢業生考入名校的比例是否很高，更重要的是，要看它能否培養出具備獨立思想和健全人格的年輕一代。《育才街》這本學生雜誌，足以回答我這個疑問。

在《育才街》中，學生們用略帶稚嫩生澀的筆調討論校內民主，從髮型、制服到課程安排、課綱調整，提出若干頗有見地的想法。學生們更將眼光投射到校園圍牆之外，臺灣社會的若干熱門議題，包括政府的社會經濟政策，他們也都有獨特的觀察、分析和評論。這本雜誌的編輯出版，校方和老師從不干涉，只是從旁鼓勵和支持。即便學生對校方和老師有所批評，其思想自由和言論自由也不會受到限制。

有趣的是，學生們在《育才街》中討論制服問題，各抒己見，非常熱烈。臺灣的中小學生必須穿制服上學，這是威權時代教育模式的遺留，解嚴三十年卻不見廢除；而歐美民主國家的中小學從不強行要求學生穿著統一的制服，只是在體育比賽和特殊活動時，才鼓勵學生們穿著有學校或球隊標誌的運動服。

· 上圖：莊敬樓

· 消失的紅樓何時才能重建？

臺灣中小學強迫學生穿制服上學的制度早該取消，正如作家簡媜在《老師的十二樣見面禮》一書中發出的感嘆：「旅行歐美常覺得他們對色彩具有高度美感，在日常生活中顯現和諧與美。……我們的建築、街道、家具、服飾、用品的色調顯得貧乏甚至粗糙，其中，讓我最不滿意的是中學生制服，款式質料顏色皆差，穿在正值青春叛逆期、背負升學壓力的十幾歲孩子身上，不只毫無美感，更添了無望之氣。」一青春之美，不能被制服所遮蓋和束縛。

《育才街》中討論學生制服的文章，並沒有直接提出廢除校服的主張，只是討論一些細節問題，比如，是不是應當允許學生將制服襯衫的下襬放在皮帶外面，不必強行要求扎入褲內。雖是微小的建議，但邁出了尋求改變的第一步。或許，在不久的將來，臺灣的中小學生就可以自由地穿上自己喜歡的衣服上學了。

從某種意義上說，中學教育比大學教育更重要。然而，長期以來，大學教授享受尊崇待遇，中學老師則不獲社會之尊重，且任勞任怨、專為他人做嫁衣裳。

離開北大很多年以後，我聽說一個與這個時代潮流逆流而上的消息：我在北大求學時的老師錢理群教授在退休後，選擇去貴州的窮鄉僻壤，給中學生們上課。人們問他，作為最高學府的教授，為什麼要去教中學呢？他回答說，中學教育比大學教育更重要。很多大學生的思想已經成形了，要對他們作自由精神的啟蒙非常困難；而中學生正處於最單純、最熱情地追求真理的階段，啟蒙一名中學生，就可能改變其一生的道路。我非常贊同這一看法。我在臺灣訪問的時候，也抓住機會跟很多中學生做朋友，這也是我讀《育才街》這本學生刊物津津有味的原因。

我在《育才街》中還讀到一篇題為《修訂校規》的文章，討論「學生公民」如何參與修訂那些落伍於時代的校規。在臺中一中修訂校規的行政會議中，終於有一名學生代表出席，堪稱學生自治的一個里程碑。但是，學生們並沒有滿足於這點進步，他們希望有更多由民主選舉產生的學生代表參與其中，「作為學生的我們，並不只是等到斑馬線畫了、鐵卷門拉下了，才來抗議；應該要避免溫水煮青蛙之事，時時刻刻關心自己的權利，捍衛它，發揮言論的力量，並不是強迫自己去習慣它。」這樣的「學生公民」，是臺灣民主深化和鞏固的希望，他們的存在，甚至比政權的輪替和政黨的興亡更加重要。◆

．台中一中學生撐香港雨傘運動

臺中一中

地址：臺中市北區育才街2號
電話：04-22226081

知足
保庇
忠義
肝膽
老神在在

不是蝴蝶，是落地生根的種籽

臺中市眷村文物館及彩虹村

李安、侯孝賢、楊德昌、林青霞、胡慧中、胡茵夢、王祖賢、鄧麗君、張雨生、侯德健、齊秦、齊豫、張艾嘉、張曉風、龍應台、朱天心、朱天文、蘇偉貞、張大春、高信疆……這張臺灣藝文界名流的名單，可以源源不斷地開下去。他們是我少年時代耳熟能詳的人物，他們有一個共同點，你知道是什麼嗎？

他們都是在眷村長大的孩子。為什麼如「鐵打的營盤」般最缺少詩意的眷村，居然出了如此眾多的藝文界才俊？這是社會學家和文化學家應當研究的一個重大課題。或許，在白色恐怖的時代，日治時代培養的臺灣本土精英早已被迫沈默，而眷村裡長大的孩子根正苗「藍」，最有資格「學而優則藝」；或許，眷村本身就是一個多元文化和族群的大熔爐，在眷村裡長大的孩子，從小浸潤在不同文化的碰撞與融合中，其藝文方面的才華就脫穎而出；或許，眷村的長輩心中都有一股揮之不去的濃濃鄉愁，而鄉愁是文學藝術的催化劑——文學藝術豈不就是人類試圖回到子宮的、絕望的努力嗎？

「眷村」是一個只有在臺灣才存在的特定概念。眷村是指自一九四九年起至一九六〇年代，來自中國大陸各省的中華民國國軍及其眷屬，因國共內戰失利而隨國民政府遷徙至臺灣後，政府機關為其興建或者配置的村落。半個多世紀之後，眷村逐漸遁入歷史，昔日數百個眷村，保存下來的寥寥無幾；昔日眷村中的百萬居民，如今大部分都融入臺灣社會的各個群落。眷村迅速消失，但眷村已然成為臺灣文化與臺灣歷史裡的重要記憶與遺產。

近年來，臺灣若干縣市都有眷村被列入歷史建築，加以保存、修繕和活化。其中，臺中市眷村文物館是給我留下最深印象的一處。

臺中市眷村文物館
臺中市眷村文物館

·作者參訪臺中市眷村文物館（照片由作者提供）

臺灣不是一條船，臺灣是新的家園

臺中市眷村文物館的前身原為「北屯新村」，為臺中一百三十四處眷村之一，主要是軍方安置空軍校級以上的軍官及其眷屬的宿舍。一九九〇年代，在此居住的榮民陸續搬遷，歷經整頓、修建眷舍活化空間，有四棟具代表性的眷村建築保存下來，在此設立眷村文物館，為臺中首座以眷村文化資產保存為旨歸的地方館舍。

在繁華鬧市中，突然看到寬敞的廣場和懷舊的院落，不禁令人耳目一新。在地文史工作者告訴我，文物館的存留，是經過市民長期的抗爭才實現。一開始，聲稱擁有該處眷村產權的國防部，本計畫將這裡全部拆除，土地賣給地產商蓋高樓大廈，可以從中獲得最大的經濟效益。但是，許多在地居民堅決反對，他們不僅希望保存具有歷史和文化意義的眷村房舍，也希望旁邊設立與之配套的公園和廣場。幾番交鋒，「草民」打敗了國防部，眷村文物館應運而生。若非臺灣實現了民主政治，這場爭端不可能出現此種結果——在那個草木皆兵、枕戈待旦的時代，軍隊是可以為所欲為的獨立王國，誰敢對國防部的決定說三道四、評頭論足呢？

當年的眷村，大部分是臨時性的「克難」建築，只是為士兵及其家人提供遮風避雨之處。所以，籬笆、茅草、鐵皮是主要的建築材料，三五天就拼湊起來。人們原本計畫只是住上幾個月，最多兩三年，然後就回大陸去了。誰知，一住就是半個世紀，「反攻」永遠是水月鏡花。只有少數眷村，居住者為高級軍官，才用磚木、混凝土認真修建，因而具有較為牢固的結構與方便的設計。軍官的居所優於士兵，而空軍的條件又優於陸軍。一九六〇年，「北屯新村」空軍眷舍完工，全部採用空心磚興建，每戶室內坪數二十四至二十八坪，配置兩房一廳及衛浴設備，在當時算是相當寬敞而舒適的住宅。一九六六年，在「北屯新村」北側，空軍總司令部又另外興建一批房舍，命名為「凌雲社區」，空間更加廣闊，還有前後院設計，也歸屬於「北屯新村」的一部分。

當年，小說家孟瑤曾經住在這裡。隨著時間的延伸，她的心態的轉換過程，是那一代外省移民的縮影。一開始，眷村的住戶並未將臺灣當作自己的家，臺灣只是他們暫時寄安的「蠻荒落腳處」。孟瑤借小說人物之口說，「要享福，總要等打回大陸了。在臺灣這種小地方嘛，還不是窮湊合」。在他們心目中，臺灣是渡船，雖然上船的人比沒有上船的人幸運，但人總不能一輩子都在船上生活：

> 每次你看到臺灣地圖的時候，會有一個感想嗎？臺灣多像一條船，我們都在船上，大家都信賴著舵手朝那最理想的方向去航行。但是沒有幸福搭上這船的人都落了荒。還有少數其他的人又彷徨在別的歧途上，不信賴自己的這條船。這現象不應該是一個文明古國應有的現象。

遷臺早期，在孟瑤筆下，最美的總是青年時代在中國大陸生活過的地方——南京、武漢和重慶；臺灣的風景，即便是日月潭、陽明山，她也只是輕輕帶過，而且是主人公幽怨心情的背景。大部分眷村的居民何嘗又不是如此？他們像蝴蝶一樣，夢想著早日飛回故鄉。

可是，日復一日，年復一年，「舵手」當初信誓旦旦的承諾成了眾所周知的謊言。蘇東坡說，「此心安處是吾鄉」，孟瑤的心慢慢安定下來，自我安慰說：「家園未必要固著於一鄉一地，空間又何妨流動位移？」她的作品也從「中國書寫」轉換為「臺灣書寫」。是啊，與其成為一隻飛不動的蝴蝶，不如成為一顆落地生根的種籽，在臺灣的土地上長成一棵美麗的樹。

・似乎還能行的綠色單車

臺中市眷村文物館

地址：臺中市北屯區天祥街19號
電話：04-22339363
開放時間：10:00-12:00, 14:00-17:00
　　　　　星期一及國定假日休館

· 右上圖：眷村孕育出的鄉愁文學

· 左下圖：黃永阜與戰士授田證

走得最快的，總是那些純真的歲月

在館區入口處，擺放著當年的孩子們喜歡玩的古早彈珠臺、高蹺等玩具，可供如今的孩子們親身體驗。漫步在眷舍與眷舍之間狹小的巷弄中，看到牆上張貼的老照片及民眾的粉筆塗鴉創作，宛如時光倒流，也讓我想起了童年的歲月。中國沒有眷村，中國卻有與之類似的「軍隊大院」和「工廠大院」。我是在工廠大院裡長大的，放學後，有一大群「野孩子」一起玩彈珠、騎單車、放風箏，端著飯碗到別家串門，而不會像今天高樓大廈中的孩子那麼孤獨和寂寞。

走進室內空間，當年住戶使用過的家具和日常用品還保持原樣，似乎主人只是暫時離開，隨時會回來，繼續生火做飯，家長里短。牆上的鏡框內，展示著在這裡住過的主人的照片、身分證件、獎狀和勛章。英俊挺拔的飛行員和其樂融融的家庭照，背後一定有說不完的故事。而用飛機廢料製成的熱水瓶、用砲彈殼做成的檯燈，更是讓我看到了主人苦中作樂的心態，以及只有眷村才有的軍事化特徵。

最有意思的，是一張國防部頒發的「戰士授田憑據」。這是蔣介石發給跟隨他逃亡到臺灣的官兵用以「充饑」的「畫餅」——一旦反攻大陸成功，這些官兵可以在中國獲得大片土地，成為富裕的地主，實現男耕女織的夢想。然而，老兵們等到老死異鄉，也沒有等到那一天的到來。多年以後，有老榮民娶大陸新娘，甚至搬回中國居住，可是「戰士授田憑據」仍是廢紙一張。「少小離家老大回，鄉音無改鬢毛衰」，他們的婚姻真的幸福嗎？

門口的綠色單車似乎還能騎行，不知吳明益的小說《單車失蹤記》中有沒有寫到這個樣式的單車？古老的唱片機還能工作，放上一張唱片就流淌出那個時代單純的歌聲。最吸引我的是客廳中擺放的麻將桌，在我的四川老家，家家戶戶都有此一場景。我不禁好奇地問：「軍人也可以打麻將嗎？」為我導覽的文史工作者告訴我，按規矩，軍人是不能打麻將的，但在家中打，只要動靜不大，還是可以「網開一面」。眷村的麻將桌跟別處的不一樣，「請看鋪在桌上的是什麼？」我仔細一看，原來是厚厚的棕色軍毯。「這樣，可以起到降低噪音的作用，不至於被人發現在家中打麻將。」頗有諷刺意味的是，旁邊的那張供桌上，還擺放著「總統蔣公」的半身塑像。每天廢寢忘食的「蔣公」，若發現「革命軍人」如此懈怠，還不怒髮衝冠——可惜「蔣公」頭上連一根頭髮都沒有。

文物館的一個房間，展出若干讓人垂涎欲滴的眷村菜。眷村是臺灣的特色，眷村菜也是臺灣的一寶。眷村的居民來自中國的五湖四海，眷村的媽媽們也彼此學習、交流，南北東西風味在眷村廚房連綴成一首美食交響曲。後來，廚藝高超的眷村榮民紛紛開設小吃攤和餐廳，更將眷村美食帶出眷村，帶向臺灣的市井巷落。

彩虹爺爺黃永阜：一個人的眷村

在地的朋友說，既然到了眷村文物館，還應當去彩虹村——這兩個景點可互為補充，相映生輝。彩虹村，原名干城六村，原來是一個寧靜樸質的小社區，由九名老兵集資興建。後來，居民漸漸搬出去，只剩下一位老榮民黃永阜。政府將此處規劃為住宅與道路用地，小村子面臨拆除的命運。形隻影單的黃永阜想到了一個保衛家園的辦法：他拿起畫筆，將眷村內的巷弄街道當成天然畫布，在上面彩繪各式美麗的彩虹線條與可愛動物。這樣，即便在最後時刻，也要讓家園變得更美麗。他不是受過專業訓練的畫家，但年近九十歲的他有著豐厚的人生經歷，這些生命故事都成為繪畫的題材。很快，這些充滿生命力的圖案與鮮豔色調的「即興之作」，讓黃永阜在社交媒體上成了紅人，臺灣乃至全球的遊客絡繹不絕前來參訪。由於黃永阜用色大膽，構圖可愛並充滿童趣，讓到訪者有如置身彩虹世界，故網友稱此處為「彩虹眷村」，也將黃永阜尊稱為「彩虹爺爺」。日本漫畫家鬼太郎參觀後感嘆

・作者與彩虹爺爺合影（照片由作者提供）

大家有福氣
男女搶購
好心人給我
十元買水泥
爺爺畫牛羊
請來參觀

老兵在
25号
在
25号

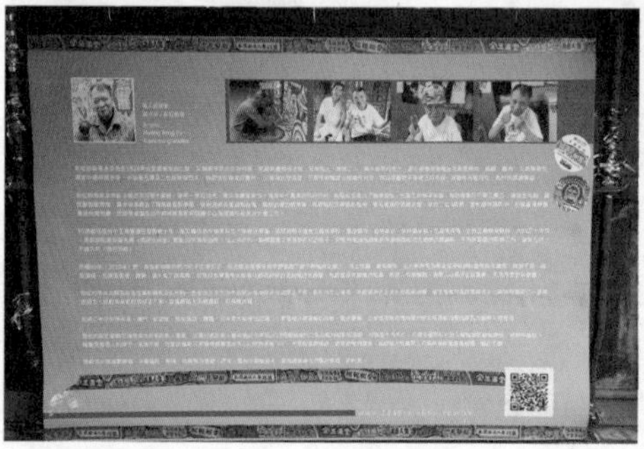

說，彩虹爺爺是「臺灣的宮崎駿」，是一位能讓人快樂感動、撫慰人心的「天生的畫家」，他的畫具有療癒的神奇能量。

緊接著，一群支持者透過網路發起搶救行動，希望政府保留彩虹眷村。隨後，臺中市政府承諾，將透過重劃方式把此處納入公園範圍，保存這處別具特色的文化資產。這是一個皆大歡喜、宛如童話故事的結局。

我們來到彩虹村，宛如來到一處傳統市場。參觀者熙熙攘攘、絡繹不絕，旁邊還有賣各種小吃的攤位。年輕人拿著自拍器，笑逐顏開地邊走邊拍。小村子裡，不僅牆上全是用鮮艷的色彩彩繪的各式人像、鳥、花朵、水牛與祝福的話，連地面上都是一道又一道的彩虹步道。這些畫讓我聯想到中國陝西的戶縣農民畫，誇張而幽默，大俗而大雅。

今天，「彩虹爺爺」正好在現場跟眾人交談、合影。身體強健、耳聰目明的黃永阜告訴我，他從小習武、打七星鼓，練得一身好功夫。抗戰爆發後，他離家參加「十萬青年十萬軍」的青年軍。抗戰結束後去香港居住，但工作和生活都不如意，有時僅靠打零工度日。國共內戰爆發，國民黨節節敗退，他又跑去海南島重新參軍，再由海南島撤退到臺灣。

剛到臺灣，黃永阜在屏東縣的空軍基地服役，又被派往金門前線支援，參加過八二三砲戰。在槍林彈雨中，左肩中彈負傷，被送回臺灣治療。出院後，他被派往臺中坪林陸軍新兵訓練中心服役，擔任班長及文書工作。五十五歲的時候，他退伍了，在臺中工業區擔任警衛數十年。後又轉往臺中嶺東科技大學擔任警衛，工作盡心盡責，深受師生讚譽。幾年前，他才娶了在榮總照顧他的看護廖漢秀女士，擁有了幸福的晚年。

黃永阜的一生，幾乎就是半部中國及臺灣的現代史，如果有人幫他做一本口述史，其跌宕起伏、悲歡離合，完全可以跟王鼎鈞和齊邦媛的回憶錄相媲美。眷村中那些看似平凡如草芥的人們，個個都有綿長曲折的生命歷程。他們的命運像風箏一樣被別人牽著走，然後他們又奮力奪回自己的人生，也由此成為臺灣經驗中不可或缺的一部分。更多在眷村中生活了一輩子的士兵，是被強行抓伕來到臺灣的，那是以國家之名實施的綁架行為，他們無法主宰自己的命運，糊里糊塗地來到這個遙遠的島嶼，展開下半生的悲苦人生。

二〇一七年四月，臺北慕哲咖啡館舉辦了一場題為《抓伕：未曾出現的道歉──胡璉兵團與歷史正義》座談會，胡璉第十二兵團老兵劉錫輝上校現身說法，拋出一生的悲喜經歷：劉錫輝為廣東省興寧縣水口鎮石塘村客家人，一九四九年九月七日，國軍胡璉第十二兵團敗退南下，經過他家池塘，丟擲手榴彈炸魚撈取。父親劉展文出而表示不滿，竟慘遭當場槍殺。十天後，劉錫輝又遭胡璉兵團另一支部隊強行抓伕，將其帶到金門，並參加了血肉橫飛的古寧頭戰役。此後，劉錫輝在軍中從事飛彈研究，功勛卓著，但他始終未能為冤死的父親聲張正義。座談會現場，胡璉孫子胡敏越牧師親筆致函向劉錫輝表達遺憾與虧欠。學者曾建元感嘆說：「在國家尚未表態、政治人物虛應故事的情況下，我想，我們臺灣民間也許還有些許微薄的力量來開啟拉伕這個歷史問題的解決之道。」

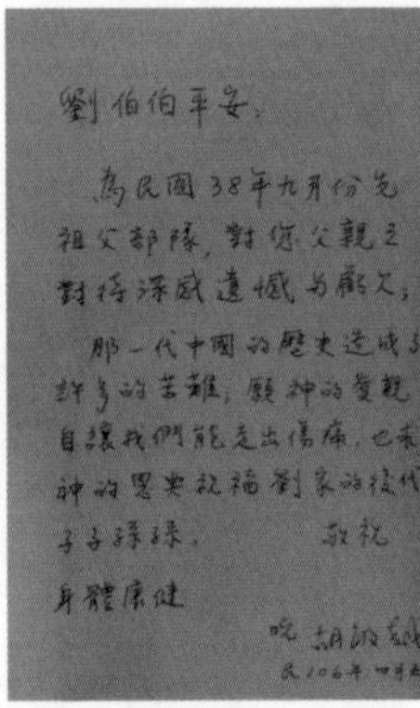
劉伯伯平安：

為民國38年九月份先祖父部隊，對您父親之對待深感遺憾與歉疚；

那一代中國的歷史造成了許多的苦難，願神的愛親自讓我們能走出傷痛，也求神的恩典祝福劉家的後代子子孫孫。 敬祝

身體康健

晚 胡敏越 敬上

民106年四月五日

·和解或許從民間開始？

眷村的房舍大都因陋就簡的，少有建築美學的內涵；即便那些昔日看上去頗為豪華的「將軍屋」，與今天的高樓大廈相比，亦相形見絀，無足觀也。然而，保留眷村的意義，乃在於保留超越於建築之上的眷村居民的生命歷程。在今天的臺灣人當中，有差不多五分之一的人以及他們的長輩，都曾是眷村居民，眷村生活是一段不能被抹殺的記憶。聖經中說：喜愛有時，恨惡有時，爭戰有時，和好有時。如今，是和好的時候了。◆

彩虹眷村

地址：臺中市南屯區春安路56巷

電話：0920-162-888

開放時間：週一至週日 08:30-18:00

我的血，可以畫成一幅怎樣的畫？

嘉義市博物館陳澄波紀念專區及陳澄波文化館

陳澄波的名畫遭竊成為一個家喻戶曉的新聞事件，電視新聞主播播報時脫口而出：「陳澄波本人也相當緊張。」這名不學無術的主播竟讓「臺灣梵谷」陳澄波「復活」了！看來，說很多臺灣的電視主播和名嘴「沒文化」，一點都不冤枉。

今天的人，若不知道陳澄波是誰，就有點像當年桃花源中人，「不知有漢，無論魏晉」。陳澄波的「淡水夕照」曾在拍賣會上以兩億兩千萬的高價賣出，創下臺灣畫家作品拍賣價的新紀錄，至今無人超越。在以作品價格標定身價的、高度商業化的藝術界和收藏界，陳澄波變得炙手可熱。二〇一五年二月二日，谷歌以「淡水夕照」這幅名畫為首頁，紀念陳澄波一百二十歲誕辰，陳澄波成為第一位登上谷歌首頁的臺灣人。

然而，除此之外，關於「陳澄波」這個人，人們還知道多少呢？從陳澄波在二二八期間慘死，到臺灣解嚴的數十年黑暗時光當中，「陳澄波」這個名字成為一大禁忌，不能出現在報章雜誌上，其畫作也絕跡於臺灣畫壇。很多曾擁有陳澄波畫作的人，出於恐懼將那些畫作悄悄燒毀，他們現在後悔卻來不及了。

在不敢放聲哭泣的歲月裡，唯有陳澄波的妻子張捷，這位勇敢堅韌的女性，守護著丈夫的作品和精神。陳澄波遭槍決後，張捷冒著巨大的風險，堅持請來攝影師為丈夫拍下最後的遺照，她把這張遺照藏在家中的神主牌後面幾十年。嘉義市歷史博物館藏有這張遺照，只見子彈穿過陳澄波的胸膛，雙眼死不瞑目，一代畫家的屍體，為臺灣史留下最悽傷的一幕。臺灣實現民主化之後，為陳澄波辦百年美展時，第一次公佈了這張催人淚下的照片。時任總統的李登輝先生前來參觀，看到這張照片，注視了好幾分鐘才表情沉重地離開。迄今為止，在兩萬左右的二二八受難者中，留下死亡照片的只有兩個人，即畫家陳澄波和法官吳鴻麒。

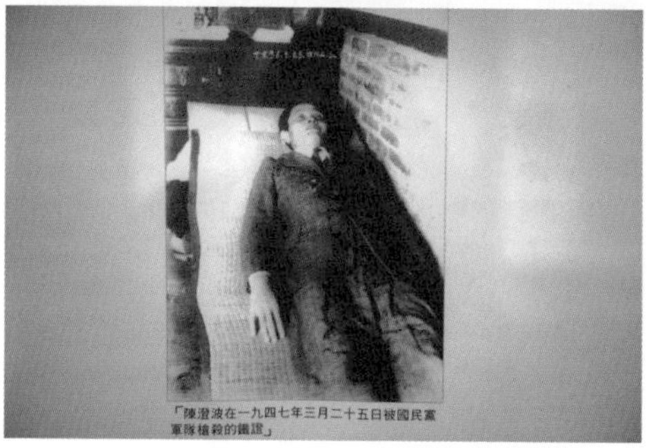

・上圖：紀念專區展示空間

・左下圖：陳澄波遺照

· 左上圖：故居現影

· 右上圖：嘉義博物館

· 左下圖：陳澄波全家照

· 右下圖：陳澄波正在作畫

「我是油彩的化身」

嘉義與陳澄波有關的紀念地有好幾處。陳澄波故居所在地，現在是一家名為「臺灣人」的冰店，店內掛著兩幅陳澄波畫作的複製品。嘉義博物館三樓，有一處「陳澄波紀念專區」，在那高敞的空間內，可從容欣賞陳澄波的大幅畫作。博物館外小公園的入口，有一尊陳澄波的塑像，不同於政治人物昂首挺胸，畫家悠閒輕鬆地坐在地上作畫，宛如從大地汲取靈感。這尊塑像讓我想起華府的美國國務院大樓前那尊愛因斯坦坐像，常常有孩童坐在其懷抱中拍照。真正偉大的人物，反倒與平民百姓融為一體。

更集中展示陳澄波生平經歷及嘉義二二八歷史的地方，是陳澄波文化館。該文化館由陳澄波文化基金會設立，基金會是陳澄波的兒子陳重光將政府發放給二二八難屬的「補償金」捐出來成立的。

文化館外面，街道的對面是「中正公園」，那裡設有六十幅金屬製作的陳澄波作品展板，供民眾和遊客觀賞。在地的朋友帶我繞過大樓，穿過天井，來到位於一樓的紀念館。

陳澄波文化館不足兩百平方米面積，展出內容卻相當豐富，有陳澄波複製畫作的展覽廳、嘉義市二二八大事紀及受難者生平事蹟展，書架和展櫃中還收藏大量關於二二八屠殺的國內外史料以及美術類書籍。

作為嘉義人，陳澄波將嘉義的很多風景畫入作品，嘉義可以規劃一條「陳澄波筆下的風景」的遊覽路線。我幾次來嘉義，先後到過嘉義公園（陳澄波畫過九幅作品）、嘉義儲木池（現今文化中心）、噴水圓環等。二二八事件前後，嘉義是臺灣反抗國民黨暴政最激烈的地方之一，跟二二八有關的景點則有：中山堂（現今之中正公園）、嘉義戲院（民兵總部）、憲兵隊（垂楊路）、東門（激戰地）、市長公館（現中信飯店）、嘉義中學（國民政府軍砲擊市區架設地）、劉厝里及三和村屠殺現場等。

陳澄波原本不是政治中人，而是獻身於藝術的畫家。他是貧寒家庭出身的孩子，當畫家在那個年代對他來說是遙不可及的夢想，但他敢於為這個夢想打拚。一九二四年，將近三十歲的陳澄波，排除萬難遠赴日本學畫。天賦與勤奮的結合，三年之後便有捷報傳來：其畫作《嘉義街外》入選日本「帝國美術展覽會」，成為臺灣以油畫入選的第一人。

一九三三年，陳澄波回到臺灣，其創作迎來收穫期。正如美術史研究者所論：「強烈的土地情感與南方艷陽的魅力，讓這位長期思索中西文化融合與西方前衛藝術思想等嚴肅課題的畫家，獲得了空前的解放，也留下大批精彩的作品，尤其是臺灣南北各地的風景畫作。」

我特別喜歡陳澄波於二、三十年代創作的作品。大正民主後期，臺灣大步邁入現代文明，各種思想與風潮在這座島嶼上碰撞、融合。陳澄波用畫筆表達對故鄉現代化的稱頌與讚美，在主題和內容上，他描繪了廣場、學校、公園、電信塔等過去臺灣不曾有過的事物；在風格和色彩上，畫作裡跳躍著臺灣特有的金黃色陽光、亞熱帶地區繁密茂盛的植物，以及居民旺盛、強悍的生命力和激情。

那個時代，人物的精神風貌與景物緊密對應。無論是陳澄波畫作裡的人物，還是陳澄波與家人、朋友的合影，都顯得那麼年輕、樂觀、自信，朝氣蓬勃，躊躇滿志。每個人都努力生活，努力創作。一九三六年十月二十九日，陳澄波在給女兒的明信片上寫道：「近來天氣寒冷得多了。爸爸每日早晚都去研究所進修，下午出去寫生。回臺以前，無比竭盡心力，研習畫藝，藉以達成目標。希望你們也加倍努力，好好用功，不要落後才好。」寥寥數語，堪稱那一時期陳澄波精神風貌的寫照。

我駐足於這些作品之前，亦禁不住悲從中來。畫家不會未卜先知地預料到，殘酷的殺戮會如疾風暴雨般降臨。我不可抑制的想成為電視劇中可以穿越時空的主人公，來到正在用油彩塗抹畫布的陳澄波面前，向他大聲呼喊：「別再畫了，趕快逃走啊，國民黨的士兵要來殺你了！」然而，我什麼也不能做，只能眼睜睜地看著，畫家要用他噴湧而出的鮮血完成最後一幅作品。

· 下圖：陳澄波自畫像

· 上圖：陳重光向作者介紹父親陳澄波的作品（照片由作者提供）

· 下圖：作者與陳重光、王逸石長老合影（照片由作者提供）

愛能戰勝傷害：聽陳重光講父親的故事

在長期從事嘉義二二八歷史研究的王逸石長老安排下，我有幸訪談到陳澄波的長子、年近九旬的陳重光老先生。

陳重光先生長期在嘉義女中擔任地理老師，舉手投足間溫文爾雅，雖年事已高，仍耳聰目明、思維敏捷。他告訴我，父親是一個體貼溫柔的男人，對藝術精益求精，對朋友古道熱腸。父親在政治立場上是「統派」：一九四五年之前，臺灣人在法律意義上是日本人，但父親在名片上特別標註自己是「支那人」。

一九三〇年代初，陳澄波攜全家到上海任教，直到上海發生戰事才回到臺灣。一九四五年，陳澄波與大部分單純的臺灣民眾一樣，熱烈歡迎國民政府和國軍登陸臺灣，為此畫下《慶祝日》，畫中描繪了嘉義警局大樓升起「青天白日滿地紅旗」的榮景。

臺灣歷史翻開新的一頁，有朋友勸陳澄波參與地方政治，服務公眾。家人反對，他卻同意了，結果成功當選嘉義市第一屆參議員。陳重光說，父親人緣很好，選舉時沒有拜票就高票當選，此後常常為底層民眾講公道話，得罪了國民黨官僚。

「二二八事件」爆發之後，風暴迅速席捲嘉義。嘉義市長孫志俊要求軍方進入嘉義鎮壓，市民死傷慘重。陳澄波等六名嘉義市參議員擔任「和談代表」，前往嘉義水上機場和軍方談判。誰知，一到嘉義水上機場門口，他們就被士兵趕下車，用衣服蒙住臉，雙手被反綁在背後，用鐵絲纏繞。在此期間，陳澄波等人慘遭拘禁刑求。

三月二十五日，陳澄波等人背上插著死囚牌，跪在囚車上，沒有經過任何審判，在嘉義市火車站前遭到「公開槍決」。諷刺的是，那一天正好是中華民國的「美術節」；更諷刺的是，陳澄波做夢也不會想到，自己居然以這種方式踐行了此前的誓言「生於前清，寧死漢室」。

陳重光回憶說，父親遇難後，母親在「叛逆之家」的陰影下，含辛茹苦地撫育四個孩子。白色恐怖時代，每年都有一次戶口清查。那一天，從晚上十二點開始，所有交通必須停止，里長帶領軍警一家家地上門點名。像他們這種二二八難屬家庭，是重點盤查的對象。軍警故意利用這個機會羞辱陳家，進門後翻箱倒櫃，敲敲打打，鬧得人仰馬翻，雞犬不寧。那些文盲軍人不知道陳澄波是誰，更不懂得其畫作的藝術價值，到了閣樓上，粗魯地對陳家保存的畫作大肆翻弄，造成極大的損壞。為了避免畫作繼續遭到搗毀，張捷將僅存的一批畫作和資料藏在家中的天花板裡。陳澄波遭到槍決時的血衣也悉心保存，秘密收好。

臺灣民主化之後，陳重光捐出父親的畫作、手稿及各種文物二千八百餘件，其中不少是價值連城的珍寶。他們一家人仍居住在一處普通的公寓中。陳重光說：「歷史錯誤所造成的傷害實難彌補，但藝術的美是永恆存在，只有愛才能使這一傷害減到最低。」經過苦難的人，有的被苦難所壓垮，心中充滿怨毒和仇恨；有的則被苦難所昇華，心中充滿了憐憫與慈愛。

國共兩黨都害怕「二二八」這個名詞

二十世紀海峽兩岸的歷史，如同翻烙餅一樣，翻過去，又翻過來。國民黨和共產黨這兩個曾殊死搏鬥的政黨，如今第三次「相逢一笑泯恩仇」。在本質上，這兩個黨都是「殺人黨」——以殺人的手段奪取和維持權力，所以他們又能走到一起，雖心懷鬼胎，又作惺惺相惜之態。

當陳澄波成為一個重要的文化和政治象徵符號之後，各方勢力都來搶奪闡釋權，就連彼岸的共產黨也不閒著。二〇一四年，中國國家美術館出版了一本磚頭一樣厚的陳澄波畫冊，將陳澄波列入「二十世紀

· 上圖：嘉義二二八大事記

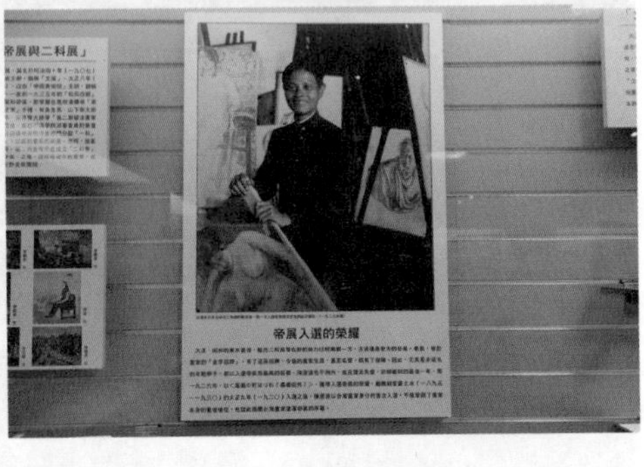

・右上圖：二二八事件嘉義市菁英受難位置圖

・右下圖：帝展入選的榮耀

中國油畫名家」的行列。編輯之用心，印刷之精美，幾乎無可挑剔。然而，在介紹陳澄波的文章以及陳澄波的年表中，沒有一個字提及他死於二二八屠殺，年表的最後一行是：「一九四七年，於臺灣辭世，終年五十三歲。」

當年，中共稱讚二二八是一場「起義」，「是臺灣民眾反對專制、反對壓迫的自發的群眾性人民民主自治運動」，更將「二二八」和國共內戰連結，稱「二二八起義有力地配合了全國人民的解放戰爭」。時過境遷，一九八九年，天安門屠殺之後，二二八在中國成了「敏感詞」，因為二二八跟八九太像了。此後，共產黨政權竭盡所能地幫助國民黨掩蓋屠殺的真相，諱言陳澄波二二八死難者的身分。然而，當太陽花學運之後，國民黨在臺灣民心盡失、日薄西山，共產黨又無情地拋棄了此前甘當「兒皇帝」的國民黨人。二〇一七年，二二八屠殺七十週年之際，北京居然高規格、大規模地舉辦一系列紀念二二八的活動，等於是公開羞辱國民黨，而國民黨只能是啞巴吃黃連，有苦說不出。

作為二二八元兇，國民黨雖然不敢像白色恐怖時代那樣公然宣稱「殺得好」，卻也挖空心思讓自己脫罪。更無恥的是，國民黨緊緊抓住陳澄波曾加入國民黨的經歷，將其描述成「自己人」，馬英九、吳伯雄和蕭萬長等人都趕來參與這場「消費」陳澄波的大戲。國民黨卻刻意讓公眾忽視如同「房間裡的大象」一樣的事實：昔日殺害陳澄波的國民黨，與今天消費陳澄波的國民黨，是同一個國民黨。

陳澄波誕辰一百二十週年之際，其畫作在東亞五個城市巡迴展覽，最後一站回到臺北故宮，成為故宮九十周年院慶的壓軸大展。故宮博物院院長馮明珠評論說：「他為了族群的融合犧牲在二二八事變，所以我覺得他的一生可歌可泣。」好像殺害陳澄波的是外星人，而不是她所屬的「車輪黨」。

二〇一六年，國民黨在總統選舉中大敗。代理黨主席黃敏惠主持中常會，援引陳澄波的名言「有熱情才是溫柔，有勇氣才有自由」來勉勵全黨上下。這是一個缺乏轉型正義的社會才會出現的「拍案驚奇」，難怪有網友痛罵「誰都可以引用陳澄波的話，就劊子手國民黨不行」、「陳澄波是你國民黨殺的耶」。

可以寬恕罪人，卻不能忘記罪惡。有一種「人質愛上綁匪」的病症叫「斯德哥爾摩症候群」，它在臺灣和中國更流行，所以應當改名叫「臺灣症候群」或「中國症候群」。吳伯雄的叔叔吳鴻麒跟陳澄波一樣遭到國民黨的殘忍殺害，其生殖器被割下塞入嘴裡，吳伯雄卻能忍辱負重，成為國民黨的主席和名譽主席；親眼目睹陳澄波等人被殺害的少年人蕭萬長，也欣欣然地充當馬英九的副總統，金庸筆下認賊為父的「楊康」，在現實生活中實有其人（金庸自己也是「楊康」，他的父親被共產黨劃為「地主」槍殺，他卻撰文讚美解放軍「軍民一家」的風範）。

與陳澄波同為嘉義市議會參議員的潘木枝醫師，也同時遇害。蕭萬長曾對媒體表示，小時候常受潘木枝照顧，他媽媽曾說，如果沒有潘木枝，他可能無法順利長大成人。有一次，蕭萬長去觀看一部以陳澄波為主人公的音樂劇「我是油彩的化身」，盛讚陳澄波「對藝術的熱愛，對這塊土地的付出」。蕭萬長感嘆這是「嘉義的悲痛歷史」，並提及他與陳重光同念嘉義大同國小，多年後他再遇陳重光，對方竟毫無仇怨，心情極為平和，讓他深感「這個家族了不起」。

我在蕭萬長的言論中，聞到了一股捷克作家克里瑪所說的「陰溝裡的氣味」。既然你知道那段「悲痛的歷史」，為什麼還要加入那個邪惡的殺人集團呢？作為受害者後人的陳重光可以抱持甘地那樣的寬恕之心，但作為那場血腥殺戮的目擊者的蕭萬長，居然淪為「殺人黨」的黨徒，難道不是對良知的可恥背叛嗎？

臺灣的轉型正義，指向的絕對不是廉價、虛偽的「和解」，而是發掘真相，釐清罪責，找出每一個加害者，然後將「殺人黨」以及背後「以殺人鞏固權力」的邪惡理念掃進歷史的垃圾堆。◆

· 左圖：陳澄波的《淡水夕照》拍出臺灣油畫的最高價

· 右圖：陳澄波筆下的嘉義街景

嘉義市博物館陳澄波紀念專區（博物館三樓）

地址：嘉義市忠孝路275-1號
電話：05-2780303
開放時間：週二至週日 09:00-17:00

陳澄波文化館

地址：嘉義市國華街228之12號1F
電話：05-2224525
開放時間：週二至週日 09:00-17:00

1964
1961

鳳凰鳴矣，于彼高岡

許世賢博士紀念館

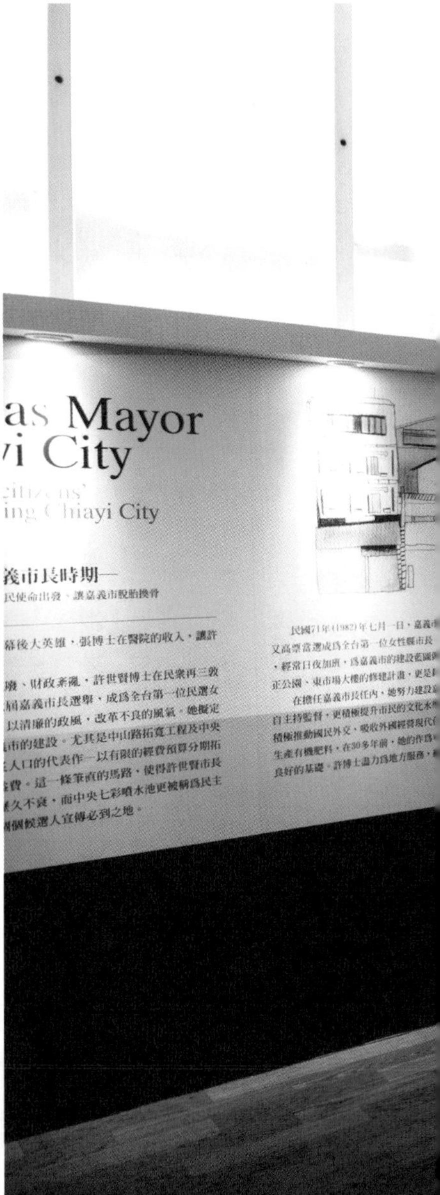

許世賢對嘉義的影響，在二十世紀幾乎無人能及。她的前半生，作為醫生，醫治人身體之病痛；她的後半生，則作為政治人物，推動地方的進步。因此，她被譽為「醫界女傑，政壇英雌」、「世上無雙醫政治，賢能第一女英才」。許世賢也開創了臺灣的諸多第一：臺灣史上第一位女性博士，第一任女性縣市長。

嘉義市內，有多處與許世賢有關的地點，如以其命名的「世賢路」、中正公園的許世賢塑像等。最完整地呈現許世賢一生的，則是位於嘉義市世賢圖書館三樓的「許世賢博士紀念館」。當我來到圖書館三樓，發現館內寂靜無人，唯有一個少年人躺臥在旁邊的沙發上鼾聲如雷。

紀念館設置在缺乏歷史空間感的圖書館三樓，並不是一個上好的選擇。嘉義市內，許世賢故居和她曾行醫的順天堂醫院都保留完好，為什麼不在此類老房子中設立紀念館呢？紀念物若離開它當初存在的那個空間，其紀念性必然大打折扣。若紀念物被原地保存並開放參觀，訪客就可以重溫主人當年生活和工作過的真實環境，從而更容易被其精神氣質所感染和召喚。

從仁慈的「醫者父母心」到勇銳的「代議士」

儘管紀念館的空間缺乏歷史感，但展覽的策劃還是別具匠心。紀念館的常設展分為家世、學業、懸壺濟世、手稿遺物、家書、社團公職等六大區塊，將許世賢早年行醫、中年從政、直至「鞠躬盡瘁，死而後已」的一生，做了全面而深入的呈現。其中，有一百九十一件許世賢生前的物品，含醫療器材、辦公桌椅、皮包、匾額、獎牌、手帕、手稿、信函、著作、明信片、圖書、印刷品、剪報、證書、照片等。哲人雖逝，風華猶在。

我在展櫃中看到許世賢早年使用的各種醫療器材，不禁想起此前在賴和紀念館看到的賴和使用的、年

· 上圖：世賢圖書館

· 下圖：許世賢全家福

台灣百年
許世賢
Sie-Hien

女性先驅
許世賢
博士
木蓮花與
許世賢博士
木蓮花，又名辛夷、木蘭，花姿柔麗而幽雅，
在衆多的花種當中具有天然渾成的氣韻；象徵
許世賢博士過去在傳統社會中的革新貢獻，花
梗不屈而挺立，仰向名為「自由」的藍天；開
花之姿扣人心弦，獨特的丰姿牽絆著對這塊土
地滿滿的愛，宛如許博士一生對台灣無私綻放
的獨特情感。

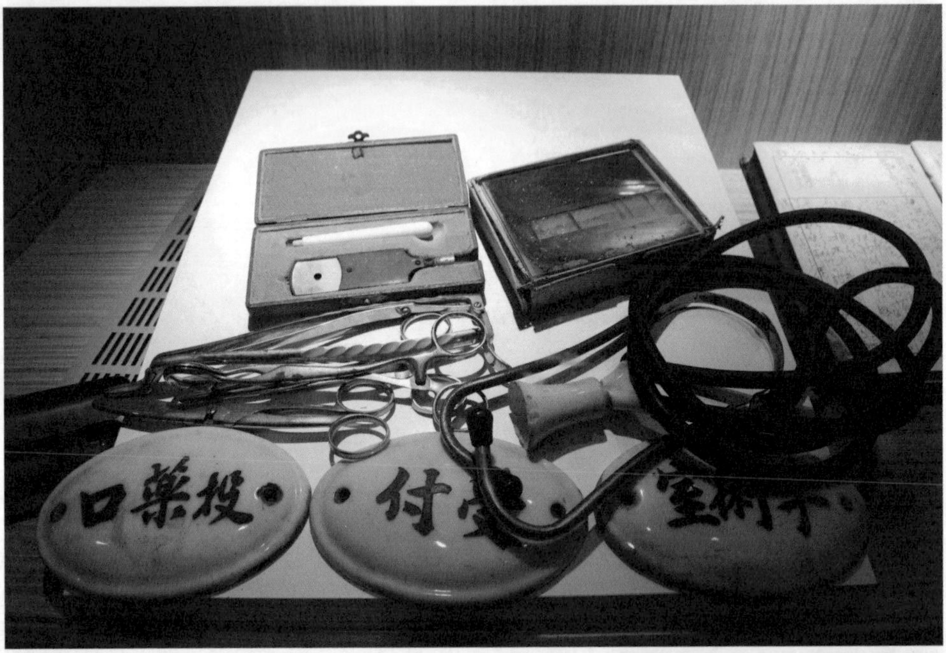

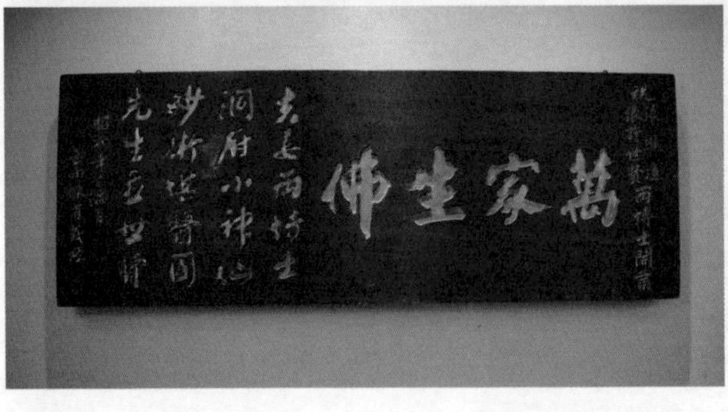

・上圖：早年行醫工具

・左下圖：「鴛鴦博士」匾額

代更為久遠的器械。據說，很多醫學院組織學生前來參觀，這是一種潛移默化的醫德教育。沒有醫德的醫生，醫術再高明也不能讓人尊敬。而醫生兼顧甚至全部轉向政治或文化活動，是臺灣人追求民主的歷史中一個發人深省、屢見不鮮的現象——柯文哲不會是最後一個。

許世賢生於臺南的書香世家，高中就讀於臺南第二女高，畢業後遠渡日本習醫。一九三〇年，畢業於東京女子醫專，之後返臺行醫，為臺灣早年少見的女醫生。一九三三年，許世賢和張進通醫師結婚，婚後雙雙進入日本九州帝大深造，並獲得醫學博士，「鴛鴦博士」一時傳為佳話。

一九四一年，許世賢夫婦返臺，於嘉義市設立順天堂醫院。其高超的醫術、和藹的態度、仁厚的心腸，深受病人愛戴。遇到無力支付診費的病人，甚至掏錢送藥，嘉義居民譽之為「嘉義的媽祖婆」。

一九四五年，二次世界大戰結束，國民政府接收臺灣，許世賢被臺灣行政長官公署任命為第一任嘉義女中校長，任內創辦高中部，展現其不凡的行政管理能力。次年，當選市議員，由相對單純的醫界邁入「水深火熱」的政壇。

二二八事件發生時，許世賢受民眾託付，組團向政府提出請求案，卻遭戒嚴單位歸罪。同為參議員的陳澄波、盧炳欽、潘木枝等人慘遭殺害，許世賢攜幼女連夜避難外地才逃過一劫。

此後，在白色恐怖的肅殺氛圍中，許世賢利用省議會的平臺，持之以恆地爭取地方自治和民主改革。我在臺中的省議會會史館中，看到不少許世賢勇敢問政的記錄。表面上看，她是溫文爾雅的知識女性，其言詞卻如手術刀般鋒利，常常讓前來接受質詢的行政官僚滿頭大汗，無言以對。

在戰後臺灣政治史上，李萬居、郭雨新、郭國基、吳三連、李源棧是省議會「五虎將」，加上許世賢則被稱為「五龍一鳳」。歷史學者薛元化指出：「他們是在戰後臺灣省議會中反對勢力的最具代表性的人物，也是在同一個時期，臺灣地方勢力中在野本土政治人物的代表。……他們在省議會舞臺所發表的言論，則是具有民意基礎的代議士在體制內最高民意機構的發言。」許世賢的女性身分，又賦予其抗爭以更豐富的內涵：政治不是男性壟斷的遊戲，在臺灣男尊女卑的社會架構下，長期遭到歧視的女性，也可以像許世賢那樣在政治領域大有作為。

退黨與組黨：何時才有自己的黨？

毋庸諱言，許世賢曾是國民黨員，她以為國民黨會給臺灣帶來優於日本人的「良治」，結果大失所望。一九五六年，在省議員任內，她因質詢嘉義縣長李茂松停職案而聲明退黨，自此走上黨外民主運動之路。此後，凡參加大小選舉，她始終標榜「無黨無派」。一九五〇年代末，許世賢參與組黨運動，組黨的前奏為發起成立「中國地方自治研究會」。這是許世賢政治生涯中被忽略的重要一段。

歷史學者蘇瑞鏘認為，在一九五〇年代，「五龍一鳳」除了在省議會發表許多捍衛結社權的言論，一九五七年地方選舉之後還申請設立「中國地方自治研究會」，以更具體的行動展現捍衛結社權的決心。「他們還想將該會作為結合各地在野勢力的據點，以此作為未來籌組反對黨的先聲。」

國民黨當局深知「中國地方自治研究會」是政黨之雛形，一旦「中國地方自治研究會」正式成立，下一步水到渠成地就能轉型為一個反對黨。為了維持一黨獨裁的權力結構，國民黨百般阻撓這個社會團體合法化。

長期與許世賢等併肩作戰的民主前輩郭國基，曾針對「中國地方自治研究會」未獲准成立一事，質詢省主席周至柔：

日本人……尚且准許臺灣人成立五個政黨：為臺灣民眾黨、臺灣文化協會、臺灣農民組合、臺灣自治聯盟、臺灣議會請願同盟。還有許可其他的政治黨。今天我們自己的國家，自己的兄弟，應該要使自己能夠富強，為什麼要成立一個不是政黨，都受阻礙，主席，我們非常客氣，不敢提出要組織政黨，僅希望組織一個自治研究會，都不能許可。這樣怎能進步呢？

無論李萬居、郭國基、許世賢等人的質詢如何動之以情，論之以理，訴之以法，當局終究不准「中國地方自治研究會」成立。對比之下，國民黨在臺灣的統治比日本更嚴酷。該會成立申請雖受阻礙，卻未澆熄民主人士的熱情，反倒激發民主人士更進一步組織反對黨的動力。

一九五九年初，在一場民主人士的聚會裡，李萬居報告了「中國地方自治研究會」不被批准之事，大家認為：「反對黨是幹的問題，不是政府批准的問題。」民主人士為保持此種近乎成熟的在野力量，組織了沒有固定時間和場所的「聯誼會」，接近選舉時，改為「選舉改進座談會」。一九六〇年，「中國民主黨」的籌組，即是循著這個脈絡發展而成。

回顧這段曲折的歷史，許世賢的「黨外」身分是不得已的，她當然希望參與一個可以大展拳腳的民主政黨。就歷史發展的脈絡來看，許世賢並不是不想參加政黨，而自願「終身黨外」的；事實上，許世賢一直保持「無黨籍」的身分，乃因她想參加的政黨，沒有能順利成立。

組黨失敗之後，許世賢投身地方選舉。一九六八年，當選嘉義市長，成為全省首位民選女性縣轄市長。一九七二年，於增額立委選舉中，以十九萬票的全國最高票紀錄當選立委。一九八二年，再度出馬競選嘉義市長，囊括全市百分之八十以上的選票而當選，同年嘉義升格為省轄市，成為首位女性縣市長。

許世賢深受嘉義民眾愛戴，重要原因是她政績卓著，造福地方。她推動中山路電路地下化，使之成為全臺第一條管線地下化的道路。她加速建設中正公園、東市場大樓以及中央七彩噴水池——噴水池是嘉義民主運動的重要集結地。

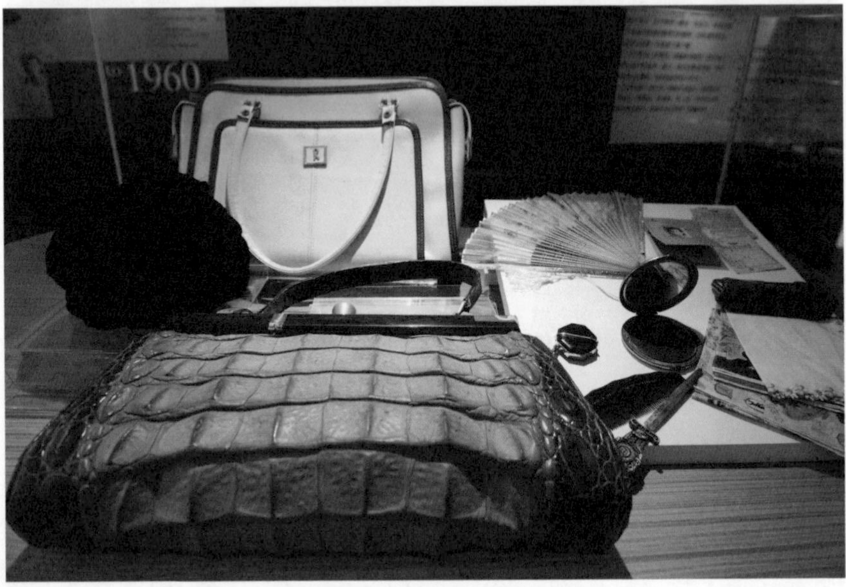

・下圖：簡潔中見到一份溫婉，也是屬於那個年代女性知識分子的時尚感

宜蘭因陳定南成為民主聖地，嘉義也因許世賢而成為民主聖地。誠如歷史學者陳君愷所論：「在當時的時空背景下，由於缺乏真正的反對黨，因此，嘉義市民若要支持民主運動，就只有支持黨外的許家班一途。當時『支持民主』與『支持許家班』，是一而二、二而一的。許家班也確實不負眾望，終於造就了嘉義市由黨外長期執政的光榮傳統，而使許多支持許家班的嘉義市民，以居住在『民主聖地』自豪。」但是，以許世賢的才華，若在民主政體之下，她的舞臺絕不僅止於嘉義。她受制於時代，未能盡其才。

在民進黨成立之前三年的一九八三年，許世賢積勞成疾，驟然辭世。她未能看到為之奮鬥大半生的政治目標成為現實：臺灣人要有自己的政黨，民主人士要有自己的政黨。若她活到一九八六年，一定是民進黨第一批創黨黨員，在民進黨內更可發揮影響全國的政治能量。

這個時代，為什麼沒有許世賢的優雅？

在紀念館內，有一張許世賢使用過的辦公桌，文具、電話等都是許世賢生前用過的物品。許世賢的清廉與樸實，可以與有「青天」美譽的陳定南媲美。如今的政治人物，講究排場和面子，即便是辦公室和辦公用品也竭盡奢華之能事。而這裡復原的許世賢的辦公室，顯得太過寒磣，似乎不符合這位留日博士、名醫以及地方首長的尊貴身分。這種寒磣正表明主人兩袖清風的品格。

另一方面，許世賢又是一位愛美的女性。在展出的照片中，從她的少女時代到去世前夕，時間延續了半個多世紀。過多評論女性的相貌可能不妥，但我不得不說，許世賢的照片，越年長越有韻味，歲月沒有收去她的美，反而加添給她某種尊榮的氣度。她的髮型和衣著，處處顯得高貴、典雅。隨便穿上一件非名牌的衣裝，她都具有一種西方貴族才有的氣質。

許世賢的審美品位遠在今日臺灣的若干女性政治人物之上，呂秀蓮、蔡英文、洪秀柱等人全都無法企及。今日臺灣的若干女性政治人物，或出身世家，或留學歐美名校，個個非等閒之輩，但偏偏就是缺少許世賢身上那種內斂沉靜的知性之美。這是什麼原因呢？或許，因為許世賢出生在日治時代，那個時代的人們，即便在日常生活中都實踐一種穩重、端莊、淡泊、寧靜的美學。到了國民黨統治時代，專制政治滲入柴米油鹽、言談舉止，人們趨於同質化、單調化和粗鄙化——當然，彼岸的中國更是如此。

許世賢因過於辛勞而患肝病倒下，如同戰死沙場的老兵。多數政治人物讓民眾恐懼、厭惡或疏遠，很少政治人物能讓人尊敬、愛戴和仰慕。許世賢就屬於後者——歷史學者陳君愷多年之後還記得許世賢出殯那天的場景，而那時他還是一名少年人，「當出殯行列經過時，不少民眾自動自發的相招前去送葬，當時就深覺許世賢的偉大，實遠超過那個其實是倚恃黨政軍各系統下令強迫民眾路祭、官方媒體卻還厚顏無恥的宣稱說那『完全』是民眾自動自發前往致哀的獨裁者蔣介石。」

在許世賢的家書中，有寫給孩子的短信，充滿母親的柔情蜜意，而無政治競技場的刀光閃閃。然而，優良的品質和精神並不一定依照血緣傳承下去。儘管因著許世賢的遺澤，她的兩個女兒先後當選嘉義市長，有人稱之為「一門三市長」的美談，但女兒跟母親真的一脈相承嗎？

我看到一張有趣的照片：許世賢博士紀念館開張時，前來揭幕的是國民黨的嘉義市長黃敏惠，而許世賢的兩個女兒站在其左右兩側，宛如護法二將。若是許世賢看到這一場景，不知是傷心，還是憤怒？若政治沒有核心理念，就成了唯利是圖的買賣。此種「翻手為雲，覆手為雨」的手段，確實非我輩書生所能理解。

當時，黃敏惠致辭說，「南非有曼德拉，嘉義則有許世賢」。黃氏後來擔任國民黨代理黨主席，用陳澄波的名言勉勵其黨徒從失敗中崛起。世上還有比國民黨人臉皮更厚的既得利益集團嗎？黃氏這句讚美許世賢的話，或許讓許世賢的兩個女兒心花怒放，她們偏偏忘記了黃氏所代表的國民黨，正是許世賢當年竭力反對的獨裁黨。陳君愷對許世賢的女兒張博雅的批評可謂入木三分：「張博雅不思那個令她母親想要籌組的中國民主黨胎死腹中的元凶，乃是以蔣介石、蔣經國父子為首的國民黨蔣氏政權；現在居然……與蔣氏政權餘孽的國親兩黨勾勾搭搭。子孫不肖，貽先人羞，莫此為甚。」

後人的不肖無損於前人的高貴。如今，「許家班」雖煙消雲散，許世賢的高風亮節仍然讓嘉義人感懷不已。◆

・上圖：順天堂醫院現況

・下圖：許世賢塑像

許世賢博士紀念館

地址：嘉義市世賢路1段685號嘉義市圖書館3樓
電話：05-2312794
開放時間：週二至週日 09:00-17:00

GMO FREE

書是抗爭的子彈

洪雅書房

我不大喜歡去誠品那樣大得嚇人的書店買書，除了因為它屈從「中國因素」建立隱秘的自我審查機制之外，一看它的排行榜就讓人吐血。我不知道，究竟是誠品片面迎合時下流行的、低俗不堪的閱讀品味，還是這種低俗不堪的閱讀品味本來就是由誠品等大企業塑造而成。正如一位評論人所說：「原來排行榜的意義是讓所有人理解最近有哪些好書大家都在閱讀，但也不知道為什麼，臺灣的排行榜上面的意義卻是相反的，反而讓所有人知道哪些書絕對不要去碰。」那些如鴉片般的心靈雞湯、心靈勵志、心靈自慰類型的書，是有「書」之名而無「書」之實的文化垃圾。

反之，我喜歡去小小的獨立書店，既方便找書，又可以結識愛書的朋友。每一家獨立書店都有自己的故事，也都有堅持的價值與理念。青鳥書店的店長蔡瑞珊說，當她經營獨立書店時才發現，「書店老闆們因各種不同的堅持而經營獨立書店，那是許許多多守護初衷的故事，這些故事甚至可以反應臺灣的社會變遷與民主進程」。換言之，獨立書店以特殊的方式參與了臺灣的民主化，每一個獨立書店都有不同的定位和特色，但大的目標是一樣的：讓人們通過閱讀走向自由。

誠品排行榜上的暢銷書，是心滿意足的中產階級的「枕邊書」；而在嘉義的洪雅書房，你找不到一本此類可以帶來巨大利潤的「書」。洪雅書房的主人余國信認為，書是啟蒙的工具，是抗爭的子彈，寧可少賺錢，也只賣自己喜歡的書和有價值的書。在這間小小的書店，集中了原住民、自然生態和深度旅遊方面的書籍，還包括各類具有現實批判性的人文社會科學著作。洪雅書房的名字，來自於平埔族名，其臉書上說：「過去的諸羅山社（嘉義市）、打貓社（民雄）、他里霧（斗南）……皆屬於平埔族中的洪雅族，故名之。」

我第一次應邀到洪雅書房演講的時候，剛剛到門口，有一個瘦高的年輕人跟我打招呼，我以為他是在店裡打工的大學生，沒想到他自我介紹說：「我是余國信，我們都姓余！」我大吃一驚：這個滿臉稚氣、瘦得似乎要被風吹走的年輕人，居然就是開書店已十五年、在獨立書店和社運圈子裡堪稱元老級人

· 洪雅書房老闆余國信介紹作者的新書（照片由作者提供）

· 左上圖：店內講座

· 右上圖：洪雅書房是社運的基地與集結地

· 左下圖：社運理念及文史等小眾書籍與各式社運活動貼紙

· 右下圖：貓店長

物的余國信。他說話滔滔不絕，語速極快，如機關槍掃射一般，賣書時像在菜市場賣菜一樣大聲吆喝，簡直就是從《世說新語》裡面走出來的趣人。

愛這片土地：從「台灣圖書室」到洪雅書房

從嘉義火車站出發，穿過若干巷弄、小吃店、日式木造老屋，步行半小時或騎行十分鐘就可抵達洪雅書房。所謂「山不在高，有仙則名；水不在深，有龍則靈」，書店也是如此。書店不在大，若有個性十足的老闆就一定有吸引力。跟洪雅書房的書一樣有吸引力的，就是老闆余國信。

余國信是在雲林鄉下長大的孩子，國中畢業後到嘉義高工學汽車修理科，如果他老老實實地走這條路，這個世界上會多一個有一雙沾滿油汙的「黑手」的汽車修理工。然而，一次偶然的機會，讓余國信走上了一條賺錢更少，風險更大的人生之路：他仍是「黑手」，是「利用書店搞社運」，動員群眾上街頭，讓有權有錢的官僚和商人如坐針氈的幕後「黑手」。

十七、八歲時，余國信在嘉義街頭閒逛，偶然發現一間小小的「台灣圖書室」，從小酷愛讀書的他好奇地走進去，發現裡面的書籍大都圍繞著「臺灣」這個主題，遍及人文、歷史、自然生態等多個面向。在裡面讀書和交談的，是幾位醫生、律師、老派文人，他們看到有年輕人走進來，都熱情地迎上去，介紹文學歷史、民俗歌謠，從彭明敏潛逃到鄭南榕自焚，一下子打開了余國信的眼界。於是，余國信成了這裡的常客，讀到了許多學校圖書館不曾收藏的臺灣本土書籍。

這間圖書室的創始人，是張宏榮醫師。致力於耕耘臺灣本土文化的張醫師，於一九九五年成立這間「台灣圖書室」，將自己收藏的四千多本書籍免費放置於此，提供民眾借閱。張宏榮醫師的願望是：「過去國民黨的教育，讓臺灣的主人不了解自己的土地，要了解這塊土地，只能靠自己。希望台灣圖書

ya冊房
獨立書店
116
洪雅書房
洪雅書房

洪雅書房

· 南臺灣個性書店

室，能影響下一代，這樣臺灣的未來，才會有好的主人。」

後來，張醫師返回屏東服務，圖書室暫時關閉。但當年的閱讀經驗像一顆種籽一樣在余國信心中發芽，啟蒙他於日後創辦「洪雅書房」。張醫師病逝後，余國信在洪雅書房的地下室成立「台灣圖書室籌備處」，接收了張醫師的藏書，並經由義工們整理分類，繼而得到交大蘇育德教授無償提供空間，匯集眾人之力的「台灣圖書室」終於再度開張。新的圖書室除了包含張醫師原來的那批藏書，也加入其他人士捐贈的書籍，猶如不斷注入身體的新鮮血液。

我來到鬧中取靜的「台灣圖書室」，發現門口有一副有趣的對聯：「有書通心適，無讀不丈夫。」正如「台灣圖書室文化協會」理事長鄭書勉（張宏榮醫師遺孀）在臉書上所說：「我們要讓這裡的藏書訴說在臺灣的故事與精神，透過講座、讀詩會與文學營，讓更多人藉由台灣圖書室認識臺灣的紀實文學，讓紀實文學中的真摯情感在每位讀友、學員、聽眾心中播下關心社會的種子。」這也是余國信開洪雅書房的願景。

與「台灣圖書室」門口的對聯相映成趣，洪雅書房門口也有一副對聯：「一店裡不合時宜，滿櫃子盡是前瞻。」余國信選書，不受經銷商、排行榜左右，完全憑個人品味，原住民、土地正義、地方文史，在這十坪左右的空間裡應有盡有。另外，還有一般書店難得一見的T恤、CD、社運雜誌、原住民手工藝品等，「反動標語」、「反動旗幟」更比比皆是。若是在戒嚴時代，這裡一定是便衣特務重點盯梢之處。

濁水溪以南最活躍的書店

余國信的父母親是樸實的務農人，希望兒子畢業後回到老家修車，能有一份穩定的收入。但是，余國信早已「另有所好」，他從朋友那裡借到一點錢，就冒險實踐自己的夢想——開一家名叫「洪雅書房」的書店。

書店剛開業時，並不被周圍的人們看好。有人說，不出三個月，書店就會關門大吉，這裡又不是臺大，你喜歡的那些冷門書有多少人會買？就連左鄰右舍都欺負這個外來客，有人將機車停在書店門口。余國信跑出去交涉，對方嘲笑說：「你這家店門可羅雀，給我停一下車有什麼關係呢？」

儘管如此，余國信沒有退卻。洪雅書房堅持販賣社運理念及文史等小眾書籍，當別家書店賣「三隻小豬與大野狼」時，他賣「三隻小狼和大壞豬」。他有心幫助原住民，專門找來有關原住民的滯銷書籍擺在顯眼的地方，一有客人上門便大力推銷，結果很快賣光。他也愛憎分明，絕不苟且：有一位作家出版了很多賞鳥的書，他進了一批。但是，該作者後來在政府的環境評估會議上主張開發保護區，讓環保人士跌破眼鏡，余國信一氣之下將這些書全部退掉。

但是，書店畢竟要盈利。如何在閱讀力消退、消費力消退及動輒打折扣戰的書店經營中殺出一條血路，余國信一度陷入困惑之中。書店是營業體質，並非公益組織，單靠社會人士贊助經費，只是一時解困，而不能永續經營。書店清淡時，一個月賣不到五本書，朋友看他快要撐不下去，十分不捨，要他先到朋友的公司暫當搬貨工人，先填飽肚子要緊。有一段時間，他還到臺南七股當解說員補貼開銷。

「堅持下去」、「打不死」、「不妥協」……這些詞在一般人身上是形容詞，在越挫越勇的余國信身上全變成動詞。他跑到大學的BBS上毛遂自薦，「島內最死硬活跳的書店，沒來可惜，趕快來看！」後來覺得要謙虛，又改成「濁水溪以南最具特色的獨立書店」。

後來，余國信想到一個錦囊妙計：在書店舉辦免費講座，提升書店人氣和帶動書籍銷售。他設定每周三舉行免費講座，一開始由於缺乏知名度，請人演講常常遭拒絕。他不放棄，苦讀進修雲林科技大學文資所碩士，與作家、藝術家、文史學者及環保生態人士廣交朋友。慢慢提高知名度以後，歌手陳明章、胡德夫，導演侯孝賢，學者管中祥等人都來書店演講，周邊的大學生、社運積極分子和在地的有心人爭先恐後來聽演講，書店逐漸變得人頭攢動，人聲鼎沸。

余國信是有心人，每次辦演講會，他都會請每位來客留下電郵等聯繫方式，以後一直將書店活動的資訊發出去，由此結交了不少好朋友。他的「洪雅之友」名單已超過萬人。等到他要搞社會運動時，不管去哪裡抗爭，隨時都能揪來一整個遊覽車的支持者。當他北上、南下忙於社運活動時，還有志工排隊幫他照看書店，這就是「情義無價」，難怪他的口頭禪是：「感恩啦！我一定拚下去！」

是書店老闆，更是社運鬥士

余國信對洪雅書房的定位是：洪雅書房是獨立書店，但不是獨立於社會的「象牙塔」，而是社運的基地和集結地。他自己呢，不只是書店老闆，更是社運鬥士。嘉義大學研究所畢業的許光甫說，從大學到研究所，他都參加洪雅書房的活動，在那裡結交很多志同道合的朋友，並相約參加環保或社運活動。他還說，余國信關心土地、人民，有理想及號召力，這些都感染了他，他曾隨余國信參加搶救玉山旅行社、反國光石化、湖山水庫等行動。

多年來，余國信參與不少文化古蹟和自然生態的保存運動。例如，搶救「嘉義稅務所」行動，同書房幾位關心地方文史的老顧客先行串連，再到嘉義市文化、政治圈等一路衝撞到臺北文建會。為了保護樂生療養院，他北上抗議，也曾號召一卡車熱心人士參與抗議行動。

常常到洪雅書房演出的「農村武裝青年」樂隊成員江育達、吳致良是余國信的好友，他們記載了余國信「愛管閒事」的一則故事：每年冬天，都有數百隻白鶺鴒棲居在嘉義郵局前的樹上避寒。有一天，余國信發現有工人在修剪樹木，他當即上前喝止。然後找到郵局負責人理論。對方說，這樣做是為了防止禽流感。余國信不客氣地說，那你們把外面所有的鳥都撲殺了！我要找議員和媒體來！對方一看他的名片，原來是小書店老闆，一介草民，根本不放在心上。沒想到，余國信回到書店，翻開書友聯繫名單，果然找到議員和記者介入，成功攔下這件「毀樹驅鳥」的行動。

最讓余國信自豪的一個案例是，他和朋友們成功搶救了上世紀二十年代修建的嘉義舊監獄。這座嘉義舊監獄是西方早期獄政現代化的理想原形，原本要被拆除，余國信在千鈞一髮之際與在地文史學者們一道介入，使得歷史建築的保存及再利用成為民間和政府的共識。幾年後，整修完成、對外開放的嘉義舊監獄，讓參觀民眾從歷史古蹟中見證司法制度的變遷。我也專程「到此一遊」，發現這所舊監獄中居然有傅柯所說的「圓形監獄」式的監舍。據說，日治時代按照這種模式修建的監獄，在臺灣和日本各僅存一座。

無論哪個黨當政，余國信都充當民間監督者：他的立場是：不問藍綠，只問是非。民進黨的很多政策，他照樣衝撞。他驕傲地宣稱：「我阻礙的建設超過五百億：嘉義市政大樓三十二億，雲林林內焚化爐十億，還有臺西大煉鋼廠、嘉義舊酒廠……」他勇敢挑戰體制，從國土規劃、生態永續，到古蹟保存、自然農法，儼然就是監督公權力的「無冕之王」。有一次，他得罪了黑道人士，有凶徒到書店門口開槍警告他，他毫不畏懼，勇往直前。官員和黑道感嘆說，這個人是「瘋子」或「傻子」。在旁人眼中，他是「偏執狂」，偏偏是靠著這股偏執狂的勁頭，他才打造出一間名副其實的「社運書店」。每當他在街頭運動中衝鋒陷陣、疲憊不堪之後，又回到書店裡充電打氣，正如他自己所說：「我的鬥爭策略都是從書本上學來的：書，是我抗爭的武裝！」

余國信將本來要被拆除的玉山旅社變廢為寶，修復並入股經營，使之成為古早味的咖啡店和民宿。修復玉山旅社期間，他親自跳進去當工人，並不斷與工頭溝通如何遵循日式古法復原，儘量不要鋼釘，保持原來的木質形式。由於太操勞，一百八十公分的余國信一度累到只剩四十多公斤。

· 余國信搶救並經營的玉山旅社（照片由作者提供）

洪雅書房是嘉義一景，余國信又何嘗不是嘉義一景，他做的工作，文化局長動用政府資源也未必能做好。如果下回你來到洪雅書店門口，看到一張手寫的字條：「老闆下田去，三點回，有事請call 0929-536133」，別懷疑，這就是余國信寫的。他除了是房主、修復工、搬貨工外，還是一位名副其實的農夫——他最近正在推動完全不用農藥也不施肥的「秀明自然農法」。愛書、愛自然、愛正義的朋友，去嘉義的時候不妨逛逛洪雅書房，然後跟余國信一起下田幹活。◆

洪雅書房

地址：嘉義市東區長榮街116號
電話：05-2776540
開放時間：週一至週日 14:00-21:30

· 自然農法的米

台灣民主第一鄉
李萬居
故居

雄才豈竟是書生

李萬居精神啟蒙館

我在高鐵雲林站與林樹山先生會合，然後驅車去李萬居精神啟蒙館。林先生是在地的民主運動前輩，外表樸實如鄰家老伯，談起雲林民主運動的歷史卻如數家珍。

雲林是我在臺灣本島所到的最後一個縣。一路上，林先生向我介紹李萬居故居所在的口湖鄉椬梧地區，那裡位於雲林與嘉義交界以北的偏遠地帶，所謂「風頭水尾」之處，自古就地瘠民貧。不過，乾隆年間即有開墾記錄，最早抵達的移民是來自漳州的李氏家族，李萬居就是這個家族的後裔。

車行四十多分鐘，來到這個小村莊。或許因為偏遠的緣故，村莊聚落仍保持純樸自然的傳統閩南建築風貌，沒有貼滿白色瓷磚、裝有鐵捲門的醜陋現代建築。房屋多為磚木結構，仍為常住民宅，而不像觀光客雲集的小鎮，全是喧囂而雜亂的商舖。村內院子的座向並不規則，反倒具有某種參差不齊的景觀效果；蜿蜒的巷弄，只容一輛車緩緩前行。

很快，我們來到李萬居故居前的小廣場。這裡原來是農家曬穀場，後來在旁邊增建涼亭與舞臺，成為一處公共空間。涼亭名之曰「公論亭」，以紀念李萬居創辦《公論報》、推動言論自由的貢獻。小舞臺的背景刻意顯露鄰舍三合院建築的山牆與護龍，形成具有聚落風味的屋頂風景和自然天成的舞臺效果。

我們在涼亭等候片刻，負責照看李萬居故居的志工李昌明駕機車從田間趕來。他是一位退役軍官，因景仰李萬居的人格並熱心鄉土文史的推廣，在紀念館做志工。他的腳上還沾滿泥土，分明就是一位勤勞的農夫。李先生抱歉說，來遲了，剛才到田裡摘幾包小番茄作為給我們的禮物。我接過一顆來品嚐，發現其味道之甜美，超過我在中國和美國吃過的所有「寶寶番茄」。

精神啟蒙比制度變革更加任重道遠

李昌明介紹說，李萬居故居位於梧北村調天府旁的小巷，最早建於一九二〇年代。當時條件有限，就

· 李萬居故居前的廣場，以及右手邊的涼亭「公論亭」

公論報。
一個追求言論公正，為台灣輿論
帶來清新氣息的思想論壇
民國三十六年（西元一九四七）十月二十五日創刊
至民國五十年（西元一九六一）三月五日正式宣佈休刊
創刊當時的報人：
社長：李萬居
發行人：陳祺昇
總稽核：蔡雲程
總經理：陳其昌
主任秘書：鐘國元
總編輯：鄭士龍
副總編輯：李福祥
總主筆：倪師壇
副刊「日月潭」主編：王聿鈞
採訪主任：于衡
副採訪主任：袁方
台灣風土人情版主編：陳奇祿

李萬居

地取材，是一所以茅草和蘆葦為屋頂的竹結構民居。李家經營名為「興德堂」的草藥店，算是小康之家。後來，這所房子借給親戚居住，一九七一年改建為現有的磚木結構。前些年，在地的有心人感念李萬居對臺灣民主、言論自由的貢獻，通過社區總體營造計畫，結合社區志工多年的努力，由雲林科技大學劉銓芝教授規劃，逐步完成故居的修繕，於二〇〇三年向公眾開放。故居建築名為「李萬居精神啟蒙館」，為目前全臺灣唯一紀念李萬居、傳承李氏民主精神的場所。

我很欣賞「精神啟蒙館」這個名字。在歷史進程中，人們一般重視政權變遷、政黨輪替，至多關心制度變革，卻甚少著力於精神啟蒙。臺灣的政黨輪替已二十年，制度變革突飛猛進，但精神與人心仍未脫離戒嚴時代，所謂「人人心中都有一個小警總」，所謂「反對國民黨的人士所用的還是國民黨的手段」。比如，民進黨在組織結構上有很多與國民黨「同構」之處，中常委制度為列寧式獨裁政黨之特色，多黨競爭的、民主制度下的選舉型政黨不該保有這種權力結構。又比如，臺灣的中小學裡還保持戒嚴時代的教官制度，這個制度得到許多家長、老師和校長的支持，認為教官可以讓學校更加安全。安全保障應當由警察提供，為什麼要由教官承擔？再比如，王財貴式的、培養聽話的奴才的「讀經」（儒家經典，尤其是儒家中等而下之的《弟子規》）運動頗有市場，大學裡有學生向教授下跪叩頭的「拜師禮」，擁有西方名校博士學位的教授施施然地接受學生的跪拜。這些怪現狀都需要以「精神啟蒙」來改變。

李萬居字孟南，故居正門上懸掛著林義雄題寫的「孟南居」堂號匾額。李、林二人的精神傳承，由此在這所樸實無華的故居中定格下來。進入室內，正廳和左次間為李萬居生平與《公論報》始末的展示空間。在保持原有農舍風貌的簡樸空間中，展現李氏一生成長、立志、求學、辦報、從政與推動民主精神的歷程。「踏盡人間艱險路，雄才豈竟是書生」，這是李氏一生的最佳寫照。

李萬居七歲開蒙，十歲喪父，後就讀於海口厝公學口湖分校，十七歲即在村中調天府內設館授徒。青年時代，受臺灣文化協會林獻堂、蔣渭水的影響，有了民族和民主意識。一九二四年，在親友資助下赴上海求學，曾向章太炎學國學。兩年後，又赴法國留學，與此前中國左派青年赴法國「勤工儉學」不同（周恩來、鄧小平等人只有「勤工」而無「儉學」），他在巴黎大學文學院寒窗苦讀，六年後取得學位。赴法國前，他對姊姊李藕發下雄心壯志：「我要等能救三百六十萬同胞的時候，才能回來。」在此期間，他與在法國學習、後來成為美國總統的尼克森同學過。據說，後來尼克森以美國副總統的身分訪問臺灣，特意在蔣介石面前談及李萬居是其老同學，使老蔣不敢輕易對李氏下手。

一九三二年，李萬居回到上海，從事翻譯工作。抗戰爆發之後，他任職於國民政府軍事委員會國際問題研究所，並擔任港澳地區辦事處主任，為國府收集國際資訊和情報。他還組織「臺灣革命同盟會」，創辦《台灣民聲報》半月刊，是少數在國民政府內有相當地位的臺灣知識分子。

言人所不敢言：從報人到議員

二戰結束之後，李萬居是奉派臺灣的國民政府「接收大員」之一。他雖身為不被臺灣人信任的「半山仔」，但其行事作風與連震東等「半山人士」殊異，返臺伊始即致力於民主政治與言論自由的工作。他拒絕接收銀行、工廠等肥缺，而選擇出任《台灣新生報》社長兼發行人。

一九四七年，二二八事變發生，李萬居在《台灣新生報》作出翔實報導，努力化解衝突，多方營救被捕人士。他一方面接受來自層峰的壓力猜忌，另一方面又要忍受來自民眾對「半山集團」的仇視唾棄，在自己幾乎成為事件受難者的情況下，全力尋求將臺灣人的損害降至最低的種種方法。此後，《台灣新生報》改組，李氏被架空，遂辭職創辦《公論報》。

在官方媒體上無法伸展志向，獨立辦報呢？一九四七年底創辦的《公論報》，揭示「民主」、「自

・有為有守、大膽敢言的民主前輩

· 上圖：李萬居生活照

· 左下圖：李萬居與夫人

· 右下圖：1948年7月1日臺灣省參議會第一屆第五次大會開幕紀念

由」、「進步」的理念，是一份追求言論自由的公正報紙。因為大膽敢言、生動活潑，短短數年間，《公論報》便與《中華日報》、《中央日報》併稱臺灣三大報，發行量在民營報紙中名列首位。

然而，國民黨當局對《公論報》極為猜忌，蔣介石不認為國民黨失去中國大陸，是因為國民黨自身過於腐敗，反倒認為是對民間輿論的控制不夠嚴密，到臺灣便試圖將小小的島嶼封鎖得如鐵桶一般。國民黨將《公論報》視為眼中釘，官方單位和企業從不在《公論報》上刊登廣告，《公論報》所需要的白報紙也長期缺乏。一九六〇年，當局繞開李萬居，強行改組《公論報》，掀起發行權訴訟案。事件傳開後，民眾自行發起「援助《公論報》運動」，籌集兩百萬擔保金。法院卻以荒謬的判決剝奪李萬居對《公論報》的控制權，慘澹經營十三年的《公論報》被迫休刊。

《公論報》雖然停刊了，李萬居的戰鬥並沒有結束。他是報人，更以「代議士」的身分，縱橫議壇二十二年。一九四六年，他當選為第一屆臺灣省參議會議員，成為戰後臺灣地方自治史上第一批民選代表。同年，臺北市成立參議會，他當選為副議長。同年，他再度當選為制憲國民大會代表，赴南京參加制憲工作，主張臺灣應率先實行地方自治。

一九五三年，臺灣省議會成立，李萬居連續當選四屆臺灣省議員。對於民意代表的職責，他有清楚的認識：「在議場所爭者，無非立原則、存體制的大問題，所關心者，莫非為民立命之事項。」他在議壇上「言人所不敢言」，與郭雨新、許世賢、郭國基、吳三連、李源棧一起被譽為省議會「五龍一鳳」。他為此付出沉重代價，位於臺北市康定路的居所被一把無名大火燒毀，案件始終未能偵破。李萬居在政治高壓之下，不改其志，「將仍然呼籲政府貫徹真正的民主政治，促進地方自治，減輕人民負擔，提高農民生活水平，尤其沿海漁民與農民的生活。十七年來，我自參議會以及臨時議員，無不始終一貫地盡力爭取」。

為人所不敢為：組織反對黨，邁向民主化

李萬居不僅言人所不敢言，更為人所不敢為。早年，他參加青年黨，希望以青年黨制衡國民黨，卻不料青年黨淪為國民黨的花瓶、陪襯，喪失了反對黨的功能。

為了進一步落實政黨政治，促進臺灣的民主自由，一九五〇年，雷震以《自由中國》雜誌為大本營，計畫籌組「中國民主黨」。李萬居積極參與其中，與雷震來往密切，且出任「中國地方自治研究會」發起人。在那個年代，組黨需要冒巨大風險，但李萬居相信，不組黨則民主永遠無望。

一九六〇年，國民黨感到切實的威脅，蔣介石親自下令將雷震逮捕，隨後將其判處十年重刑。《自由中國》被迫停刊，組黨計畫在執政當局的高壓下功敗垂成。其後，李萬居成為國民黨打壓的重點目標，當局以下三濫的手法奪取《公論報》經營權，讓其失去輿論陣地。其他臺籍大老紛紛瞠目結舌、沈默是金。下一輪的組黨活動，要等到二十多年之後民進黨登上歷史舞臺，可惜李萬居看不到了。

在多重打擊之下，李萬居糖尿病復發，入院治療。他一輩子都兩袖清風，從未斂聚家產，連醫療費用都發生困難。夫人被迫四處張羅醫療費用，又受癌症侵襲而終告不治。夫人的遽然離世，讓在醫院裡養病的李萬居終日以淚洗面，病情日漸加重，於一九六六年四月九日溘然長逝，終年六十四歲，可謂「出師未捷身先死，長使英雄淚滿襟」。

李萬居並非一個沒有爭議的人物。據中研院臺史所於二〇〇八年所購得的「保密局臺灣站二二八史料」，歷史學者許雪姬指出：「《台灣新生報》社長李萬居派蔡水勝、林章／鐘（因資料中出現此二說法，且二字閩南語音相近，故二字並呈）、蔡朝根、許家庭四人，打入報社中的『接收』委員，刺探阮朝日、吳金鍊等人在事件中的動態。」其後，阮朝日（《台灣新生報》總經理）遭國民黨情治人員帶走、處死，吳金鍊（《台灣新生報》日文版總編、報社副總編）也於報社被強行押走，下落不明。許雪

姬認為，「過去對李萬居之正面評價，在這批史料問世後，應嚴肅的重新審視」。言下之意是，李萬居是告密者，而不是民主先驅。

不過，我個人認為，應謹慎對待這則史料，不能以此孤證完全否定李萬居對臺灣民主自由的貢獻。其一，這則史料出現的時間是一九四七年，那時李萬居回臺不久。即使他真有派人監視之舉，或許他此時仍相信國民黨。等到一九五〇年代以後，他看到國民黨的倒行逆施，便挺身反對之。雷震、殷海光、傅正等人來臺之初，也都相信過國民黨，以後才與之漸行漸遠。

其二，李萬居確實與國民黨有過長期合作的關係。抗戰期間，他在香港參加中統，負責收集關於日本的情報，他較早預估到日本將發動南太平洋戰爭，將此情報傳遞給重慶，幫助政府制訂對日政策。來臺以後，李萬居屢遭打壓，但國民黨並未將其趕盡殺絕，蔣經國亦視之為「十個民間朋友」之一。這是他特殊的歷史經歷和處境，不能因此將他與國民黨劃上等號。

其三，這則史料仍是一個「孤證」，不能成為定論。而且，即便李萬居真的曾經派人監控阮、吳等人，阮、吳等人後來的受難跟李的作為究竟有多大的因果關係，仍需作出進一步的研究與釐清。以當時風聲鶴唳、殺人如麻的情形而論，即便沒有李萬居這條線索，阮、吳等人因長期批判國民政府的政策，早已是特務系統的眼中釘，在二二八事變中很難死裡逃生。

不過，這則史料至少可以說明，歷史與人心是何其複雜、幽微，絕不是「非黑即白」一句話就能說得清清楚楚。

無論如何，李萬居在臺灣民主運動的歷史上佔有其不可替代的重要地位。英國作家奈波爾（V. S. Naipaul）曾經用相當刻薄的話批判阿根廷的現實處境：「這裡有報紙、雜誌、大學和出版社，甚至還有電影業。但這個國家卻仍然不瞭解自身。大街小巷以總統和將軍的名字命名，但這裡卻沒有歷史分析和寫作傳記的藝術。這裡有傳奇和古老的浪漫故事，卻沒有真正的歷史，這裡只有年鑑、統治者名錄和

編年史。」但願臺灣不要淪落到這樣的地步，但願李萬居一生倡導的「精神啟蒙」如今能有更多的傳承者。◆

李萬居精神啟蒙館

地址：雲林口湖鄉梧北村復興路89號

電話：05-7907857

若前往參觀，請先電話聯繫導覽志工李昌明。

· 上圖：作者（中）與前立委林樹山（左）及李萬居志工李昌明（右）合影

園區

可以對抗邪惡的，是正直和勇氣

臺灣聖山生態教育園區

初夏時分，朋友驅車帶我去南投草屯「臺灣聖山生態教育園區」。園區的小入口，一不留心就開過去了。再繞回來，停好車，發現園區比想像的更加宏大，幾位志工迎了上來。

園區由楊緒東醫師及大地文教基金會倡議並打造而成，設有民主廣場、臺灣神社、民主鐵橋等大型建築。有志工長期居住在山上照料，山居生活，宛如世外桃源。一群由志工收養的流浪狗也歡快地奔跑過來。

聖山的志工特別介紹兩件「鎮園之寶」：一件是「二二八臺灣神聖碑」，使用的素材為一塊重約十二噸的臺灣原石，是東部海岸山脈的斑狀安山岩（俗稱麥飯石）。它不但見證過火山噴發，更是在炙熱艱困的環境中產生，象徵著臺灣人追求自由民主獨立的力量如同石頭般無堅不摧，屹立不搖；所遭遇的種種逆境，是通往勝利之路上的重重試煉。

另一件是近五米高的「臺灣神追思牆」，是一道以花崗石片砌造而成的高牆，雕刻有四十九位臺灣先賢的姓名與生平年表。在色系不同、深淺不一的花崗石片上，排列成凹凸不一的牆面，陽光照射下呈現自然的紋理及陰影的變化，代表臺灣在民主路上的坎坎坷坷，如楚國詩人屈原詩云：「路漫漫其修遠兮，吾將上下而求索。」

豐富的生態物種，是聖山園區的另一特色。除了保護原有的物種之外，還種植各種臺灣原生的花草樹木，形成「道在自然」的綠色生態環境。園區的願景是讓人文歷史與自然生態完美交融、互動，對臺灣的愛惜，須落實到對人和對草木蟲魚的愛惜之上。

我在樹下躲避陽光，聆聽鳥兒的歡歌。忽然想起俄羅斯流亡詩人伊萬諾夫寫的那首《俄羅斯的幸福》，如果把「俄羅斯」換成「臺灣」，這首詩同樣貼切：「臺灣是幸福。臺灣是光明。／而或許，臺灣根本不存在。／／臺灣是寂靜。臺灣是塵土。／而或許，臺灣——僅僅是恐懼。／／在塵世間無名的事物上空，／是絞索，是子彈，苦役犯的曙光。」

・二二八臺灣神聖碑與臺灣神追思牆（後）

他們像石頭一樣使火長存

園區內讓我流連忘返的，是散布在各處、造型各異的紀念碑。誠然這裡不如華盛頓阿靈頓國家公墓和莫斯科新聖女公墓那樣規模巨大，但在青山綠水、鳥鳴犬吠之中，每一塊碑石都有獨特的故事，讓人沈思、讓人追想。其中，有二二八受難者、臺大文學院院長林茂生的紀念碑，有歷史學家、臺灣史奠基者張炎憲的紀念碑，有民視的創立者和公投的推動者蔡同榮的紀念碑，還有自焚而死的臺灣老兵許昭榮的紀念碑。當然，不會缺少鄭南榕、詹益樺、陳智雄等為臺獨理想獻出生命的烈士的名字。

誰有資格在聖山園區受後人之緬懷？志工告訴我，選擇紀念對象，主要從三個原則出發：凡是無私、無悔、無所求，為臺灣這塊土地謀福、救民、護土、犧牲者；凡是能為臺灣民主、自由、人權、法治的理念而傾其一生，始終如一奉獻心力與生命者；凡是為臺灣人民主持公平、公理、公義，反抗暴政，勇於靈肉佈施者，皆可入選。

我看到了在「反課綱運動」中以自殺抗爭的林冠華的紀念碑。碑身是一把利劍插在「課綱」上，林冠華將生命煉成一把利刃，劃破強權和謊言。這名不到二十歲的、莊敬高職餐飲科進修部的學生，為了抗議馬英九及其「王大哥」（王曉波）主導的大中華、大一統課綱，在家中燒炭自殺。後來，林冠華的母親受邀參加蔡英文的總統就職典禮，她將蔡英文事先預留給林冠華的位置拍照並上傳臉書，發文說林冠華得到了「最上（搶）鏡頭暴民獎」，並引述愛因斯坦的話：「這世界不會被那些作惡多端的人毀滅，而是被冷眼旁觀、選擇保持緘默的人毀滅。」確實，民主自由不是從天上掉下來的餡餅，需要一代代人持之以恆地捍衛與呵護。

我也看到了梅心怡（Lynn Alan Miles）的紀念碑。一九六二年，梅氏從美國到臺灣學習中文，漸漸發現臺灣政治的黑暗面。他選擇站在雞蛋而不是高牆一邊，幫助彭明敏逃亡瑞典，又試圖搭救李敖及謝聰

· 右上圖：林茂生教授紀念碑

· 右中圖：張炎憲教授紀念碑

· 左上圖：許昭榮紀念碑

・泰源事件紀念碑

敏、魏廷朝等人，結果被國民黨當局驅逐出境，名列黑名單長達二十五年。此後，他在日本經營一個專門營救臺灣政治犯的國際網路，亦成為臺灣地下聯絡網及海外協助網的主要窗口。這位臺灣黑暗時代的人權工作者，晚年越戰越勇，在太陽花學運中，率先衝入行政院，「榮幸地」與學生一起被起訴，成為其中「最老的一朵太陽花」。數月後，梅氏不幸死於肺癌，埋骨臺灣。與之並肩作戰多年的艾琳達，用麥克阿瑟的話緬懷這位「臺灣控」：「老兵不死，只是凋零。」是的，老兵不死，在聖山上永生。

在更高的山坡上，我看到由政治受難者陳武鎮規劃設計並親自施工的「泰源起義紀念碑」。一九七〇年二月八日，泰源監獄一部分主張臺灣獨立的政治犯聯合執行警衛任務的臺灣籍官兵多人，以及當地的原住民青年，以「臺灣獨立」為目的，發動監獄革命。國民黨當局調動重兵鎮壓，起義失敗。鄭金河、陳良、詹天增、謝東榮、江炳興等五人判處死刑。多年後，在公佈的政府文件中，人們發現了蔣介石的親批紅字：「如此重大叛亂案，豈可以集中綠島管理了事，應將此六犯皆判刑槍決，而賴張李等三犯以警衛部隊士兵，而竟預聞逆謀不報，其罪難宥，應照法重處，勿誤。」獨裁者對司法獨立缺乏基本的尊重，自以為是掌握他人生殺予奪之權的閻王爺。泰源事件後不久，所有的政治犯都在海陸空嚴密監視下，被移拘到綠島的「綠洲山莊」關押。近年來，政治犯團體推動於綠島人權園區設立泰源事件紀念碑，卻未能成功，最後將紀念碑設立於聖山園區。

志工告訴我，聖山的慰靈碑也包括一九五〇年代死於白色恐怖的統派和左派人士。雖然聖山園區和大地基金會的傾向無疑是獨派，但從普世人權價值出發，他們相信任何人都不能因為有不同的主張、觀念和言論而遭到獨裁政權的殺害。對此，我稍稍回應說，我非常贊同這一理念，只要不是中共派遣、控制、組織的負有顛覆使命的地下黨人，若只是思想和言論上的左派，為其思想和言論付出自由乃至生命代價，當然有資格被後人追憶和悼念。

看哪，這裡也有圖博人的紀念碑

最能體現聖山弘揚普世人權價值的是「圖博英雄塔」。該塔高約六米，中段主體部分為一鐵製塔身，乃是中國文化大革命時期，被毀壞的寺廟之殘存文物。塔上有兩顆大小石球，在藏傳佛教中象徵圓滿。下面為一大理石方形基座，象徵大地。基座上刻有圖博國旗，更特地以藏文刻上二〇〇八年以來為圖博自焚犧牲的烈士姓名。基座上還有一段紀念文字：

> 佛國淨土，瞻洲之巔，自佛法傳入，君民崇敬三寶，尊釋迦文佛教法為利樂寶藏、幸福泉源。直至藏曆土豬年（公元一九五九年），兵刀劫起，共產中國侵略圖博，雪域三區緇素起義抗暴，組織四水六崗衛教軍抗敵，護衛嘉華仁波切安抵印度，延續國祚法脈。然而圖博傳統與宗教文化被毀，逾百萬博巴死於殺戮饑荒。土蛇年（公元一九八九年）拉薩戒嚴，抗暴之聲再起；土鼠年（公元二〇〇八年）中國武力鎮壓全境抗議，至此不分僧俗，焚己身成火炬，烈焰逐霞，光照金頂，逾百三十人。今在臺灣聖山，養靈於此，修煉元神，剋期成道，乘願靈歸故土，無形應化，精神所至，樹民主法幢，立自由火炬，奠基人權建國。

「圖博英雄塔」揭幕時，臺灣圖博之友會會長周美里受邀致詞時說：「我要特別感謝臺灣朋友，全世界這麼多國家、這麼多人民，除了印度德蘭薩拉流亡藏區有一個紀念碑之外，只有這裡，只有臺灣人民記得他們、紀念他們。」周美里還尖銳地譴責中共的暴政：「碑文寫著『佛國淨土、瞻洲之巔』，今天一個『佛國淨土』，為何會變成人間煉獄呢？上面刻了一百四十幾位自焚的圖博人，是什麼樣的暴政，讓這些年輕人願意為自由犧牲自己的生命？」

· 圖博英雄塔

西藏流亡政府駐臺代表達瓦才仁在致詞時表示：「我們可以看到有很多自焚的藏人，自焚以後，中國政府一定要把屍體給搶走，而很多藏人要去保護屍體。那些保護屍體的人，很多都會被以殺人罪或這個罪、那個罪，判處幾年、十幾年的徒刑，然後那個屍體一定會被搶走。為什麼要搶走呢？它就是一個消滅記憶的一個過程！」他強調說，「在專制統治下追求自由的過程，往往不是一個、兩個戰役就結束，它是一個非常漫長的耐力、毅力和決心的較量，同時也是記憶、消除記憶以及遺忘的較量，在西藏、在臺灣，都可以看到這樣的現象。」

雪域高原離臺灣很遙遠，但兩地熱愛自由的人心卻是相通的。楊緒東醫師表示，希望未來邀請達賴喇嘛來臺灣，到聖山參觀「圖博英雄塔」。全世界反抗極權暴政的自由人，都應當成為攜手前進的朋友。

不必以「人」為「神」，可以打造臺灣的「先賢祠」

不過，我在參觀「臺灣神社」時，心中萌生一絲困惑：其神社的建築風格和祭祀方式與日本神道教太過相似。神道教並非一種普世的宗教信仰，神道教中過於強烈的「日本因素」，未必能被年輕一代臺灣人以及其他國族的人士所認同和接受。而且，這裡祭祀的若干臺灣先賢，各有其個人化的宗教信仰，未必贊同將其尊為「神」的紀念方式。導覽的志工也承認，此前有作為基督徒的遺屬不願接受「臺灣神」的命名以及祭拜方式，改用注目禮緬懷其先輩。

聖山創始人楊緒東醫師認為，行世界公理、公義、公平的「殉道者」，就是弘揚上帝精神的「人神」，能為臺灣犧牲奉獻的烈士就是「臺灣神」。「拜臺灣神」亦為了提振臺灣人的「自尊」，為了「教育」。所稱之「臺灣神」，並無「血統」、「人種」之別，其在於對臺灣所付出的奉獻，能合乎天地良心，而能秉持終生的堅持。他試圖引入基督教、神道教、佛教等不同宗教的元素，打造一種以「臺灣」為主體的信仰。

但是，我個人認為，此初衷固然不錯，但實踐起來困難有三：第一，憑空打造一種「臺灣宗教」和一系列「臺灣神」，非短時間內可以實現，很難成為社會共識。第二，就宗教學層面而言，「人」與「神」混淆，是原始宗教；「人」與「神」截然分離，才是現代宗教。已進入現代社會的臺灣，不能推廣原始宗教，而應傳播現代宗教。第三，普世人權價值很難被某一宗教所「圈禁」，若是張揚普世人權價值，最好使用某種更具現代意涵的、世俗化的方式。

那麼，法國的「先賢祠模式」，或許是一種更好的思路。巴黎先賢祠的前身為路易十五時代就開始興建的聖日內維吾（或譯聖女熱納維耶芙）教堂，羅馬萬神殿一般的穹頂，加上地下墓室，構成了十八世紀末期威嚴建築的整體。教堂竣工之日恰逢法國大革命爆發之時，革命政權將教堂改為埋葬「偉大的法國人」的陵墓。兩百多年來，伏爾泰、盧梭、雨果、居禮夫婦、莫內、大仲馬、孔多塞、左拉等「偉大的法國人」一一被迎入先賢祠，至今已有七十多位人物享受這至高的榮譽。

在法國，進入先賢祠的條件非常嚴苛。該建築的興建者路易十五、「戰神」拿破崙、小說家巴爾扎克、莫泊桑等，都未能在此佔有一席之地。法國當代的歷屆總統及總理，身後沒有一個葬入先賢祠。戴高樂將軍讓法國從戰敗的恥辱中重新站起來，但自他去世後未曾有人提議將其遺骨遷入先賢祠。而且，即便已經進入先賢祠的名人，一旦發現品格上有問題，也可能被遷出，如革命家米拉波、馬拉都遭受了這種身後的羞辱。

根據法國現行法律，要想進入先賢祠，必須由總統提名，經國民議會通過。在網路時代，法國政府希望更多聽取網路民意。國家文物中心主席菲利浦•貝拉瓦爾組織專門委員會，就如何有效發揮先賢祠的作用以及入祠人選提名進行調查研究。該委員會宣佈，每個網民都可推薦兩名最敬仰的法國偉人，被推薦者的功績可從「人道主義事業」、「政治活動」、「對和平的貢獻」、「科學發現」、「藝術才華」

或「體育成就」等多方面考慮。

巴黎先賢祠是承載整個法蘭西民族精神的聖地，每天都有成千上萬的法國人和世界遊人來此拜訪那些不朽的靈魂，聆聽教誨，思考人生，從偉人身上汲取養分。安葬在這裡的偉人既代表了法國思想和精神的發展脈絡，也是法國歷史的縮影。

既具有一定的宗教氛圍和超越性的精神意涵，同時又高度世俗化、普世化的「先賢祠模式」，成功地形塑了法國的現代文明和民主精神。那麼，臺灣聖山生態教育園區未來的發展方向，或許可以從「先賢祠模式」中汲取經驗與智慧。◆

臺灣聖山生態教育園區

地址：南投縣草屯鎮坪頂里股坑巷30之57號
電話：049-2569645

・下圖：作者與聖山園區義工及友人留影（照片由作者提供）

國立台灣文學館

比大陸更廣袤的島嶼，
比生命更長久的文學

臺灣文學館

在少年時代，我與臺灣文學的初次相遇，始於一份福建出版的雜誌《台港文學選刊》，那是我愛不釋手的枕邊書。雖然那本雜誌中「臺灣文學」的概念，已被中國官方的文化檢查機構扭曲，他們不喜歡的臺灣作家和作品都被遮蔽，但我仍然從中讀到不少驚豔之作，跟奴性十足的中國當代文學有著天淵之別。那一階段，我讀的大都是外省作家的流亡文學或離散文學，比如柏楊、白先勇、鄭愁予、余光中、聶華苓、陳映真、張大春等人的作品。

上了大學，有機會在北大圖書館找到原版的臺灣書籍，我才讀到臺灣本省人扎根於本土的作品，從賴和、楊逵到林耀德、成英姝，一路讀下來，大開眼界，正如文學評論家陳芳明所說：「走過八十年漫長的歷程，臺灣文學所累積起來的高度，完全不會輸給任何一個亞洲國家。……文學的內在張力、想像的富於彈性、技巧的反覆求變，那種質感絲毫不遜於任何時空的作家。」再後來，我每年都到臺灣訪問，先後認識了林瑞明（林梵）、季季、吳晟、陳芳明、宋澤萊、鴻鴻、平路、吳明益、楊翠等臺灣作家，他們的人和作品引領我認識一個新的世界。

有一次，我在臺南的一家書店開新書發表會，來了一位穿著原住民服裝、皮膚黝黑的老人，我以為他是原住民部落的酋長。會後，他走過來自我介紹說：「我是林瑞明。」我立刻想到他以林梵的筆名發表的那首題為《思想犯》的詩：「啊！所有的動物中／只有人才會關人哪／思想穿透牢籠的障礙／獨立於時代之外／被關的人傲然挺身／誰也關不了愛與夢想／精神自由飛翔／遠遠高於關人的人。」作為中國的思想犯的我，對那首詩有深切的共鳴。我們立刻如同忘年交般，天上地下都談開了，然後一起去夜市吃宵夜。

林瑞明老師熱情邀請我去臺灣文學館演講，他是臺灣文學館的首任館長。從那以後，每次訪問臺灣，我都會去臺灣文學館演講。有一次，聽眾中有一位到臺灣「自由行」的陸客，是一位帶著孩子的媽媽，在中國一所大學任教，她在大學時代曾讀過我的處女作《火與冰》。演講結束後，她走過來告訴我，她是偶然路過這裡，發現如此宏偉優雅的老建築居然是一座文學館，而且還有專門供孩子閱讀的溫馨空間。更巧的是，她又發現我下午演講的海報，於是留下來聽。謝謝臺灣，謝謝臺灣文學館，讓處於分離狀態的我和我的讀者，在這個特殊的空間中再次相遇。

從舊時官廳到今日文學殿堂

這位遠道而來的讀者，不經意間揭開了臺灣文學館的一個小祕密。這座恢宏典雅的老建築，百年來有著一段不平凡的經歷：日治時期它是管轄整個臺南州的衙署，戰後成為空軍供應司令部及臺南市政府。建築功能的變遷，彷彿一個人波瀾起伏的生命歷程。臺灣現代史上很多重大的政治事件，都在這棟建築上留下了烙印：在二戰期間，它成為美軍轟炸的目標，受到很大的毀壞；在「二二八」事件期間，湯德章等人在門外的公園（今湯德章紀念公園）遭到殺害。

老房子必有老故事。學者蘇峯楠在《空間的流轉》一文中指出，日本大正時代，殖民當局在臺南市中心規劃集結七條大道的圓環，在周邊設立官署、博物館、銀行、法院、神社等公共建築，企圖營造政經權力集中的象徵性空間。該州廳建築於一九一六年完工，採用西洋古典樣式，為著名建築師森山松之助設計。其整體形象彰顯了文藝復興時代的價值：理性、對稱、典雅且富於秩序感。日本人通過歐洲古典風格的建築物，炫耀明治維新以來日本脫亞入歐的文化成果，並塑造帝國權威，給當地民眾「仰之彌高」的感受，從而強化殖民地的秩序感。

不過，比起昭和時代張牙舞爪的軍國主義風格的建築，以及德國納粹更具剛硬冷漠的法西斯美學風格的建築，大正時代的建築多少有幾分明亮溫暖的人性化色彩。日本學者竹村民郎在《大正文化》一書中指出：「就政治、經濟、文化各種領域不斷與未知遭遇這一點來說，『大正』是潛藏巨大可能性的時

·大正時代建築風格帶著人文氣息

代。」那段時期，麵包和咖啡豆在日本城市中普及，以紅色屋頂為象徵的郊外住宅文化流行開來。那時的日本沒有狂妄到要顛覆歐美先進文化的地步，在建築上對歐式風格趨之若鶩。

大正時代的自由之風也吹到臺灣：臺灣總督改由文官出任，臺灣議會設置請願運動，臺灣文化協會、臺灣農民組合、臺灣工友總聯盟等各種政治、社會運動組織蓬勃興起。而臺灣現存的日治時代最漂亮的一批紅磚歐式建築，大都是那個時代修建完成。我在「臺灣民主地圖」系列中寫到的好幾處地方，如臺灣總督府、國立二二八紀念館、葉石濤紀念館等，甚至比日本同期的建築更漂亮。日本建築師在日本本土束手束腳，就將臺灣當作施展拳腳的好地方。

一九九〇年代，臺灣民主化之後，經歷了「空間解嚴」的過程，其標誌是陳水扁時代定期將總統府向民眾開放參觀，並將「中正紀念堂」牌坊上的「大中至正」四字改為「自由廣場」。在臺南，則是這座高高在上的政府大樓變身為臺灣文學館，這一大手筆顯示了臺南要成為「文化首都」的抱負。蘇峯楠指出：「博物館的進駐，讓臺南州廳經歷了權力空間的解放，這裡不再是權威核心的官署，而是成為主動擁抱社會大眾的文化場所。這一段空間的解構與再建構過程，再度審視了歷史，也重新找回了『人』的價值。」尊重並傳播文學藝術，是公民社會精神提升的重要表現。

臺灣文學館裡面有一個名為「舊建築新生命」的常設展覽，主要呈現文學館建築古蹟的歷史風貌及維修後新生的意義。我步入新舊建築的交接處，發現那是兩層挑高的中廳，暖暖的陽光從玻璃牆射進來，光影之間，彷彿時間在流動。在原建築的衛塔部分，特別裸露出當初的建材，可以看到像拱橋一樣的地樑，有通風、除濕之功用，其設計別具匠心，已充分考慮到環保節能的面向。

・臺灣民主化之後，經歷了「空間解嚴」的過程，舊建築有了新生命

山與海的對話：有容乃大的臺灣文學

臺灣文學的發展，從早期原住民、荷西、明鄭、清領、日治、民國以來，世代更迭，族群交融，累積了大量作品，孕育出豐厚多元的內涵。臺灣文學館作為臺灣第一座國家級的文學博物館，除蒐藏、保存、研究的功能外，更透過展覽、活動、推廣教育等方式，使文學親近民眾，帶動文化發展。

作為一名寫作者，我對作家手稿和書房的喜愛，遠超過故宮中專供帝王把玩的那些工藝品。在文學館的每一間展廳中，都藏有若干我眼中的無價之寶。

常設的「臺灣文學的發展」堪稱一部立體的、流動的、濃縮的臺灣文學史——與其在課堂上聽教授把文學史講得枯燥無味，不如到這裡花上兩個小時完成一次對臺灣文學的巡禮。

在第一間展廳中，有兩個重要意象：「牛」和「鐵枝路」。有關「牛」的部分，是講臺灣從農業社會轉型到工業社會的過程；有關「鐵枝路」的部份，則呈現作家從家鄉進入都市時坐火車的過程。這是現代化過程中很多臺灣文學家普遍的兩種人生體驗，他們的作品經常出現這兩種事物：呂赫若寫過小說「牛車」，臺灣文學之父賴和也描寫過坐火車的經歷。

另一個有趣的主題是「作家的書房」。不單單以複製作家書房的方式來呈現，更輔以動態魔幻劇場的多媒體來表現。參觀者會發現真實的場景與3D裡的場景是一樣的，形成某種鏡射關係的虛實對照。文學家辛勤筆耕的創作歲月如在眼前，那真是一種腦力和體力的雙重勞動。

我對臺灣文學史非常熟悉，這個展覽可以跟我讀過的臺灣作家的作品一一對照。臺灣是多元族群共居之島嶼，眾聲喧嘩的母語文學是臺灣文學的一大特色。母語文學展覽以彩色的海馬為主要圖樣，代表臺灣多元文化的傳承與活力。展場分成「原住民族語文學」、「客語文學」、「臺語文學」三個區塊，呈現出土地、生活與文學的關係。

在沒有文字的年代，原住民以口傳的方式，將傳說、儀式教授給下一代。展區內搭建了平埔族、排灣族的建築模型，在每座房舍前面都能聽到對應的原住民的聲音，讓參觀者彷若置身先民生活的時空。而在「臺語文學區」，則有「詩棚區」與「戲臺區」。「詩棚區」摘錄臺語詩人的詩作，以果實的意象懸掛在詩棚上，一旁擺放著椅凳，讓參觀者彷彿置身夏日夜晚的三合院落，晚風徐徐吹來，親族長輩談笑的話語就是最深刻的詩句，結出累累的生命果實。「戲臺區」則播放著臺語戲劇，並展示戲服、道具等物品。

在電腦和網路時代，作家大都用電腦鍵盤寫作，很少用紙筆寫作。寫作方式的變遷，讓效率大大提高，卻使作家手稿成為罕見之物。我在展覽中看到許多尊敬的前輩作家的手稿，如楊逵在監獄中所寫的家書，字如其人，那麼樸實無華，卻又正直堅強。牢獄之災沒有摧毀他的信念，那個關押他的獨裁政黨，最終被他的曾外孫魏揚以及太陽花這一代青年人掃進歷史的垃圾堆。

誰能否認，最好的華文文學在臺灣？

有一次，我應邀去臺灣文學館演講。那天正下著雨，門口卻站著一名冒雨舉牌的抗議者，大學生模樣的瘦弱男子。從他舉的牌子可以看出，他抗議政府任命一位非文學出身的館長。這一幕讓我意識到，文學與權力的戰爭並未終結。不過，在公民的言論自由得到保障的臺灣，舉牌抗議者不會像在中國那樣「被消失」。

這一幕讓我想起十多年前，我從北大畢業，本來要去跟臺灣文學館對等的一個單位——中國現代文學館——從事文學研究工作。上班的第一天，我被告知，「中宣部下令不准你工作」。於是，我一畢業就失業了，我甚至不能到中國現代文學館門口舉牌抗議。

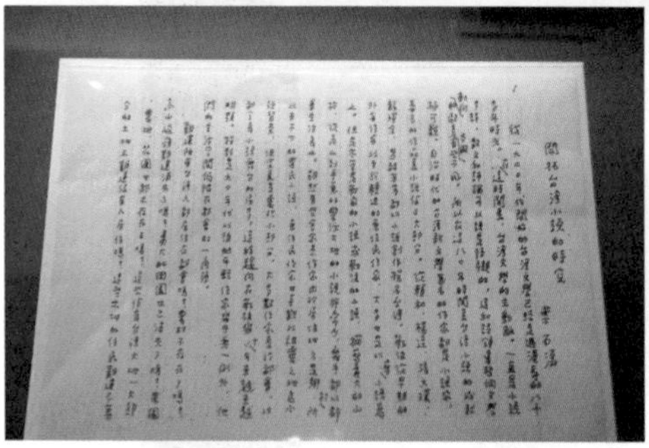

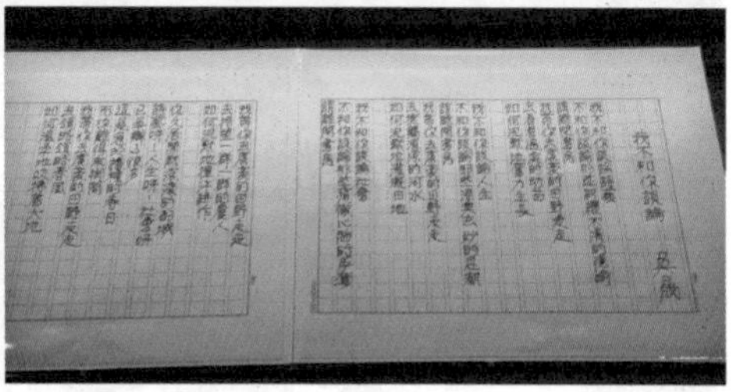

· 左下圖：葉石濤的手稿

· 右下圖：吳晟的詩

・上圖：拱橋一樣的地樑

・下圖：以多元的展示方式，呈現臺灣文學豐富、多彩的內在世界後來，我才悟出「塞翁失馬，焉知非福」的道理。幸虧沒有進入中國現代文學館，因為那是一個跟文學無關的官僚機構：臺灣文學館中展覽的，是美和自由的文學；中國現代文學館中展覽的，則是奴才和奴隸們的「政治宣傳」——此刻，中國現代文學館的網站上如是說：「在中國共產黨建黨九十五周年之際，為紀念中國工農紅軍長征勝利八十周年，為展現『長征』這一重大文學題材的生命力，由中國作家協會主辦，中國現代文學館承辦的《紅軍不怕遠征難——文學中的長征》展覽於八月十二日文學館A座開幕。」

當年，奉命拒絕我進入中國現代文學館工作的，是館長舒乙——作家老舍的兒子。舒乙為了保住頭上的烏紗帽，不敢違抗中宣部的命令。難道他忘記了父親老舍是怎麼死的嗎？

一九六六年八月二十三日下午，老舍、蕭軍、荀慧生等四十多名作家、藝術家被北京第八女子中學的紅衛兵抓到國子監批鬥。紅衛兵以「破四舊」之名焚燒書籍、戲裝，強迫被批鬥者跪在火堆前。紅衛兵往他們頭上倒上墨汁，用木刀在他們頭上亂砍。一個紅衛兵喊道：「這老東西的頭破了，流血了，他媽的太嫩！」這個流血的「老東西」就是老舍。

蕭軍遭到紅衛兵用棍棒和銅頭皮帶毒打時，心中憤怒至極。他想：憑自己的功夫，可以打倒十幾個人。但紅衛兵圍得裡三層外三層，爭相出手，打人打得發瘋了一般，最後自己一定寡不敵眾，會被打死。自己死了就死了，可其他被鬥的人呢？包括旁邊的老舍等「牛鬼蛇神」，會一道被打死。他想了又想，壓下反抗的衝動。蕭軍倖存下來，不堪繼續受辱的老舍第二天投湖自殺。

耗資巨大、美輪美奐的中國現代文學館仿建了幾位名作家的書房，當然有老舍的書房。旁邊的解說卻對老舍自殺的悲劇遮遮掩掩，更不會提及老舍的傑作《貓城記》。《貓城記》是一部反烏托邦小說，出版於一九三二年，比《動物農莊》早十三年。《貓城記》的主人公被一群長著貓臉的外星人帶到貓城，看到貓城裡人人吸食麻醉劑、學生毆打老師、出賣祖先文物。三十四年之後，小說裡的情節成了活生生

· 新舊建築的交界處

的現實。王小波說：「知識分子最怕活在不理智的年代。」所謂不理智的年代，就是伽利略低頭認罪並承認地球不轉的年代，也是拉瓦錫上斷頭臺的年代；是茨威格服毒自殺的年代，也是老舍跳進太平湖的年代。

一個國家，如果連作家都是奴才，其國民又怎麼可能成為公民？這就是中國的現狀，余秋雨永遠走紅，莫言能獲得諾貝爾文學獎。去過中國現代文學館的讀書人，一定會發現那是一座奴才的公墓；而去過臺灣文學館的讀書人，一定會肅然起敬，因為那裡凝聚了一群高貴的靈魂。陳芳明對臺灣文學的評價，經得起歷史考驗：「最好的漢語文學，並未發生在人口眾多的大陸中國，而是產生於規模有限的海島臺灣。全世界最好的華文作家，都選擇臺灣的讀書市場作為最佳檢驗。……能夠使臺灣的文學容量變得那麼寬厚，無疑是拜賜於族群的參差多元與藝術的龐雜豐饒；而且每位創作者都願意接受一個開放的、公平的民主社會。」

就文學而言，海島的臺灣比大陸的中國更大、更寬廣。臺灣有那麼多為自由、獨立而寫作的人，飽經憂患，屢敗屢戰，甚至被下獄、被殺害，但從未放棄用筆說真話。美國華裔作家哈金在詩集《沈默之間》的序言中寫道：「作為一個幸運者，我為那些不幸的人發言，他們受苦受難，忍辱負重，在生活的底層消亡；他們創造了歷史，同時又被歷史愚弄或毀滅。」這也是賴和、楊逵、鍾理和、葉石濤、鍾肇政、柏楊、王文興、宋澤萊等臺灣作家共同的信念。◆

臺灣文學館

地址：臺南市中西區中正路1號
電話：06-2217201
開放時間：週一休館
週二至週日 09:00-18:00
（週五與週六延至21:00）

熱血洗沙場，
江河回故鄉

高雄中學

在遍及全臺灣的二二八屠殺中，高雄中學是唯一受到國民黨軍隊攻擊的中學。一般來說，即便在敵國交戰時，通常都不會向學校開火。但對國民黨而言，鎮壓「內亂」，似乎比抵抗外敵更得心應手，國民黨軍隊對學校、教會和醫院從來不心慈手軟。

下令攻擊雄中的高雄要塞司令彭孟緝，在回憶錄中將雄中視為「暴徒」的大本營，而雄中自衛隊更是一個發起「暴動」的叛亂組織。那麼，雄中自衛隊真如彭孟緝所說，個個都是青面獠牙、凶神惡煞的暴徒？

當我造訪高雄中學時，迎接我的是圖書館館長吳榮發老師，他對高雄二二八的歷史頗有研究。吳老師告訴我，學校主樓是日治時代修建的漂亮而堅固的紅樓，同一時期的臺灣大學、成功大學也有類似的紅樓。我回應說，我很喜歡這種西式紅樓，我的母校北京大學的第一棟現代建築就是紅樓。吳老師說，跟其他紅樓相比，雄中的紅樓最大的不同之處是，面向火車站的那面牆上，至今仍可看到斑斑彈痕。

那雙拿筆的手，也曾拿槍

吳老師帶我到主樓東邊的牆下，將那些彈痕指給我看。果然，經歷了半個多世紀的風風雨雨，或深或淺的彈痕仍清晰可見。其中有一處五十公分的坑洞痕跡，一看就知道是用砲彈轟的。

彭孟緝不愧為砲兵中將，早年奉派赴日本野戰砲兵學校進修，返國後任陸軍砲兵學校主任教官，深知砲兵的利害，對平民也使用重炮。他悍然下令對中學開炮，至於砲彈射出之後，結局是血肉橫飛，還是屍骨無存，他懶得仔細評估——只要是敵人，就可以統統「消滅」。

屠殺之後，國民黨跟共產黨的做法略有差異：中共製造天安門慘案之後，短短幾天之間，調動大批人力，將人民英雄紀念碑護欄上的血跡抹去，有彈痕的花崗石逐一換掉，一切完好如初，風平浪靜，似乎

· 牆上的彈孔

雄中
高雄市立高雄高級中學
青年創造時代
時代考驗青年

禮義廉恥
蔣中正題

那裡從未發生過流血事件。而國民黨的「高雄屠夫」則故意保留雄中牆上的那些彈痕，以此震懾師生，成為教育師生「忠黨愛國」的最好例證——若不跟著黨國走，就死無葬身之地！

然而，人心是無法壓服的。彭孟緝的企圖適得其反：雄中校友、詩人李敏勇中學時代自由精神的啟蒙，偏偏就來自於這些每天抬頭就能看見的彈痕：「一九六〇年代，高中時，從一位體育老師指著教室外牆上斑駁彈痕，知曉二二八事件。種子埋藏在心中的土壤。」

回到辦公室，吳老師將一批雄中自衛隊的歷史資料展示給我看。二二八事件發生後，高雄市民是如何應對？雄中學生有什麼樣的反應？

三月四日，雄中的學生們聚集在學校的體育館開會，平時在同學中頗有威信的李榮河認為，為了保護校園，有必要成立學生自衛隊。眾人推舉李榮河擔任隊長，陳仁悲任副隊長。他們抱著「在大時代變動中學生們可以做些什麼」的念頭，帶領雄中、雄女、雄商和雄工等四所學校的學生，主動出面維護校園和附近的治安。

當時，雄中的校長為林景元，他是一位數學家，文質彬彬，老成持重。留用的日籍教師曾我廣一認為，林校長是一位人格相當高潔，自我要求也很嚴格的人。林校長不同意學生自主行動，勸說大家盡快回家。但同學們執意留守校園，林校長只能口頭勸誡，然後退回校長宿舍。

即便如此，兩天之後林校長仍然被捕，與次子林有義被拘禁五十多天，受盡虐待。林有義回憶說：「阿兵哥以很粗的鐵線反綁父親雙手，以老虎鉗用力絞緊。鮮血自父親手腕沁出，衛兵又以日本刀毆打頭部，導致父親前額血流如注，而我用舌頭整夜舔他的傷口及至止血為止。三天二夜滴水未沾。」秀才遇到兵，有理說不清，軍人的殘忍與兇狠讓人不寒而慄。而父子情深、相濡以沫的場景，更是催人淚下。此類暴行，以「人民慈父」自居的蔣介石，難道一無所知？

讓我更為莫名驚詫的是，許多經歷過中共六四屠殺的知識分子和民運人士，對於跟六四屠殺性質一模一樣的二二八屠殺乾脆閉目塞聽。他們不滿中共的暴政，居然轉而擁抱同樣是屠夫的蔣介石及國民黨，視之為「民主燈塔」、「人民救星」。他們以為只要國民黨回中國執政，中國就萬事大吉了。這是知性的欠缺和思維的惰性導致的「甘心為奴」的惡果。

雄中自衛隊的成員們擔心外省籍老師受到傷害，請老師們住到二樓，並僱請工友為老師們做飯。同時，自衛隊設置民眾保護所，一百三十名外省人聞風而至，自衛隊均給予妥善安置。自衛隊又派出巡邏隊，維持周邊地區的治安。高工學生還開車將鐵工廠、煉鋁廠內高階外省公務員載到校內安置保護。自衛隊的這些做法，跨越省籍，胸襟開闊，境界高遠，堪稱「幼吾幼以及人之幼，老吾老以及人之老」。

其實自衛隊的戰鬥力，被國軍故意誇大——如此才能顯示他們鎮壓有理。自衛隊成員大都是稚氣未脫的學生，而非職業軍人。他們確實分發了學校收藏的日本統治時期用於軍訓的一些武器，但這些槍枝多半都已無法使用，經由臺南工學院的學長整理後，殺傷力仍相當有限。他們一度組成「決死隊」，試圖衝到火車站驅逐憲兵，控制交通樞紐，卻在憲兵的還擊下迅速潰散，可見他們並不具備作戰能力。

三月六日，國軍攻佔高雄市內主要據點後，將雄中包圍。七日凌晨，兩個營的兵力攻擊雄中，並在火車站屋頂架設四門迫擊砲向校內射擊，同時拉來要塞砲直接射擊校舍。此時，自衛隊的成員大都散去，國軍佔領的是一座空空如也的校園。

誰將勇士當暴徒？誰將屠夫當英雄？

事後，彭孟緝為了掩飾其屠夫行徑，將此次事件定調為學生有計畫地推翻政府，並宣稱握有「學生軍組織表」、「告親愛的同胞書」、「高雄學生聯合軍本部關防」等煽動的證據，認定學生們拘禁一千多名外省人並綑綁部份外省人作為「沙包」。這些謊言謬種流傳了多年。

在白色恐怖時代，自衛隊成員無法公開辯白。然而，無須自衛隊成員出聲，僅僅根據當時進攻雄中的步兵連長王作金的回憶，即可讓彭孟緝的謊言不攻自破：「我們步兵班進入高雄第一中學校園搜索後，未發現有人傷亡，也沒有看到有外省人被綁在窗口，以後便退回火車站。」

國民黨當局在輿論宣傳中污衊自衛隊成員「受日本奴化教育的毒害」。殊不知，自衛隊隊長李榮河正是反對日本殖民統治的先鋒。戰爭後期，日本特高警察濫捕臺灣地方士紳及知識分子，羅織罪名製造東港事件等冤獄，李榮河的父親遭到逮捕拘禁，九死一生才劫後歸來，李家從此被嚴密監控。李榮河體格強健，為人豪爽，在學校遇到不平事件，常常挺身而出，幫助被日籍學生欺負的臺籍同學。他怎麼可能是日本奴化教育的犧牲品？從照片來看，這位英姿颯爽的青年，本該是國家棟樑，偏偏成了有口難辨的「叛亂分子」。

反之，彭孟緝才是奴才中的奴才。據孫立人將軍回憶，蔣介石甫來臺時，驚魂未定，彭孟緝極盡奉承之能事，每天燉一盅雞湯給蔣補養身體。曾任臺灣省長的吳國楨評價彭「人品極劣」，多次痛斥其濫殺無辜。彭靠著屠殺民眾的「功績」，升任臺灣警備總司令、臺灣省保安副司令、臺北衛戍司令等要職；由此，更涉足情治系統，一手遮天。敗退來臺的國軍上將多如牛毛，偏偏彭孟緝這個並無顯赫戰功的中將，飛黃騰達，成為陸軍一級上將、國軍中唯一兩度出任參謀總長的高級將領。彭晚年位列國民黨八大元老之一，在李登輝時代仍不甘寂寞，不時興風作浪。

臺灣缺乏轉型正義的重要標誌，就是蔣介石、彭孟緝等屠夫從未受到清算。彭孟緝之子彭蔭剛（中國航運董事長，前香港特首董建華的妹夫）為了給父親摘去「高雄屠夫」的帽子，利用中研院研究員朱浤源、黃彰健等人寫翻案文章。有錢能使鬼推磨，兩名學者居然得出「彭孟緝處理高雄事件未犯錯」的荒唐結論，士林為之蒙羞。

二〇一五年，彭蔭剛隨同連戰前往中國參加閱兵典禮，並以「中華民國國民」的身分在《聯合晚報》

・上圖：作者與高雄中學的老師及在地文史工作者合影（照片由作者提供）

・下圖：高雄中學圖書館館長吳榮發老師向作者介紹高雄中學紅樓牆壁上的彈痕（照片由作者提供）

頭版刊登半版廣告，力挺連戰此行。彭蔭剛表示，他父親曾在八年抗戰中參加各大會戰（比起屠殺民眾來，在抗日戰場上，彭並未立下顯赫戰功），「我們沒有理由反對大陸盛大舉行抗戰勝利大典」。他曾向總統府建議，臺灣應主動向大陸提出，願意派國軍三軍儀隊代表出席。馬英九雖親中，但沒有愚蠢到如此地步，遂將彭氏之建議束之高閣。

彭蔭剛太過健忘，他難道不知道，當年將他老爹和「蔣公」趕到臺灣來的，正是他欣賞的「展示國力」的共產黨軍隊？他明目張膽的「附匪言行」，若在他老爹當警總司令的時代，可是殺頭的大罪。他難道不怕老爹從墳墓裡爬出來，大義滅親地將他送去綠島管訓終身？

破除孫文崇拜，恢復校園自治

下課時候到了，剛才還寧靜的校園，頓時人聲鼎沸。青春多麼美好，中學生們活潑的身影，像音符一般流淌在校園的每個角落。他們可曾知道，這裡曾是硝煙瀰漫的戰場？是誰，讓他們的前輩，本來是捧書本的手，不得不握住長槍？

雄中有著源遠流長的自由民主的校風和傳統。雄中校友、英語教育先驅、同時也是白色恐怖受害者的柯旗化，在回憶錄《台灣監獄島》中如此描述戰後初期雄中的生活：「言論完全自由，任何事情都可以討論。我們初次嘗到沒有約束的自由生活，覺得很幸福。」男孩子們拒絕將頭髮剪成鍋蓋，留著瀟灑的長髮。今天雄中的少年人，有沒有決心和勇氣，擁抱自由與幸福？

自由與幸福不會從天而降，必須通過抗爭乃至為之犧牲——如果你不挺身反對黑箱課綱「微調」，你就會再度淪為黨國洗腦教育的受害者。雄中人沒有忘記紀念自衛隊的前輩們，在紀念雄中自衛隊的活動中，學生代表在宣讀誓詞時如是說：「我們不是草莓族也不是沒有思想的蘆葦，當不公不義與違反民主人權侵害到文明社會的基本價值時，我們會繼承學長們的精神，秉持熱情和勇氣，發揮智慧與韌力，為社會正義與人類文明盡最大努力，擎起不滅的火炬，讓歷史不再有遺憾。」如此聰慧、純潔與勇敢的中學生，就是臺灣社會生生不息的亮光。

臺灣社會又處於民主深化的轉折點。在立法院內，民意代表們開始了新一輪取消「國父」崇拜的辯論，他們暫時還不敢將議堂中高高懸掛的孫文像取下來。大人們在打口水戰，雄中的少年人卻先行一步：二〇一六年二月二日，高雄中學學生聯合自治會宣布，從本學期開始，始業式、休業式改在集合場（升旗處）進行，簡化流程，取消向國旗暨「國父遺像」行三鞠躬禮。

此一消息激起某些國民黨人及其支持者的反擊。對他們來說，若無「國父精神」支撐，天真的會塌下來。有趣的是，共產黨政權更氣急敗壞，跨海指點所謂「臺灣進步力量」趕緊出聲「捍衛憲法」——捍衛誰的憲法？捍衛哪一部憲法？共產黨不是不承認中華民國嗎？為什麼又支持中華民國憲法？

在爭議聲中，高雄中學學生聯合自治會學權部長涂峻清，投書媒體闡述了他們去除孫文崇拜的有關理由。首先，「對旗幟與肖像行禮，是一種服從權威與圖騰崇拜。民主國家不會要求人民表現出對國家符號的強烈認同。」其次，「國旗、國父都是政治圖騰，而敬禮是一種政治表態，對威權政治表態不應該出現在培養自主思考的校園。臺灣邁向政治民主化，這種戒嚴時期的產物早該走入歷史，落實轉型正義。」最後，涂峻清的結論是：「學生自治，是為了更好的校園生活。……期盼在未來，各校學生都可以用自己的力量，讓校園環境更加自由民主，迎向更好的校園生活。」

這篇文章，思維縝密，文字流暢，充滿自信，光明正大，讓我大聲喝彩：雄中的少年朋友們，加油！「歲月蒸華髮，寶劍依舊亮。熱血洗沙場，江河回故鄉。」雄中自衛隊的自由和獨立精神不是收納於歷史的書頁中，而是活在一代代雄中人的生命和血液裡。◆

高雄中學

地址：高雄市三民區建國三路50號
電話：07-2862550

為了
文學
終至喀血而死
為了
愛
勇敢打破陋習、甘受離鄉、顛沛之苦
信念

木瓜樹下記山河

鍾理和文學紀念館

南臺灣的美濃小鎮成為遊客蜂擁而至的觀光點，但來此一遊的人們未必知道美濃出過一位被稱為「臺灣現代文學之父」的作家鍾理和，也未必去過離鎮中心七公里遠、位於東北角尖山山麓的鍾理和文學紀念館。

穿過一畦畦檳榔、香蕉、木瓜和橙蜜小番茄，往黃蝶翠谷的方向去，觀光客越來越少，鄉間生活的原汁原味卻越來越濃。在作物和山林間，外觀樸素如民居的鍾理和文學紀念館如同「猶抱琵琶半遮面」的少女，若隱若現。對一生歷經兩岸漂泊，飽受孤獨、貧困和病痛的折磨而英年早逝的鍾理和來說，美濃既是他為愛情而決絕地離開的傷心之地，也是他最後安身縱筆、深情摯愛的原鄉。

鍾理和出生於美濃的一個地主之家，求學時期展現出對文學的喜愛與創作的熱忱。在公學校畢業後，他被父親要求經營家族的農場。在這段時間，他與農場的女工鍾台妹墜入愛河，但因著客家人「同姓不婚」的習俗，以及雙方家庭背景的落差，遭到家人的強烈反對。鍾理和在寫給好友、作家廖清秀的信上痛苦地表示：「這種愛情，在我們社會上一直被認作是一種罪惡。」

既然不見容於家族，鍾理和決定放棄家業，前往「新天地」滿洲，在當地學習駕駛，建立事業後回來迎接愛人。一九四〇年，他返臺攜帶妻子再度前往滿洲，於瀋陽生下長子鍾鐵民。在〈貧賤夫妻〉一文中，鍾理和描述這段來之不易的婚姻：「不惜和家庭決裂，方始結成今日的夫妻。我們的愛得來不易，惟其如此，我們甘苦與共，十數年來相愛無間。」也不枉鍾理和一往情深，鍾台妹與丈夫相伴一生，從未「同甘」，卻一直「共苦」。他們有兩個孩子先後夭折，身為父母該是何等痛苦。

將一生奉獻給文學的鍾理和，是戰後第一代重要的臺灣文學家，他用筆與生命見證兩個「太陽」下的臺灣社會。他以心靈和誠實去體認社會、人生，字裡行間充分展現樸實無華和醇厚堅毅的風格。他筆下的小人物，就在他的身體之內，他跟他們一起呼吸、恐懼與憂傷，他們說的每一句話都讓他心痛。他一生遭遇坎坷，備嘗人間疾苦，在一九四〇年代作品無處投遞、無法換取稿費的艱難環境下，仍不放棄文

· 上圖：紀念館外觀

· 左下圖：鍾理和夫婦

· 右下圖：由鍾肇政題字的鍾理和紀念館

· 展示空間

學創作的熱忱和執著。他的文學為臺灣建立了典範，在他去世二十年後，電影界曾為他拍攝了一部感人至深的傳記電影「原鄉人」。

沒有書桌的「倒在血泊裡的筆耕者」

與畫家梵谷一樣，鍾理和生前貧困潦倒，默默無聞，直至去世十多年之後的一九七〇年代，其作品才在其「粉絲」、文學研究者張良澤的整理下，以全集的面貌問世，臺灣本土作家開始得到社會的重視。一九七九年，有感於從日治時代以來臺灣前輩本土作家很多已經凋零，他們的作品、手稿、藏書，後人不知珍惜保存，或無保存之處，隨著時間逐一湮沒，實在是臺灣文學史上莫大的損失，文學界林海音、鍾肇政、葉石濤、鄭清文、李喬、張良澤等六人，具名發出籌建「鍾理和紀念館」啟事，獲得社會熱烈響應。鍾理和的遺孀鍾台妹、長子鍾鐵民無條件提供鍾理和後期生活、寫作的故居美濃鎮尖山山麓土地，動員社會力量，由民間合力建成了鍾理和文學紀念館，這是臺灣第一座由民間興建的平民文學家紀念館。

穿過樹木蔥蘢的院子，來到兩層小樓的主體建築前。紀念館以臺灣民宅為設計主調，凸顯鍾理和平民作家的形象。

紀念館一樓介紹鍾理和出逃、歸根的歷程，收藏有作家各個時期的手稿、書信、日記、照片、生活用品及研究鍾理和文學的相關資料。我最感興趣的是，鍾理和在滿洲和北平的生活情況。他不認同日本在臺灣的殖民統治，有著清晰的臺灣主體意識。一開始，他將中國當作無比美好的祖國，但當他漂泊在那片廣袤的大地上時，才知道那裡並不是他的家園。中國既是想像中的「祖國」，也是現實中的「異域」。

一九四〇年代初，中日戰爭越演越烈，作為臺灣人的鍾理和，該站在哪一邊呢？在中國，臺灣人被看作順服日本的「漢奸」，屢遭排擠和侮蔑。貧窮和戰亂使鍾理和一家人的生活更加艱困。在〈白薯的悲哀〉中，鍾理和寫下他在北平的見聞：

北平是很大的。以它的謙讓與偉大，它是可以擁抱下一切。但假若你被人曉得了是臺灣人，那是很不妙的。那很不幸的，是等於叫人宣判了死刑。那時候，你就要切實的感覺到北平是那麼窄，窄到不能隱藏你了。因為，它——只容許光榮的人們。

臺灣人必須在中國人和日本人的雙重歧視中掙扎求生，郁達夫筆下美不勝收的故都，容不下像鍾理和這樣無辜的臺灣人。鍾理和一邊經營雜貨鋪的小生意，一邊秉燭筆耕，以「江流」的筆名發表小說，並出版了第一本小說《夾竹桃》，這是他在世時出版的唯一一本著作。

與很多作家的紀念館一樣，這裡也有一個小小的區塊，陳設作家的書房。陪同我參觀的志工告訴我，鍾理和生前沒有書房，書房於他而言，是可望而不可及的奢侈品。這裡展示的書架、眼鏡、印章都是其生前使用的真品，他寫下最多文字的，不是書桌，偏偏是一塊坐在木瓜樹蔭底下寫稿用的木板。你能想像如潮水般湧流的文字，居然是在這塊簡陋不堪的木板上寫出來的嗎？

在生命的最後幾年裡，為肺病所苦的鍾理和，需要陽光和新鮮空氣，他坐在室外的木瓜樹下寫作。木瓜樹成為他最好的陪伴者，這讓我想起法國作家卡繆的一段話：「我現在知道我會把這些都寫下來。一棵樹，歷經那麼多苦難，最後總要結出果子來。每個冬天的句點都是春暖花開。我需要留下見證，儘管這樣的循環又會周而復始。」

歷經祖國的幻滅、戰爭的殘酷、身體的衰敗、家庭的失散，鍾理和才四十出頭，卻宛如歷經滄桑的老人。他將目光著眼於身邊的農民，刻劃面對生活的苦痛，仍然樂天謙和的小人物，與他們一同耕作、生活，唱著客家山歌。血雨腥風都過去了，作家、土地與農民融為一體，失落的原鄉向遊子張開寬廣溫暖的懷抱。這時的鍾理和，是以美濃的天地為書房、以土地為養分的「原鄉之子」。客家歌手林生祥在為鍾理和製作的《大地書房》專輯中，如此描繪鍾理和後來的耕讀生活：

山歌一唱鍾理和，貧病山寮胸中火；
男人主內女主外，木瓜樹下記山河。

在紀念館的二樓，展出了鍾理和各個版本的作品，另設有可供互動的籤詩榕樹、以鍾理和命名的新發現的小行星模型，以及據鍾理和小說人物形象雕刻的版畫作品——我很喜歡這批版畫作品，有著魯迅時代版畫的風格。鍾理和當年也是受魯迅思想啟蒙的年輕一代。

刻骨銘心的「二二八」經驗

戰後，鍾理和與家人搭著難民船，重返故鄉美濃。「人面不知何處去，桃花依舊笑春風」，父親過世、兄弟離散，家族的興盛早已不復存在。一九四六年四月中，他應聘內埔初中任教，擔任國文教師，不料很快發現罹患肺病，被迫辭職。次年元月，肺病再度惡化，北上臺大醫院診療，靠妻子幫他變賣土地才籌得醫療費。

在此期間，鍾理和經歷了「二二八」事件發生前後的社會變動，在醫院親眼看到送來救治的、鮮血淋漓的傷者。他默默無語，只是用鉛筆將日記記載在內服藥袋上，準備做為歷史的見證。

鍾理和不是特別關注政治的作家，他書寫的目標始終對準土地和人性。然而，不關心政治，政治仍要來「關心」你。四〇年代末是鍾理和人生的最低潮，政治的壓迫比病魔還可怕。一九四九年，鍾理和在基隆中學當校長的異母兄弟鍾浩東遭逮捕，接著表兄邱連球也被逮捕；次年，兄弟二人先後遇害。他的堂兄鍾九河早在國民黨遷臺前就已病故。四個一起長大的男孩，這時只剩鍾理和一人，還是因肺病住院，才苟全性命。鍾理和在病中病後曾遭受多次盤查，雖然沒有被查出任何與匪諜有關的證據，他心中已深深體會到臺灣人遭遇的政治迫害多麼強烈，多麼恐怖。他不是「二二八」的直接受害者，但「二二八」的陰影從此籠罩在他頭上，直至他死亡。

一九五六年十一月，鍾理和的代表作《笠山農場》獲得中華文藝獎，他終於吐出積壓在心中的一口悶氣——他長期得不到主流文學界的承認，甚至不被當作「作家」看待。獲獎之後，他不再孤獨寂寞了，在文藝界新朋友的激勵下，再度恢復信心，專心加緊寫作。然而，油將盡，燈將熄。這樣熬了四年，到了一九六〇年八月，兒子鍾鐵民又患了腳痲痺症。父子二人，一個人躺在一張床上，鍾理和沉重地對鐵民說：「你快好吧！我們兩個都不好，會把你媽媽拖倒的。」這話才說了兩天，他就病發去世了。

鍾鐵民在回憶文章中認為，父親舊病發作身亡的原因是：一、得大獎後恢復信心，加緊寫作，四年來長期透支體力。二、擔憂他的病。三、長期以來兄弟因政治案件被謀殺的陰影，再想到自己成名以來樹大招風的可怕，想到那些敏感犯禁的文稿、書籍，越想越怕。鍾理和在臨終前，交待長子把那些東西燒毀，以免禍遺家人。學者呂新昌考證說，鍾理和不是讓兒子燒掉他所有的著作，而是那些「犯忌」的東西，「尤其是那記錄二二八的日記，他更是小心翼翼的收藏在最隱密、最安全的地方。此外，如〈白薯的悲哀〉、〈祖國歸來〉和諸多日記，甚至從北平帶回來的三〇年代的中國作家文集以及剪報等等，每一樣在當時都足以令人入罪的。他怎麼能不小心呢？」對於作家來說，最大的悲哀就是沒有寫作的自由和心靈的自由，那像烏雲一樣無邊的、沉重的壓抑感，是奪去鍾理和生命的幕後黑手。

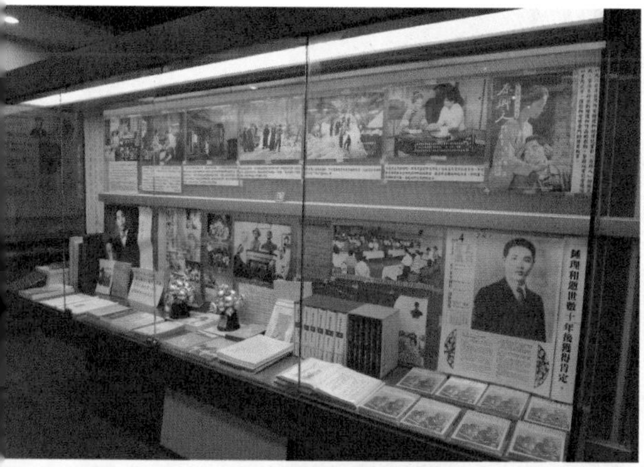

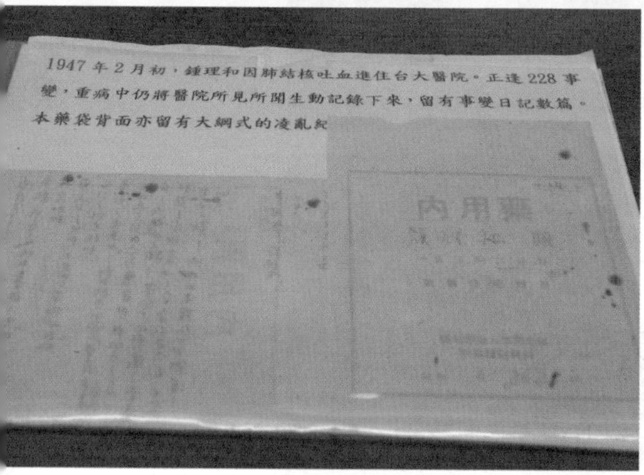

· 左上圖：鍾理和的著作

· 右上圖：可供民眾互動的詩籤樹

· 左下圖：記錄在藥袋上的二二八事件

· 右下圖：以版畫表現鍾理和小說中的人物

．上圖：臺灣文學步道園區

．下圖：作者參訪鍾理和文學館（照片由作者提供）

鐘擺是永遠沒有停止的

一九九七年，在紀念館兩側興建了「臺灣文學步道園區」，豎立了鍾理和紀念雕像——不過，我個人並不喜歡這尊塑像，似乎有蘇俄模式「社會主義樣板人物」的風格，不如嘉義博物館前面陳澄波的塑像那樣輕鬆自然。鍾理和的性情和作品，不是塑像中那種大義凜然、巍然聳立的特質，而是內斂的，謙卑的，溫和的，堅韌的。他沒有左派文學家的高言大志、裝腔作勢，他沉潛在鄉村與土地的深處，娓娓動聽地講述對生命的熱愛，用卡繆的話來說就是：「他承受的苦難如此之多，但為何他的面孔在我看來仍是那種幸福的臉？」

沿著蜿蜒的小徑漫步，一邊走，一邊欣賞石頭上鐫刻的作家們的名言。在文學步道上，次第彙集了三十多名臺灣作家的作品與言論，花木扶疏，綠意盎然，文學氣息也更濃郁。如果循此線索，順藤摸瓜，進而瞭解每個作家及其作品，就等於閱讀了一部微縮版的臺灣現代文學史。其中，最醒目的是鍾理和在日記中自我勉勵的一小段話：「鐘擺是永遠沒有停止的，因為更合理更安全和更舒適的生活總是在現在的後邊，人類靈魂便這樣追求下去。」人會死去，鐘卻不會停擺。鍾理和沒有被命運打敗，就是死神也不曾打敗他，他在自己的作品中栩栩如生。

鍾理和的眸子總是那麼透亮，他似乎與那棵木瓜樹融為一體，與亦愛亦恨的美濃融為一體。這讓我想起了文學評論家夏志清對沈從文的一段評論：「他代表了人類真理高貴的一面：他不動聲色，接受了人類的苦難，其所表現出的端莊與尊嚴，實在叫人敬佩。相較之下，葉芝因自己老態龍鍾而表現出來的憤懣之情，以及海明威短篇小說《一個乾淨明亮的地方》中那個患了『空虛感失眠症』的老頭子，都顯得渺小了。」這段評論，不也可以用在鍾理和身上嗎？

對於臺灣來說，與民主化同步的是本土化，本土化即意味著對鍾理和的「原鄉精神」的再認識。今天的臺灣，人們邁入了「更合理、更安全和更舒適的生活」，鍾理和沒有享受到這樣的生活，但他為之而憧憬和書寫過，人們不會忘記他。◆

鍾理和文學紀念館

地址：高雄市美濃區廣林里朝元路95號
電話：07-6822228
開放時間：週二至週日 09:00-17:00

・鍾理和本人不曾有過的書房

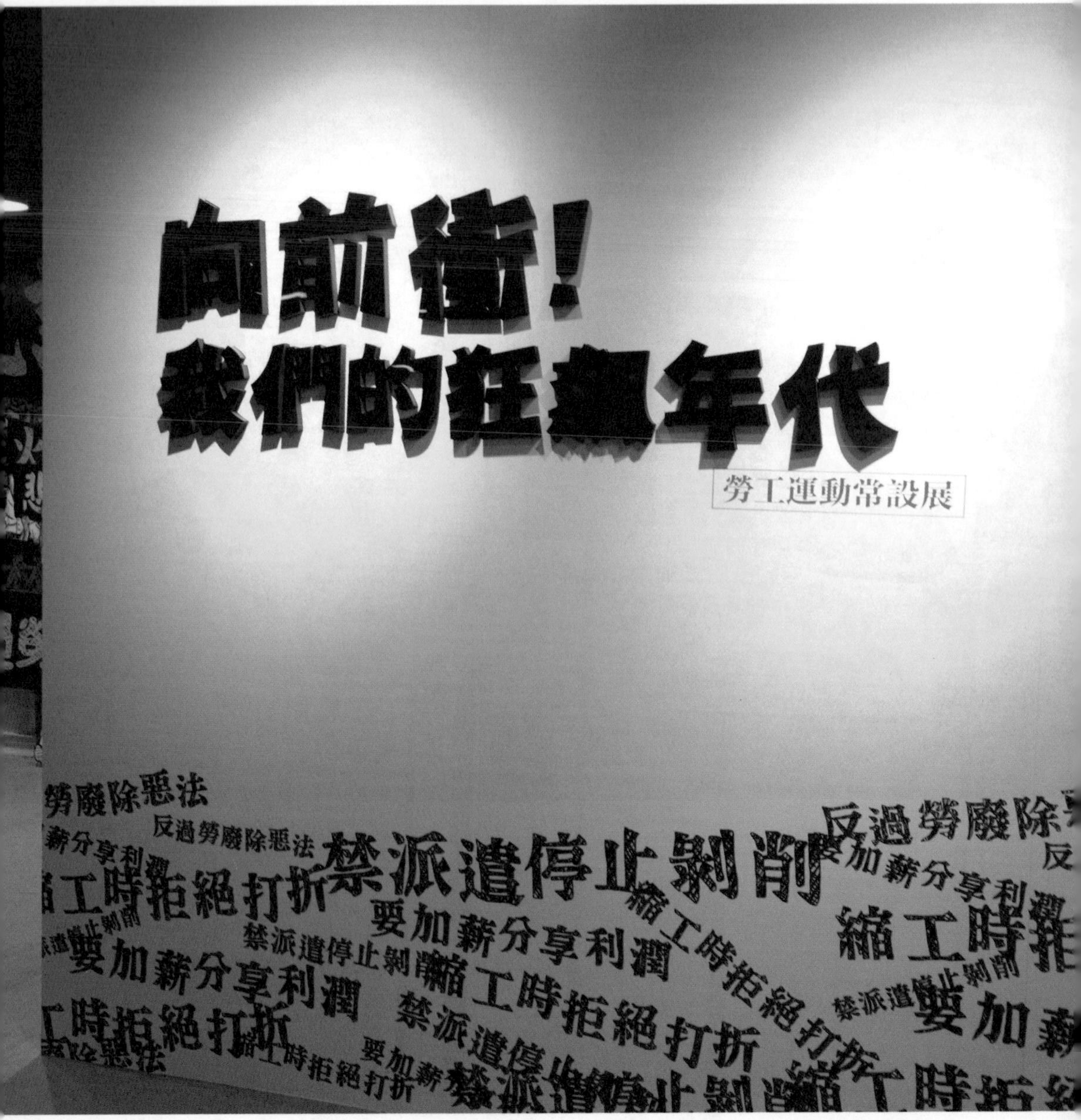
向前衝！
我們的狂飆年代
勞工運動常設展
反過勞廢除惡法
禁派遣停止剝削
要加薪分享利潤
縮工時拒絕打折

你去察看螞蟻的動作
就可得智慧

高雄市勞工博物館

我喜歡鄉村，不喜歡煙囪林立、車水馬龍的工業城市。但在現代化進程中，那段傳統工業稱雄的歷史無法回避。作為臺灣第二大城市，高雄的工業發展已逾百年，高雄是戰後臺灣的重工業心臟、造船王國的核心，高雄港的吞吐量曾躍居世界第三。臺灣製造業的經濟奇蹟，是從高雄第一個加工出口區開始。

在高雄繁華亮麗的都會景觀背後，充滿眾多勞動者胼手胝足的辛勞奮鬥。從鹽埕曬鹽工、高雄港碼頭工人、加工出口區女工到鋼鐵工廠作業員，各行各業的勞動者都將自身奉獻給高雄這塊土地，促成這座城市的繁華與發展。近年來，高雄由工業城市轉型為以休閒觀光為主的海洋城市，很多老舊的產業及其從業人員逐漸消失在歷史角落。高雄獨特的勞工文化也成為一項亟待保存的在地資產。

如果沒有工人的血汗，就沒有今天高雄的繁榮。我參觀過旗津的勞動女性紀念公園，追尋在風華正茂的年齡死於翻船事故的女工的故事。高雄的朋友告訴我，為了紀念及彰顯勞動者對於高雄的貢獻，勞工局幾年前規劃設立了臺灣獨一無二的勞工博物館，非常值得一遊。

聽到這個消息，我大喜過望。勞工權益是人權之不可或缺的組成部分，勞工運動也是臺灣民主運動中重要的一翼。勞工有資格擁有一座紀念館，高雄也有資格為此驕傲：在國際勞工博物館聯盟成員中，誕生於二〇一〇年的高雄市勞工博物館，是亞洲唯一的一所以勞工為主題的博物館。

汗流滿面，才得餬口

高雄市勞工博物館原來設在駁二藝術特區，後來遷移到愛河附近的一棟大樓。博物館在三樓，這種空間安排不利於博物館吸引更多參觀者。不過，門口豎立了幾個體積比普通人大幾倍的工人公仔像，分別代表不同工種的工人，塑像色彩鮮豔，動作誇張，神態逼真，宛如從卡通電影中走出來的人物。

·下圖：博物館門口的工人公仔像

博物館的志工送給我一個縮小版的公仔，是一位正在用鋸子鋸木板的木工，我帶回家放在書架上，讓這位揮汗如雨的木匠陪伴我寫作。每當我抬頭看到這個木匠公仔，就想起耶穌所領受的「工作」——與耶穌同時代的人，都知道祂「是那木匠」。在新約時代，木匠是一件極耗體力的工作。耶穌在聖殿中發義怒，推翻兌換錢銀的桌子，趕出買賣祭牲的人，顯示祂並非蒼白、軟弱的書生，而是雙臂強壯有力的勞動階層。耶穌多年來辛勤勞動，使用斧子、鋸子、錘子，使手臂粗壯有力。艱辛的體力勞動，並非與神子尊貴的身分不相稱。

進入大廈一樓，就看到許多辦理有關事務的市民，我們穿過大廳，乘坐電梯直達三樓。一出電梯，我就看到勞工博物館的大門。左手邊是「打拚人生」及「向前衝！我們的狂飆年代——勞工運動」兩個常設展，右手邊則作為特展使用，還設有一個體驗劇場。

博物館以高雄產業發展史為背景，呈現各年代具有代表性的產業與行業下的勞動經驗與勞工生命故事，以彰顯勞動者的榮耀，凝聚勞工的集體記憶。它源於二〇〇二年，在一場勞工局主辦的五一勞動節活動裡，歷經民營化抗爭的前臺灣機械公司員工們，展出了在工作場所收集的各種物品，如抗爭期間使用過的標語、旗幟、工作裝等。這些物品引起了參觀者的好奇，更勾起工運參與者美好的回憶，讓成立勞工博物館的想法在勞工局開始發酵。

同年，建立勞工博物館的提議，列入勞工局與勞工自治委員的會議議程。二〇〇三年四月，成立勞工博物館籌備處，展開規劃以及勞工口述史和紀念物的收集建檔，希望建立一個能保存與勞動相關的史料、文化資產的博物館，讓更多民眾了解臺灣勞工的生命史。

「打拚人生」的特展，透過「戰後產業發展歷程」、「碼頭勞動一甲子」、「走進五金街」及「加工出口區與女性勞動」等主題，回顧了從早期鹽埕曬鹽工和高雄港碼頭工人，到輕工業加工出口區的女工，以及重工業的鋼鐵、石化工廠作業員和拆船工人等多種行業工人的勞動人生。一九七二年，在我出生之前一年，陳坤崙在詩歌《女工》中道出了女工的辛苦與尊嚴：

阿花領了薪水
從第一張算到最後一張
再從最後一張算到第一張
一二三四五六七八九
一二三四五六七八九
其中三張要付房租
其中三張要寄給老媽媽
餘下三張還要買蜜絲佛陀
鞋子迷你裙

這個展覽稍顯不足之處的是，由於空間的限制，大部分話題只是剛剛展開，未能深入呈現，動人的個體故事太少。志工告訴我，未來博物館可能擴建到上面幾層，就能有更多的實物展示了。

曾擔任博物館籌備處秘書的陳錦豐，在回憶博物館建設的歷史時說到一個小故事：一位年輕時進入郵局工作的工會幹部說，他一生最感羞恥挫折的是，被迫接受警備總部的命令，定點檢查所謂「危險人士」的信件。這種做法不符合郵政業者的職業道德，他卻不得不順從特務機關的命令。至於將那些批評政府的信件抄送警總後，是否給當事人帶來實質性的傷害，日久天長，無從查考。這位一直心存愧疚的郵局員工建議說，勞工博物館應當展示這段不為人知的歷史，將電信局的監聽業務一起展出，藉此告訴下一代，民主社會來之不易。

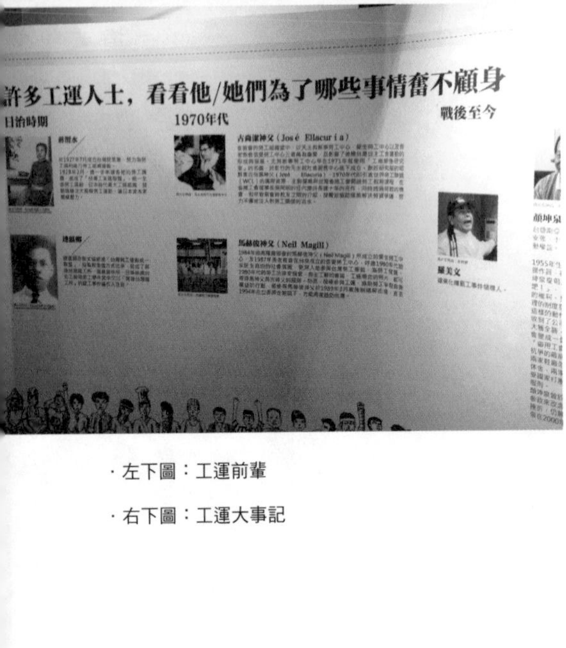

· 左下圖：工運前輩

· 右下圖：工運大事記

「向前衝！我們的狂飆年代」

另一個特展「向前衝！我們的狂飆年代——勞工運動」，以帶狀走廊的意象呈現。先是交代了解嚴以來的工運大事記，以及日治、一九七〇年代至今的若干工運人士介紹，接下來展示了近年來頗受注意的勞工議題，例如國道收費員、航空業、醫護業等勞資爭議案，以及工時這個具有普遍性問題。

所謂「狂飆年代」，用胡慧玲在《百年追求》一書中的說法，是一九八〇年代後期一直到一九九〇年代中期。在這期間，臺灣的經濟蓬勃發展，外貿居亞洲四小龍之首，外匯存底居世界之冠；中產階級迅速成長，人們願意出錢出力支持民主人權運動，打破國民黨一黨壟斷權力的狀態。國民黨步步退卻，困獸猶鬥；臺灣社會風馳電掣，一路向前。「葉啟田《愛拚才會贏》一曲唱遍大街小巷，宛如社會的心聲。時代精神生猛浪漫，掩蓋昔日的恐懼悲情；權利意識高漲，造成八〇年代社會力的大爆發。」

在全球民主化第三波尤其是蘇聯東歐的巨變中，工人運動是中流砥柱。波蘭團結工聯既是擁有數百萬會員的最大的工會，又是反對黨的雛形，其領袖華勒沙是但澤斯克造船廠的工人，在共產黨政權退出歷史舞臺後的第一次大選中，當選為共和國總統。

然而，在海峽兩岸，工人運動並未扮演民主運動中的決定性角色。靠工農運動起家的中國共產黨深知工農運動的顛覆性，在一黨獨裁的極權中，不容許組織脫離官方控制的獨立工會，工人成為黨的「馴服工具」。一九八九年，在天安門學生運動中，有學生到北京最大的工廠首鋼游說工人參與民主運動，卻遭到當時衣食無憂的工人斷然拒絕。而當學生運動被血腥鎮壓之後，到了九十年代中期，當局拋棄經濟效益不佳的國營企業，讓數千萬工人「下崗」，被打斷脊樑的工人無力反抗，也找不到其他社會階層充當其「同盟軍」。

在臺灣，工人運動在一九八〇年代一度勃興，一九八四年臺灣勞工法律支援會成立，四年後進入工廠，幫助工人組織工會，促進工會的自主化和民主化，最終幫助十八個自主性工會組成全國勞工聯盟。然而，在臺灣特殊的處境之下，統獨之爭凌駕於階級對立之上。民進黨成立後，勞支會的獨派加入民進黨，統派則退出另外組成工黨，工黨後來又分出勞動黨。在政黨選舉中，此類標榜代表工人的政黨由於持統派立場，又處於國民黨和民進黨的夾縫中，逐漸走向消亡。

若干工運前輩的事蹟不能被遺忘。曾茂興組建桃園客運公司工會，一九八八年領導司機罷工，成為解嚴前後最重要的工運領袖之一。一九八九年，他又參與遠東化纖罷工抗爭，被警察打得頭破血流，並被司法起訴，判刑兩個月，成為臺灣工運史上第一位入獄者。天主教會方面，有古尚潔神父創設「工業關係研究室」，引進世界勞工聯盟的國際資源；也有馬赫俊神父創立「愛生勞工中心」，為勞工提供多方面的幫助。更有若干知識分子背景的人士如鄭村棋、簡錫堦、賴香伶、顧玉玲等，長期投身工運，並成為知識界與勞工界的橋樑。

臺灣實現了民主化，但勞工權益問題仍然嚴重。像郭台銘擁有的龐大企業王國，在臺灣和中國僱傭百萬勞工，特別是富士康設在中國各地工廠裡的勞工，在軍事化的管理之下，如奴隸一樣勞動，因不堪壓力而一個接一個地跳樓自殺。郭台銘遊走於法律的邊緣，盡享「兩岸政商聯盟」成員之特權，進而成為資本主義全球化體系中的受益者。兩岸勞工在這頭如此碩大的大象面前，是一群毫無抵抗力的螞蟻。

這不僅是一間博物館，這是生活本身

博物館是一個國家文明程度的重要標誌。歐美先進國家都有自己的勞工博物館：英國曼徹斯特的人民歷史博物館，其建築就是英國總工會的誕生地，其附設的勞工歷史檔案與研究中心是英國總工會和工黨指定代理保存檔案和文獻的地方；德國漢堡的勞動博物館注重表現技術變遷與勞動者的關係；英國格拉

勞工博物館
「眼出睛彩」看見視障工作者特展
Exhibition About Visually Impaired Workers

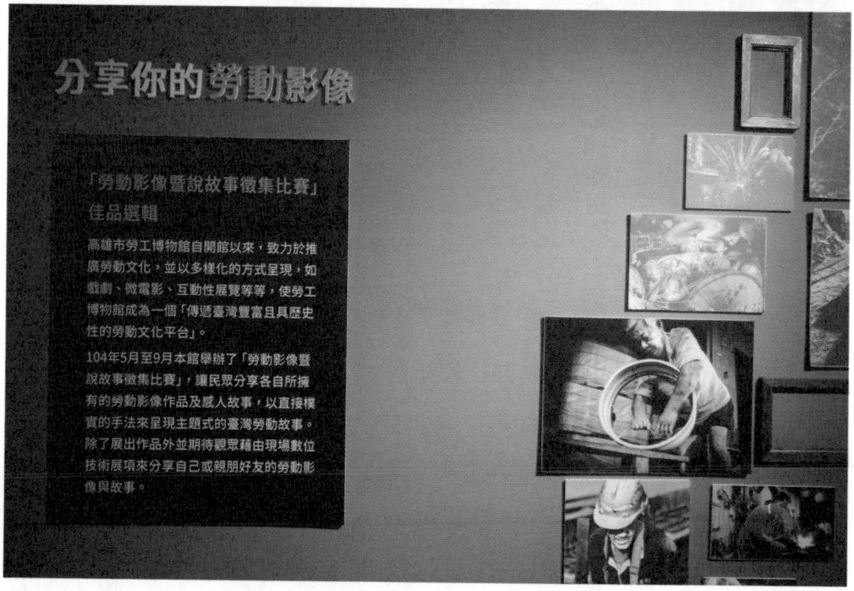
分享你的勞動影像
「勞動影像暨說故事徵集比賽」佳品選輯
高雄市勞工博物館自開館以來，致力於推廣勞動文化，並以多樣化的方式呈現，如戲劇、微電影、互動性展覽等等，使勞工博物館成為一個「傳遞臺灣豐富且具歷史性的勞動文化平台」。
104年5月至9月本館舉辦了「勞動影像暨說故事徵集比賽」，讓民眾分享各自所擁有的勞動影像作品及感人故事，以直接樸實的手法來呈現主題式的臺灣勞動故事。除了展出作品外並期待觀眾藉由現場數位技術展項來分享自己或親朋好友的勞動影像與故事。

斯哥的人民殿堂博物館則成為充滿愉悅和想像的地方，吸引很多兒童前來參觀和遊戲……作為成立歷史最晚的高雄勞工博物館，是國際勞工博物館聯盟這個大家庭中的年輕一員，卻後來居上，生機勃勃。

勞工博物館的志工告訴我，該館的建館宗旨是：致力於與全國勞動議題相關的蒐藏、研究、保存和維護工作，並以具有創意的互動性展示、教育活動、便民服務等，來提供社會大眾及勞工朋友一個參與、互動、記憶與學習的空間，藉以凝聚社區意識，保存勞工文化。他們正在朝著這個方向不懈努力。

我特別贊同勞工博物館的收藏理念：收藏是博物館的生命源泉，勞工博物館努力透過藏品，讓每個走進博物館的人，深刻地體認勞動的尊嚴與價值，重新喚回逝去的那份感動與記憶。換言之，勞工博物館收集展品的標準跟其他博物館不一樣，不是看物品或資料是否珍貴、是否有藝術性、是否具備經濟價值，而是看它是否為勞工生活的一部分。他人眼中的廢物，在勞工博物館真有可能「變廢為寶」。勞工博物館也是為明日而收藏，為下一代人提供瞭解前人的物質證據。可惜，這次我沒有更多時間留下來，閱讀和觀看勞工博物館保存的勞工口述歷史和影像。

博物館的設立相對容易，長期經營則顯得艱難。有些博物館，被譏諷為「應當進博物館的博物館」，也就是說，雖然有其正確的理念，但展示方式僵化，文字和圖畫粗陋，與觀眾毫無互動，自然門可羅雀，最終只能關門大吉。勞工博物館要擺脫這樣的命運，它所呈現的不僅是過去的歷史，更應當是勞動者的生活本身。

「勞工神聖」不應當是被左派壟斷的、高度意識形態化的話語，而應當是每一個勞動者發自內心的感受。長期研究勞工問題的學者謝國雄評論說：「你可以活兩次：一次在工廠與公司，一次在勞工博物館。勞工博物館不是古董；勞工博物館是讓你自己、你的家人、你的子孫以及你的朋友一起分享你一生打拚賺錢養家的地方。勞工博物館是一個活生生、有光彩、有尊嚴的地方。」在勞工博物館，可以重估勞動的價值，可以發現每一個勞動者都是劇場中的主角，如柯波所說：「在偉大的時代裡，不必到書房

裡去找劇作家。他在劇場裡，和他的演員在一起。他身兼演員和導演。」此刻，勞動者的人生本身就是一齣精彩的大戲。◆

· 作者與高雄勞工博物館志工合影（照片由作者提供）

高雄市勞工博物館

地址：高雄市前金區中正四路261號
電話：07-2160509
開放時間：週二至週日 09:00-17:00

touch系列014

拆下肋骨當火炬——臺灣民主地圖第三卷

作　　者：余杰（文）、黃謙賢（攝影）
社長兼總編輯：鄭超睿
編　　輯：鄭惠文、張惠珍、楊雪蓁
排　　版：張凌綺、旭豐數位排版有限公司
美術設計：楊啓巽工作室

出版發行：主流出版有限公司 Lordway Publishing Co. Ltd.
出 版 部：臺北市南京東路五段123巷4弄24號2樓
電　　話：(0981) 302376
傳　　真：(02) 2761-3113
電子信箱：lord.way@msa.hinet.net
郵撥帳號：50027271
網　　址：http://mypaper.pchome.com.tw/news/lordway/

經　　銷：

紅螞蟻圖書有限公司
臺北市內湖區舊宗路二段121巷19號
電話：(02) 2795-3656　傳真：(02) 2795-4100

財團法人基督教以琳書房
臺北市忠孝東路四段210號B1
電話：(02) 2777-2560　傳真：(02) 2711-1641

2017年6月　初版1刷
書號：L1704

ISBN：978-986-92850-8-7（平裝）
Printed in Taiwan

國家圖書館出版品預行編目資料

拆下肋骨當火炬 : 臺灣民主地圖. 第三卷 / 余杰作. -- 初版. -- 臺北市 : 主流, 2017.05
面；　公分. -- (touch系列 ; 14)

ISBN 978-986-92850-8-7(平裝)

1.臺灣遊記

733.69　　106008250